分离运动的政治学
——亚齐、魁北克、南苏丹和瑞士的比较分析

The Politics of Secession Movement:
A Comparative Analysis among Aceh, Quebec, South Sudan and Switzerland

周光俊　著

中国社会科学出版社

图书在版编目（CIP）数据

分离运动的政治学：亚齐、魁北克、南苏丹和瑞士的比较分析 / 周光俊著. —北京：中国社会科学出版社，2020.7
ISBN 978-7-5203-6290-0

Ⅰ.①分… Ⅱ.①周… Ⅲ.①民族国家—政治运动—政治学—对比研究—世界 Ⅳ.①D5

中国版本图书馆 CIP 数据核字（2020）第 059416 号

出 版 人	赵剑英
责任编辑	王 琪
责任校对	王佳玉
责任印制	王 超

出　　版	中国社会科学出版社
社　　址	北京鼓楼西大街甲 158 号
邮　　编	100720
网　　址	http://www.csspw.cn
发 行 部	010-84083685
门 市 部	010-84029450
经　　销	新华书店及其他书店
印　　刷	北京君升印刷有限公司
装　　订	廊坊市广阳区广增装订厂
版　　次	2020 年 7 月第 1 版
印　　次	2020 年 7 月第 1 次印刷
开　　本	710×1000　1/16
印　　张	21.75
字　　数	321 千字
定　　价	126.00 元

凡购买中国社会科学出版社图书，如有质量问题请与本社营销中心联系调换
电话：010-84083683
版权所有　侵权必究

出 版 说 明

为进一步加大对哲学社会科学领域青年人才扶持力度，促进优秀青年学者更快更好成长，国家社科基金设立博士论文出版项目，重点资助学术基础扎实、具有创新意识和发展潜力的青年学者。2019年经组织申报、专家评审、社会公示，评选出首批博士论文项目。按照"统一标识、统一封面、统一版式、统一标准"的总体要求，现予出版，以飨读者。

全国哲学社会科学工作办公室

2020年7月

序

毫无疑义的是，这是光俊君的第一本专著。

2015年，光俊君来复旦攻读博士学位，博士学位论文选题是他自己和我提及的。我向来都尊重学生对于论文选题的考虑，只是告诫他，话题敏感，需要有独到的视角、高远的立意。现在看来，他应该是基本完成了任务，值得肯定和赞赏。

光俊君的专著以民族国家的分离运动为研究对象，运用比较历史分析方法，在界定分离运动概念的基础上从结构与能动（制度与行动者）相结合的视角对分离运动的发生机制、发展脉络和治理逻辑等进行了探讨，并结合亚齐、魁北克、南苏丹和瑞士进行了具体案例的研究。尽管对此领域的研究国外已经有不少成果，但是相对来说，国内的研究尚属鲜见，就此而言，光俊君的研究无疑具有一定的学术意义。

作为序言，我并不想对本书的具体内容进行讨论，而是想抛开光俊君的研究，就分离运动这样一个话题从更加广义的角度谈点看法。

《三国演义》有云：天下大势，合久必分，分久必合。这似乎是中国历史的"常态"。如果把时空拉到世界，情形也几近雷同。只不过，在中国的文化中，所谓分分合合的价值取向也有较高的共识度，即几乎谁都认为，合好于分，分不如合。在现代国家，这样的问题依然存在，譬如说，一些分离运动造成的国家分裂状态在多大程度上是可以被接受的状态？现代国家在何种条件下存在着分分合合的态势？

总体而言，民族国家成为普遍被接受的国际主权实体之后，分离运动被普遍认为是一种不可接受的逆民族国家运动，几乎不再有国家愿意看到境内族群—区域分离出去。不过，这也并不意味着我们不再能够接受新的民族国家的诞生，我们仍然在有限的范围内接受并认可个别新生的民族国家。因而，从这个意义上说，我们看待分离运动，需要有历史的、辩证的视角。

回到《三国演义》的天下大势，分合之争依然是"大势所趋"。"势"似乎是一个特别的概念，总是意味着事情的发展趋向。从历史的发展潮流来看，统一似乎是大势所趋，分裂只是历史长河中的一段插曲。倘使以平常心待之，分离运动只是民族国家建设过程中的一段插曲。不过，这并不意味着对它的研究就没有意义了。政治学研究政治现象，分离运动涉及国家权力、资源分配、政治制度、政党组织、群体权利等多个政治学的重要议题，这就奠定了分离运动研究的意义。从这个意义上来说，对分离运动的研究是学术界应该需要重点关注的议题。对于中国这样一个多民族国家而言，意义更是不言而喻的。对于这一问题的产生机制、发展脉络和治理体制的研究能够为政治学、民族学、国际关系学等学科提供一定的知识增量，对于中国这样一个多民族国家更是具有较大裨益的。

在中国讨论分离运动总是有所深意的，即使是不讨论中国的案例。光俊君的专著对中国的事情没有提及，我想这并不代表他不关心中国。最起码的是，笔下无中国，心中有中国。中国人做学问自然应该立足于中国大地，即使不写中国，但应该关心中国。多民族国家的中国不可能没有民族问题，只是说，从何种立意、何种角度、何种方式去切入的问题。从这个意义上说，在中国研究民族问题是大有可为的。

当然，分离运动的议题非常丰富，对此的研究应该是可以继续挖掘和探讨的。想来，这是光俊君的第一本书，不仅是他博士期间的总结，更是他学术生涯的起步。从这个意义上来说，光俊君的书只是分离运动知识海洋中的一滴水而已。因而，对这本书不能一味地赞赏，也不能过多地苛责。作为他的导师，应该鼓励他以此书的出版为契机，在自己感兴趣的领域更加努力地探索。

是为序！

桑玉成
上海市政治学会会长
复旦大学国际关系与公共事务学院教授
2020年1月

摘　　要

　　分离运动是当今世界持续时间较长、影响范围较广的政治与社会运动。要真正理解分离运动的概念需要从源头上着手，将分离主义视为次民族主义（族群主义），将分离运动视为民族主义运动的变种和民族国家建设的副产品。理解了这一前提，分离运动可以被定义为聚居于固有领土基础上的少数族群（极个别情况下是主体族群）从民族国家退出以建立新的主权国家的政治与社会运动。正是在这个意义上可以认为，分离运动是民族国家建设尚未完成的表现。由于分离运动是否出现取决于国内政治，取决于国内群体间的关系，因而，本书只关注引发分离冲突的国内政治安排与精英行为。

　　本书从过程论分析、探寻分离运动的产生机制、发展脉络和治理逻辑。分离运动的产生是国内断裂型制度安排与族群政治组织化相结合的结果。当分离族群与主体族群之间在权力获取、利益共享与权利机会三个维度同时存在矛盾，或者任意一项或两项存在矛盾，且难以在现有政治框架内解决时，如果少数族群能够有效地组织起分离活动家领导的族群政党（准政党、类政党）并能够持续地获取资源和凝聚族群，建构少数族群的政治认同，这样就会引起族群怨恨、不满，宣扬内部殖民，组织起武装叛乱、独立公投等，导致分离运动的发生。国家制度安排决定分离运动的方式，通常有暴力与和平两种形式。对于上述机制，重要的是如何测量断裂型制度与族群政治组织化。从代表性、分配性、发展权三个问题归纳出权力获取、利益共享、权利机会三个维度，考察制度的弥合与断裂情况。

对族群而言，政治组织化最为重要的表现形式是族群政党（准政党、类政党），族群政党本身就是离心型的，能够为分离运动提供平台、筹募资源、建构认同、协调行动。运用比较历史分析的方法，本书在国家规模、区域地理、宗教信仰、经济发展、政治体制、人口基数、族群语言、成败与否、方式如何等最大相异的基础上探求相同的形成机制，选择了亚齐（印度尼西亚）、魁北克（加拿大）、南苏丹（苏丹）三个正面案例和作为负面案例的瑞士。正反案例的研究证实了相关假设。民族工程学为分离运动治理提供了解决思路。民族工程学要解决的问题包括两大类：一是如何构建弥合型制度，解决权力获取（代表性）、利益共享（分配性）、权利机会平等（发展权）问题；二是如何在各族群领导人之间提供政治激励，在宪法框架下构建政治竞争与政治合作的可能与机会。

政治事件的发生是多种作用的结果，只是说，其中的某些机制和因素发挥了更大的影响。因而，这并不是一个必然性的判断，而是说，断裂型制度与高度的政治组织化有可能导致分离运动。

关键词：分离运动；民族工程学；民族国家；断裂型制度；族群政党

Abstract

The secession movement is a political and social movement that lasts a long time and produces widespread influence in today's world. To truly understand the concept of secession movement, we need to get back to its source. Secessionism can be regarded as the sub-nationalism (ethnic nationalism) and secession movement is the variant of nationalist movement. The secession movement can be seen as the by product of nation-states. Having understood the background, this article defines secession movement as a political and social movement that minority ethnic groups who live on inherent territories (majority ethnic group in rare cases) withdraw from the existing nation-state to establish their own new sovereign state. It is in this sense that secession movement is an unfinished manifestation of nation-state building. Secession movement depends on domestic politics and the relationship between domestic groups, so this book only focuses on the domestic political arrangements and elites' behavior.

From the perspective of process theory analysis of secession movement, this book reveals the generation mechanism, development venation and governance logic of the movement. It can be found that the emergence of secession movement is the result of the combination of fractured institutional arrangement and ethnic political organization. When the secession group and the mainstream group have contradiction in any dimensions of power access, interest sharing and right-opportunity, and it's hard to solve within the framework of the existing political structure, ethnic hatred and resentment will be caused, internal colonialism will be promoted, armed rebellion and independence referendum will be organized, which leading to secession movement if minority ethnic group can effectively organize ethnic parties(quasi-party, similar party) leaded by secessionists, continue to acquire resources and agglomerate ethnic groups, and construct the political identity of ethnic minorities. State institutional arrangements determine the ways of secession movement. There are two normal forms, violence and peace. For these mechanisms, what matters is to measure the fractured institution and the political organization of ethnic parties. In order to investigate the situation of bridging or fractured institution, this book generalizes three dimensions of power access, interest sharing and right-opportunity from the three aspects of representativeness, distribution and development rights. For ethnic groups, the most important form of political organization is ethnic party (quasi-party, similar party) and in itself it is centrifugal. As to secession movement, the significance of organization construction lies in providing the platform, raising resources, constructing identification, coordinating action, etc.. Using comparative historical analysis, by means of the Method of Agreement, it explored on the basis of the biggest differences in the size of the state, regional geography, religion, economic development, political system, population, ethnic languages, success or failure, different ways and so on to find the same generation mechanism. Aceh(Indonesia), Quebec(Canada), and South Sudan(Sudan) as positive cases and Switzerland as a negative case were selected. The study of positive and negative cases confirms the hypothesis proposed in this book. This book comes up with a solution of national engineering. The national engineering needs to solve two problems: one is how to build the bridging institution to solve the power access, interest sharing, right-opportunity; the other is how to provide political incentives among the leaders of different ethnic groups so as to construct the possibility and opportunity of political competition and political cooperation under the constitution.

The occurrence of any political event is the result of various functions, but only some of them play a more influential role. This book is not a judgment of contingency, but a judgment of possibility, which means there would be a secession movement if there exists fractured institution and a high degree of organized political organization.

Key Words: Secession Movement, National Engineering, Nation-state, Fractured Institution, Ethnic Party

目　　录

第一章　何种分离？谁之命运？
　　——一项关于分离运动概念的梳理 ……………………（1）
　　第一节　泛化的分离运动概念：谁之分离？何种类型？ ……（5）
　　第二节　分离运动是民族国家建设的副产品：一项前提
　　　　　　设定 ………………………………………………（14）
　　第三节　分离运动：何种关系？何以对立？ ………………（22）

第二章　分离运动的解释机制：结构与能动的视角 …………（37）
　　第一节　分离运动研究的现有解释路径 ………………（37）
　　第二节　分离运动的解释机制：结构与能动相结合的
　　　　　　视角 ………………………………………………（52）
　　第三节　制度无以统合权力、利益、权利：歧视性分配与
　　　　　　断裂型制度的逻辑 …………………………（59）
　　第四节　高度的政治组织能力：政治可能的逻辑 ………（67）
　　第五节　研究方法：比较历史分析 ………………………（78）
　　第六节　案例选择：为什么是亚齐（印尼）、魁北克
　　　　　　（加拿大）、南苏丹（苏丹）与瑞士？ …………（82）
　　第七节　本书章节安排 ………………………………（88）

第三章　亚齐分离运动（1962—2006 年） ………………（89）
　　第一节　亚齐问题 ……………………………………（90）

第二节　印尼的断裂型制度安排 …………………………………（96）
　　第三节　自由亚齐运动：组织建设、军事斗争与
　　　　　　新殖民主义 ……………………………………………（104）
　　第四节　亚齐自治、自由亚齐运动转型与印尼未来 ………（119）

第四章　魁北克分离运动（1960—2006 年）………………………（126）
　　第一节　魁北克与魁北克问题 …………………………………（127）
　　第二节　1980 年公投：不彻底的静默革命与
　　　　　　魁北克人党 ……………………………………………（132）
　　第三节　1995 年公投：二元性的消逝与魁北克人党 ………（151）
　　第四节　《明晰法案》与魁北克的未来 ………………………（162）

第五章　南苏丹分离运动（1972—2011 年）………………………（168）
　　第一节　南苏丹何以成为一个问题？ …………………………（169）
　　第二节　苏丹的断裂型制度安排 ………………………………（180）
　　第三节　苏丹人民解放运动/军：政治组织、苏丹主义与
　　　　　　新殖民叙事 ……………………………………………（189）
　　第四节　南苏丹的诞生及其未来 ………………………………（198）

第六章　瑞士的族群政治（1848 年至今）…………………………（204）
　　第一节　现代瑞士的诞生 ………………………………………（205）
　　第二节　瑞士的弥合型政治制度：合作主义的联邦制 ……（209）
　　第三节　弱化的政党精英：政党碎片化、委员会制与
　　　　　　全民公决 ………………………………………………（220）
　　第四节　瑞士族群政治的未来 …………………………………（230）

第七章　民族工程学：走向更好的民族国家建构 …………………（236）
　　第一节　分离权与分离的价值定位 ……………………………（237）
　　第二节　分离运动治理：缘起、结构与议题 …………………（240）

第三节　分离运动治理：构建民族工程学的治理框架 ……（258）
第四节　理论总结与反思 ………………………………（274）

附　录 ……………………………………………………（281）

参考文献 …………………………………………………（285）

索　引 ……………………………………………………（319）

后　记 ……………………………………………………（322）

Contents

Chapter 1 What Kind of Secession? Whose Fate?
　　　　　　—A Frimming of the Concept of Secession
　　　　　　Movement ·· (1)
　Section 1 The Concept of Generalized Secession Movement:
　　　　　　Whose Secession? What Type of It?   ················ (5)
　Section 2 Secession Movement Is a By-Product of Nation-State
　　　　　　Building: A Prerequisite ································ (14)
　Section 3 Secession Movement: What Kind of Relationship?
　　　　　　Why on Different Sides? ······························· (22)

Chapter 2 Explanation Mechanism of the Secession Movement: From the Perspectives of Structure and Agency ·· (37)
　Section 1 The Existing Explanatory Framework of the Secession
　　　　　　Movement ·· (37)
　Section 2 Explanation Mechanism of the Secession Movement:
　　　　　　The Combination of Structure and Agency ············ (52)
　Section 3 Institutions Cannot Integrate Power, Interests and
　　　　　　Rights: The Logic of Discriminatory Distribution
　　　　　　and Fractured Institution ······························· (59)
　Section 4 High Political Organization Ability: Logic of Political
　　　　　　Possibility ··· (67)

Section 5   Research Method: Comparative Historical Analysis ……… (78)
Section 6   Cases: Why Aceh (Indonesia), Quebec (Canada), South Sudan (Sudan) and Switzerland? ………… (82)
Section 7   Book Chapter Arrangement …………………… (88)

Chapter 3   The Free Aceh Movement (1962–2006) ……… (89)
Section 1   Aceh Issue ………………………………… (90)
Section 2   The Arrangement of Fractured Institution in Indonesia ……………………………… (96)
Section 3   The Free Aceh Movement: Organization Construction, Military Struggle, and Newcolonialism …………… (104)
Section 4   Aceh Autonomy, the Transformation of the Free Aceh Movement and Indonesia's Future ……………… (119)

Chapter 4   Quebec Secession Movement (1960–2006) ………………………………… (126)
Section 1   Quebec and Quebec Secession Movement ………… (127)
Section 2   The 1980 Referendum: Incomplete Quite Revolution and Parti Québécois ……………………… (132)
Section 3   The 1995 Referendum: The Disappearance of Duality and Parti Québécois ………………… (151)
Section 4   The Clarity Act and the Future of Quebec ……… (162)

Chapter 5   Secession Movement in South Sudan (1972–2011) ……………………………… (168)
Section 1   South Sudan: A Problem ……………………… (169)
Section 2   Arrangements of Fractured Institution in Sudan ……………………………………… (180)

Section 3　Sudan People's Liberation Movement/Army:
　　　　　　Political Organization, Sudanism and New
　　　　　　Colonial Narrative ………………………………………… (189)
Section 4　The Birth of South Sudan and Its Future ………… (198)

Chapter 6　Ethnic Politics in Switzerland (1848 To
　　　　　Present) ………………………………………… (204)
Section 1　The Birth of Modern Switzerland ………………… (205)
Section 2　Bridging Political Institution in Switzerland:
　　　　　　Cooperative Federalism ……………………………… (209)
Section 3　Weakened Party Elites: Party Fragmentation,
　　　　　　Committee System, and Referendum ……………… (220)
Section 4　The Future of Swiss Ethnic Politics ……………… (230)

Chapter 7　National Engineering: for A Better Nation-
　　　　　State Building ……………………………………… (236)
Section 1　Secession Right and Its Value Proposition ……… (237)
Section 2　Governance of Secession Movement: Origin,
　　　　　　Structure and Issues ………………………………… (240)
Section 3　Governance of Secession Movement: Build
　　　　　　A Governance Framework for National
　　　　　　Engineering …………………………………………… (258)
Section 4　Theoretical Summary and Reflection ……………… (274)

Appendix ………………………………………………………… (281)

References ……………………………………………………… (285)

Index …………………………………………………………… (319)

Postscript ……………………………………………………… (322)

第 一 章

何种分离？谁之命运？
——一项关于分离运动概念的梳理

在苏格兰投票者坚决反对独立后，苏格兰决定留在英国。

在所有32个议会选区的选举结果中，反对独立的一方以2001926票对1617989票的结果赢得了公投。

苏格兰首席大臣亚历克斯·萨蒙德（Alex Salmond）呼吁团结一致，敦促支持统一的方面下放更多权力。

英国首相大卫·卡梅伦（David Cameron）表示，他很高兴英国能继续在一起，而且对额外权力的承诺将"全面"兑现。

卡梅伦表示，威斯敏斯特的三个主要的支持统一的政党现在将履行他们为苏格兰议会提供更多权力的承诺。

他宣布，主持格拉斯哥英联邦运动会（Commonwealth Games）的开尔文的斯密斯勋爵（Lord Smith of Kelvin）将监督这一进程，以履行承诺，并将在11月之前达成税收、支出和福利方面的新权力，并在明年1月前起草一份法律草案。

首相也承认英格兰、威尔士和北爱尔兰的人民必须对他们的事务有更大的发言权。

他承诺要解决西洛锡安问题（West Lothian question）——苏格兰议员可以在英国议会就英格兰问题进行投票，而不是相反。

在另一方面：美国总统奥巴马欢迎苏格兰人留在英国的决

定。他说："通过辩论、讨论和充满激情的和平协商，他们提醒了苏格兰对英国和世界的巨大贡献。"

苏格兰警方说，周四的投票"顺利进行"，全国只有六人被捕，主要原因是涉嫌违反和平和攻击行为。

调查官员说，他们正在格拉斯哥的投票站调查10起涉嫌投票舞弊的案件。

苏格兰皇家银行（Royal Bank of Scotland）表示，将在反对独立的投票后将总部留在苏格兰。

威尔士首席大臣卡因·琼斯（Carwyn Jones）呼吁在苏格兰投票决定留在英国后为威尔士提供更多的资金。

北爱尔兰首席大臣彼得·罗宾逊（Peter Robinson）说，在苏格兰说"不"之后，不需要对北爱尔兰的未来进行投票。①

上述新闻是英国广播公司（BBC）关于2014年苏格兰公投的报道。如报道所显示的，此次公投最终被否决。关于此次公投，我们所关心的不是时任英国首相卡梅伦或者时任苏格兰首席大臣萨蒙德的表态，也不是公投这样一种和平的方式，而是苏格兰为什么要从联合王国分离出去。如果真的一开始不合，为什么能维持这么久？为什么在有自己议会的前提下，没有接受更多的权力下放，而选择分离？

苏格兰公投只是近年来分离运动的冰山一角，由苏格兰公投带来的各地分离主义抬头的迹象让各国都保持了高度警惕。事实上，2016年英国脱欧使得苏格兰再次爆发了分离的呼声，再次公投并非不可能。② 直到今天，分离主义势力主导的分离运动层出不穷，在非殖民

---

① Scottish Referendum：Scotland Votes "No" to Independence, http://www.bbc.com/news/uk-scotland-29270441, 2018年11月18日。

② 当地时间2017年3月13日，苏格兰首席大臣斯特金（Sturgeon）确认将会再次向英国议会提交苏格兰独立公投的申请，第二次公投的时间可能会安排在2018年秋天或2019年春天。参见Scottish Independence：Nicola Sturgeon to Seek Second Referendum, http://www.bbc.com/news/uk-scotland-scotland-politics-39255181, 2018年12月12日。

的环境下寻求所谓"自决权"的分离要求在数量和强度上越来越令人担忧,① 魁北克、车臣、科索沃、加泰罗尼亚、佛兰德斯、加丹加、卡宾达、南苏丹、亚齐、那加兰等地区尤甚。据族群权力关系（the Ethnic Power Relations）数据集显示（如表1—1所示），1946—2005年间，共发生冲突215次，其中族群冲突110次，占比达一半以上；分离冲突60次，占比将近30%。

表1—1　　　　　　冲突数据集（1946—2005年）　　　　（单位：次）

	族群冲突		非族群冲突	总计
	内乱	叛乱		
分离	9	48	3	60
非分离	11	42	102	155
内乱与叛乱	20	90		
总计	110		105	215

资料来源：Andreas Wimmer, Lars-Erik Cederman, Brian Min, "Ethnic Politics and Armed Conflict: A Configurational Analysis of a New Global Data Set", *American Sociological Review*, Vol. 74, No. 2, 2009, pp. 316 - 337。

作为一种政治与社会运动，分离运动的影响深远，甚至远超过其本身的影响范围，无论是时间还是空间。以南苏丹、卡宾达、加丹加、车臣、亚齐等为代表的暴力内战模式的分离运动持续了十几年甚至至今未能结束，造成了大量的人员伤亡，损害了央地关系和族际关系，改变了政治格局，甚至引发了大国或国际组织的干涉。虽然目前部分分离地区或已建国或已趋于平息，但是，如南苏丹成功分离地区又面临着国内新的族群（部落）冲突，没有成功分离地区在中央地方互不信任的"安全困境"中难以挣脱。除了暴力内战模式之外，以加泰罗尼亚、魁北克、苏格兰、佛兰德斯等为代表的

---

① M. Rafiqui Islam, "Secessionist Self-Determination: Some Lessons from Katanga, Biafra and Bangladesh", *Journal of Peace Research*, Vol. 22, No. 3, 1985, pp. 211 - 221.

地区在本国制度允许的范围内选择了议会选举、公投、修宪等和平方式［但这并不表明这些地区只有和平的方式，魁北克解放阵线（Quebec Liberation Front）就鼓吹暴力行动］，这一模式大多发生在西方民主国家，虽然在一定意义上控制了运动的暴力，却对现有制度造成了较大的损耗，甚至不难想象会有更多的地区（族群）要求组建政党、加入公投行列，这也就不难理解为何诸多的西方民主国家从法律上加大了维系领土完整的努力。

除了分离运动带来的对国家主权的破坏和制度的损伤之外，尤其严重的是对地区和世界局势的影响。虽然分离运动的发生与外部介入之间的关系并不明确，但是，分离运动一旦产生之后，外部势力会根据"恰当的名义"（或是亲缘族群，或是盟国，或是地缘政治利益，或是联合国维和行动等）以"恰当的方式"（如资金支持、人员培训、政治表态、介入调停等）介入，使得原本国内的族群、地区、宗教等矛盾有上升为地区冲突的危险。以自由亚齐运动代表的暴力分离运动不仅导致了印度尼西亚陷入了长达四十年的内战，还牵涉周边国家的政局稳定，更为复杂的是，以卡扎菲时代的利比亚为代表的国家秘密为自由亚齐运动训练武装分子，甚至自由亚齐运动的领导人哈桑·迪罗（Hasan di Tiro）一直在赫尔辛基遥控指挥，印尼政府与自由亚齐运动的谈判也是在芬兰的调停下得以实现的。以苏格兰公投为代表的和平分离运动导致了英国本国局势的动荡，甚至直接激发了以西班牙加泰罗尼亚为代表的欧洲多国的分离主义势力抬头，迫使欧洲各国采取一致立场。当然，外部是否介入，以及介入的时机与方式、介入的效果等都存在着较大的争议，但是，无论如何，外部介入使得国内冲突进一步激化，影响了地区乃至国际政治格局却是不争的事实。

那么，在一般意义上来说，分离运动何以发生？与之相伴的问题是，为什么一些族群选择分离运动，而另一些选择了继续留在母国？分离运动层出不穷，各国都采取了相应的对策，为何效果各异？分离主义是否是下一个政治之癌？这一系列问题就是本书所要解答的。

第一节 泛化的分离运动概念：
谁之分离？何种类型？

关于分离一词，比较常见的英文单词是 independence、separation、secession。一般而言，independence 指的是民族独立，尤其是指殖民地、被压迫民族从原有宗主国脱离出去成为新的主权国家的行为，更加接近于去殖民化（decolonization）的意涵，多用于比较积极的、正面的场合。Separation 倡导物理学意义上的分离，或者是地方分权等，但也可以用在文化、种族、宗教和性别等含义上。Secession 一词表达的是负面含义，即从民族国家退出和分裂国家的企图。约翰·伍德（John R. Wood）认为，separation 可能被表达为确定区域的群体寻求地方性权利、地方或区域自治。与之相比，secession 是一个比较有限但更具体的术语，指涉某个团体或多个团体基于独立主权地位的要求从中央政治权力中脱离的需求。[①] 因而，在特指分裂国家企图的运动中，学术界多倾向于使用 secession。

从词源上来说，分离（secession）一词来源于退出（secede），在一开始并没有政治含义，而后逐渐发展成为特指退出宗教团体的行为。[②] 在政治和法律意义上首次使用分离概念的是美国南北战争，南方叛乱的十三州签署了《十三州脱离联邦法案》（*The Secession Acts of the Thirteen Confederate States*），也就是十三州在政治和法律的双重意义上从美利坚合众国脱离出去。此后，分离的概念大致被局限于表达政治与法律的含义。然而，在此后的理论研究与实践案例中，分离运动的概念被不断引申和扩

[①] 具体可参见 John R. Wood, "Secession: A Comparative Analytical Framework", *Canadian Journal of Political Science*, Vol. 14, No. 1, 1981, pp. 107–134.

[②] 杨恕：《世界分裂主义论》，时事出版社 2008 年版，第 2 页。

展，乃至泛化，产生了多种类型，某些概念甚至已经脱离了其本来的内涵。

一 分离运动的初始概念

分离运动的初始概念指的是分离运动产生之初的原本概念与原始含义。在民族国家产生之后，分离运动的出现是以外围分离与中心分离的方式出现的。

（一）外围分离（peripheral secession；marginal secession）

外围分离（边缘分离）是最为常见的分离运动类型。一般而言，生活在边疆边缘（外围）地区的基本上是少数族群，基于领土聚居的少数族群或是感知到了内部殖民主义，[①] 或是由于本族群精英的鼓动，选择了分离。外围分离势力能否成为中央政府的威胁，在多大程度上成为威胁，或者未来是否成为威胁等都将成为影响中央政府对待他们的因素。[②]

在外围分离中，一个比较常见的却又能够引起争议的话题是：为什么中央政府在面对分离运动时会有选择地进行打击呢？芭芭拉·沃尔特（Barbara Walter）分析称，多族群国家的政府对打击早期的分离主义者以阻止可能增加的分离主义势力有着较强的激励，政府有意识地这样做是为了警告其他可能存在的分离主义势力。政府的战争手段不仅会影响特定对手的行为，而且也会影响其他的对手。在这一选择的过程中，是否可能是未来的挑战者影响着政府的决定。[③]

[①] Michael Hechter, *Internal Colonialism: Celtic Fringe in British National Development, 1536–1966*, Berkeley: University of California Press, 1975.

[②] Anoop K. Sarbahi, "Insurgent-Population: Ties and the Variation in the Trajectory of Peripheral Civil Wars", *Comparative Political Studies*, Vol. 47, No. 10, 2014, pp. 1470–1500.

[③] Barbara F. Walter, "Building Reputation: Why Governments Fight Some Separatists but Not Others", *American Journal of Political Science*, Vol. 50, No. 2, 2006, pp. 313–330.

(二) 中心分离 (central secession; secessionism by the centre; hole-of-the-donut secession)

与外围分离相对的是中心分离，指的是中心区域（核心族群）力图摆脱外围边缘地区（少数族群）从而建构真正意义上的民族国家的运动。一般而言，主体族群不会主动打破现有的国家地理空间与政治疆域，因此，中心分离在很大程度上有纯化主体族群的动机，旨在寻求纯粹意义上的民族国家。

布坎南用甜甜圈的中间孔洞形象地比喻了中心分离的意涵，因此中心分离又称为"甜甜圈孔洞分离"（hole-of-the-donut secession）。[1] 布坎南提出这一设想之后，丹尼尔·孔韦尔西（Daniele Conversi）以南斯拉夫的解体为案例，详细分析了中心分离的相关概念。在他看来，新国家的创建有三条路径，一是国家瓦解（dissolution）从而产生新的国家，包括帝国的崩溃和去殖民地化；二是边缘分离（peripheral secessionism），如孟加拉国从巴基斯坦的分离，厄立特里亚从埃塞俄比亚的分离；三是中心分离（secessionism by the centre），如塞尔维亚谋求大塞尔维亚主义导致的南斯拉夫分裂。所谓中心分离指的是来自核心或主导族群主导的有实力的民族主义分裂国家的运动，期望能够从社会和政治共同体的其余部分分离出去，通常是发生在主体族群感知到外围的威胁、复仇的和自身受伤害的外围民族主义氛围笼罩之时。作为南斯拉夫地缘政治核心的塞尔维亚一贯以固执的政治统一者、反分离主义者，甚至是反民族主义者的面貌示人，并且强调会不惜一切代价捍卫领土完整。然而，背后隐藏的却是族群分离，是塞尔维亚人从非塞尔维亚人的分离。[2] 除此之外，捷克斯洛伐克的分裂是处于核心地位的捷克所造成的和平分离，而不是边缘的斯洛伐克造成的；马

---

[1] Allen Buchanan, *Secession: The Morality of Political Divorce from Fort Sumter to Lithuania and Quebec*, Boulder, Oxford: Westview Press, 1991, pp. 14 – 15.

[2] Daniele Conversi, "Central Secession: Towards a New Analytical Concept? The Case of Former Yugoslavia", *Journal of Ethnic and Migration Studies*, Vol. 26, No. 2, 2000, pp. 333 – 355.

来西亚的建构也可以被看作作为中心的马来亚驱逐新加坡后所完成的。在未成功的案例中，加拿大改革党（Reform Party of Canada）① 声称代表说英语群体的大多数，寻求放弃魁北克以重新组合加拿大联邦。因此，中心分离在实践中虽然较为罕见，但这并不表明中心分离是独特的事件（unique event），并不具备可比性（possible comparison），事实上，它是一个新的分析性概念（a new analytical concept）。②

二　分离运动的引申概念

分离运动的引申概念指的是分离运动产生之后相对于初始概念而衍生出的概念，值得注意的是，引申概念与初始概念最大的区别在于，引申概念的目标不是建立新的民族国家，而是或成为国家内部新的行政区，或成为他国的一部分。

（一）内部分离（internal secession; secession within a state）

相对于把分离目的是建立主权国家称为外部分离（external secession），分离目的只是成为新的国家行政区域的情形被称为内部分离（internal secession）。内部分离的目标不是成为新的主权国家，而仅仅是希望脱离现有的管辖实体（即所谓的次国家，可以是省州，也可以是市、县等），取得与现有管辖实体对等的政治地位。内部分离对国家的领土完整并不构成威胁，可能会涉及宪法制度的变更以及分离省份的资源分布、省界划分等。③

在省级层面上，加拿大安大略省北部的北安大略（North Ontario）一直谋求从安大略省分离出去成为一个独立的政治实体，

---

① 加拿大右翼民粹主义保守政党，存在于1987—2000年，其后改组为加拿大联盟（The Canadian Alliance），其主要政纲是改变西部地方的被边缘化地位，推动西部地方在联邦中的话语权，反对赋予魁北克特殊地位。

② Daniele Conversi, "Central Secession: Towards a New Analytical Concept? The Case of Former Yugoslavia", *Journal of Ethnic and Migration Studies*, Vol. 26, No. 2, 2000, pp. 333 – 355.

③ Tim Nieguth, "We Are Left with No Other Alternative: Legitimating Internal Secession in Northern Ontario", *Space and Polity*, Vol. 13, No. 2, 2009, pp. 141 – 157.

取得与安大略省同等的地位从而加入加拿大联邦。① 在次一级的市级层面，美国纽约州纽约市的史坦顿岛（Staten Island）谋求从纽约市的分离也是一例，一旦分离出去，史坦顿岛将成为纽约州仅次于纽约市的第二大城市。② 关于内部分离的原因较为复杂。美国加利福尼亚州洛杉矶市的圣费尔南多谷（San Fernando Valley）在20世纪初因为水源的问题选择了与洛杉矶合并，然而，此后的圣费尔南多谷却多次甚至定期地谋求分离以组成一个新的城市，并于2002年举行分离公投以决定是否继续留在洛杉矶。③ 圣费尔南多谷的分离原因除了历史因素外，寻求治理重构，④ 寻求基于民主理念的地方自治和实实在在的自治利益⑤也是不得不考虑的。

（二）脱离母国加入他国

与寻求摆脱享有政治实体控制从而获得与现有政治实体相对等地位的内部分离相对的是民族统一主义（irredentism），即寻求脱离母国，但其目的不是建立新的主权国家，而是加入他国，成为他国的一部分。⑥ 在20世纪80—90年代，西方学界曾经有过关于分离的

---

① Tim Nieguth, "We Are Left with No Other Alternative: Legitimating Internal Secession in Northern Ontario", *Space and Polity*, Vol. 13, No. 2, 2009, pp. 141–157.

② Richard Briffault, "Voting Rights, Home Rule, and Metropolitan Governance: The Secession of Staten Island as a Case Study in the Dilemmas of Local Self-determination", *Columbia Law Review*, Vol. 92, No. 4, 1992, pp. 775–850.

③ Jim Faught, "Breaking up is Hard to Do: Explaining the 2002 San Fernando Valley Secession Vote", *Journal of Urban Affairs*, Vol. 28, No. 4, 2006, pp. 375–398.

④ Roger Keil, "Governance Restructuring in Los Angeles and Toronto: Amalgamation or Secession?", *International Journal of Urban and Regional Research*, Vol. 24, No. 4, 2000, pp. 758–781.

⑤ Kim Defronzo Haselhoff, "Motivations for the San Fernando Valley Secession Movement: the Political Dynamics of Secession", *Journal of Urban Affairs*, Vol. 24, No. 4, 2002, pp. 425–443.

⑥ Matthew J. Webb, "Is There a Liberal Right to Secede from a Liberal State", *Trames: A Journal of the Humanities & Social Sciences*, Vol. 10, No. 4, 2006, pp. 371–386; Michael Hechter, "The Dynamics of Secession", *Acta Sociologica*, Vol. 35, No. 4, 1993, pp. 267–283.

自由主义理论的讨论，① 正是在这个讨论的过程中，唐纳德·霍洛维茨（Donald Horowitz）与罗伯特·麦基（Robert McGee）提出了这样一种分离类型。霍洛维茨将分离与民族统一主义（irredenta）放在一起是为了对两者有全面的观察。他认为，两者的可转化性、两者出现的相对频次和两者的相对力量将两者关联在一起。② 麦基认为加拿大阿尔伯塔省（Alberta）、曼尼托巴省（Manitoba）、不列颠哥伦比亚省（British Columbia）这三个西部省份与美国有着较为相近的文化、宗教与语言，并且，被东部控制的加拿大政府长期以来忽视西部省份的利益，从而谋求脱离加拿大加入美国。③

事实上，此种类型很有可能会成为次国家政治运动的主要类型，本国较小族群在分离无望的情况下很有可能寻求脱离以并入其主体民族所在的国家，尤其是在跨界民族较多，特别是大量无国家民族（nations without states）被行政疆域切割的情况下更是如此。2008年的俄格战争在很大程度上就是格鲁吉亚境内少数族群的南奥塞梯寻求与俄罗斯境内的北奥塞梯（奥塞梯人主体所在地区）合并引起了格鲁吉亚政府的不满，并出兵南奥塞梯，后又引得俄罗斯介入的战争。

三　分离运动的扩展概念

引申概念基本上可以与初始概念相对接。然而，扩展概念则将分离运动的概念外延拓展，将产生国家的去殖民化方式当作分离运动，将国家的概念延展为国际组织，泛化了主权的概念。

---

① Harry Beran, "A Liberal Theory of Secession", *Political Studies*, Vol. 32, No. 1, 1984, pp. 21–31; Anthony H. Birch, "Another Liberal Theory of Secession", *Political Studies*, Vol. 32, No. 4, 1984, pp. 596–602; Robert W. McGee, "A Third Liberal Theory of Secession", *The Liverpool Law Review*, Vol. 14, No. 1, 1992, pp. 45–66.

② Donald L. Horowitz, "Irredentas and Secessions: Adjacent Phenomena, Neglected Connection", *International Journal of Comparative Sociology*, Vol. 33, No. 1, 1992, pp. 118–130.

③ Robert W. McGee, "A Third Liberal Theory of Secession", *The Liverpool Law Review*, Vol. 14, No. 1, 1992, pp. 45–66.

（一）去殖民化运动是分离运动？

将去殖民地化视作分离运动很大程度上是将民族自决权视作了分离权的基础，甚至有学者认为，分离可能会有很多种方式，但无一例外地都与自决权相连。[1] 第二次世界大战后的去殖民地化运动是在给予殖民地国家和人民独立宣言中明确提及的，这是基于民族自决权的政治实践。如果我们以联合国成员国作为民族国家界定标准的话，截至 2018 年，联合国共有 193 个会员国。[2] 其中绝大部分是第二次世界大战后新兴独立的国家，且主要来自亚非拉。在这一过程中，民族自决权的主体被理解为人民，且是一个国家的全体人民而非部分人民；被理解为民族，是政治民族（nation），而非文化民族（nationality）。[3]

《给予殖民地国家和人民独立宣言》（联合国大会 1960 年 "1514" 号决议）明确指出了，任何旨在部分地或全面地分裂一个国家的团结和破坏其领土完整的企图都是与联合国宪章的目的和原则相违背的。[4] 也就是说，自决在国际法上是有明确的定义的。根据 1960 年的 "1514 号决议"，1966 年的《国际人权公约》，1970 年的 "2625 号决议"，在殖民主义、外国占领和强加的政治统治以及种族主义三种情况下可以允许民族自决，但民族自决不鼓励现存主权国家内部少数族群的分离要求。因此，"民族自决权只是一种政治意义上的独立权，即在政治上从压迫民族自由分离的权利"[5]。

（二）脱离国际组织是新的分离运动类型吗？

按照分离运动概念扩张的趋势，脱离国际组织可能会成为下一

---

[1] Robert W. McGee, "A Third Liberal Theory of Secession", *The Liverpool Law Review*, Vol. 14, No. 1, 1992, pp. 45–66.

[2] "Growth in United Nations Membership, 1945 – present"，联合国网站，http://www.un.org/en/sections/member-states/growth-united-nations-membership – 1945 – present/index.html, 2019 年 1 月 4 日。

[3] 雷勇：《"分离权"和民主权利关系辨析——简评西方学界的"分离权"讨论》，《上海行政学院学报》2015 年第 5 期。

[4] 王铁崖、田如萱：《国际法资料选编》，法律出版社 1982 年版，第 11 页。

[5] 《列宁选集》（第二卷），人民出版社 1995 年版，第 564 页。

个分离运动的类型。主权国家或地区从国际组织脱离的现象已经不是孤例，尤其是2016年的英国脱欧公投更是让这种现象成为可能的分离类型。部分国际组织的条约规定了成员退出的条框，如《欧洲联盟条约》第50条就规定，任何成员国均可根据其本国宪法的要求决定退出联盟。这一规定意味着在欧盟的框架内，任何国家的进出都是自由的，比较而言加入欧盟的条件似乎更加苛刻。根据"哥本哈根标准"，入盟候选国需要在三个方面达到欧盟的标准，即申请国须是民主法治国家，须是有效运行的市场经济国家，须有能力执行欧盟相关法律规定。然而，如果某国想要退出的话，只需要在本国实行公投获得通过即可根据第50条的相关规定，在最长两年内完成脱欧相关程序。2016年的英国脱欧公投明确宣示着，较之加入欧盟的漫长过程，脱欧则是相对简单的。

那么，脱离国际组织的现象是否能够被认为是分离运动新的拓展呢？类似于英国脱欧这样的行为是不是分离呢？一种观点认为，"民族分离主义既包括民族脱离既有国家，另建与本民族边界相一致的独立国家的行为，也包括既有的民族国家反对加入一个更大的一体化组织，或致力于从一个类似的组织脱离的立场"[1]。对立的观点认为，"在各种条约中，并没有正式的分离条款适用于欧盟宪法。但是，成员国可以单独退出是为人所知的。这其中一个原则性的原因是，欧盟是一个邦联（confederation），而不是联邦（federation）"[2]。

在实质上，至少两者都是对全球化的抗拒。民族国家的分离运动是少数族群为了维护自身特有文化、寻求身份认同的政治行动。少数族群的边缘化导致了其公民身份的危机、公民权利的虚置，转而寻求基于本族群的民族成员身份与民族成员权利，更加倾向于文化认同。如此，在全球化的进程中，作为全球化初步阶段的区域化

---

[1] 王建娥：《民族分离主义的解读与治理——多民族国家化解民族矛盾、解决分离困窘的一个思路》，《民族研究》2010年第2期。

[2] Wayne Normann, *Negotiating Nationalism: Nation-Building, Federalism, and Secession in the Multinational State*, New York: Oxford University Press, 2006, p. 184.

（国际组织）的一致性要求必然与组织成员的制度体系、发展目标、国家定位存在着一定的冲突，使得成员"比起以往的时代……更关注自己的身份认同。在全球时代，要弄清自己的身份认同并非一件易事。我们越是卷入全球化的结构中，我们就越是被迫知道自己的积极定位，这是一个连续不断的过程"①。

四 分离运动概念泛化的结果

从初始概念到引申概念，再到扩展概念，自产生之始，分离运动概念的内涵与外延就不断地被拓展，以至于发展到今天，当我们谈论分离运动时并不知晓彼此的指涉究竟是什么，因而也就无从着手治理分离运动。

（一）概念泛化导致分离运动概念日渐模糊、不可比较

如前所述，分离运动的概念最早在政治与法律意义上的运用起源于美国南北战争时期。在随后的概念演化中，分离运动的概念逐渐被无限拓展，失去了其前提（民族国家的内部冲突而非国际或地区组织的主权国家冲突）、泛化了其目标（建立主权国家而非争取自治权）。当我们将分离运动界定为国家内部族群从民族国家退出以建立新的主权国家的行为时，跨界族群从本国退出加入他国的行为被视为分离运动，次级区域寻求与上级区域同等的行政地位被视为分离运动，甚至主权国家脱离国际组织或地区组织的行为亦被纳入分离运动的考察视野。分离运动的概念泛化导致其外延越来越扩展，已经很难就其内涵达成一致。然而，"在讨论中，只有当我们能够找到中心概念最为确切的定义时，或者至少为了我们辩论的目的而就如何使用这一术语达成一致，我们才能期待在实质性的规范问题上取得进展"②。因此，分

---

① ［英］安东尼·吉登斯：《全球时代的民族国家》，郭忠华、何莉君译，《中山大学学报》（社会科学版）2008 年第 1 期。

② Wayne Normann, *Negotiating Nationalism: Nation-Building, Federalism, and Secession in the Multinational State*, New York: Oxford University Press, 2006, p. 3.

离运动概念的正本清源是讨论和分析的关键。

（二）概念泛化导致分离运动的治理难以着手

在科学研究中，问题可以分为两种，即用来回答的问题和用来解决的问题，处方式的规范研究侧重于后者，溯源式的科学探索侧重于前者。[①] 然而，任何一种研究都不可能只得其一，而应该是相结合的。要想开出处方，首先得回答为什么是这样；回答了为什么，也就在很大程度上等同于给出了防治之策。具体到本书，民族国家建立以来，分离主义成为一种政治思潮，分离运动成为一种政治运动。然而，分离运动概念的泛化导致分离冲突治理的手足无措：如果将"内部分离"视作分离运动的话，我们会把寻求自治权（呼吁）当成分离运动（退出）；如果将"脱离母国加入他国"视作分离运动的话，我们就会把叛国当成分离运动。不同族群行为的处理方式是不同的，如果简单地将族群冲突都视为分离运动，那么就会导致治理思路的简约化和治理策略的简单化，反而适得其反。

第二节　分离运动是民族国家建设的副产品：一项前提设定

正本清源是讨论任何议题的前提。分离运动是民族国家产生之后才有的政治现象。在民族国家建设的进程中，分离运动是与超国家组织并行不悖的政治现象，是民族国家建设尚未完成的反映，因而也就是民族国家建设的副产品。考察分离运动势必需要从民族国家入手。

[①] 陈慧荣：《民主研究的科学精神——评〈民主崩溃的政治学〉》，载钟杨主编《实证社会科学》第1卷，上海交通大学出版社2016年版，第105—111页。

一　民族主义与民族国家

分离运动是分离主义的实践形式，分离主义是民族主义的变种。① 因此，在分析分离主义导致的分离运动之前，我们首先有必要了解一下民族主义及民族国家实践。虽然"民族主义是当今政治和分析思想词汇中最为模糊的概念之一"②，但是，民族主义成为现代现象却是毋庸置疑的共识，所不同的是，民族主义出现的时间与导火索是什么。不论民族主义是法国大革命的意外后果③（民族主义被芬纳视为大革命的遗产之一④），还是工业社会导致的新的社会结构的产物，⑤ 或是19世纪以降建立在直接统治（direct rule）基础上的治理单元与民族边界相一致的产物，⑥ 抑或是外部族群和更发达文明的进入导致的，⑦ 民族主义都被视为现代政治现象。一般认为，民族主义起源于18世纪末和19世纪初，资产阶级在即将登上历史舞台之时迫切需要新的意识形态作为理论基础，而作为行政单元造就的想象的共同体⑧或被发明传统⑨的民族主义无疑是等级身份政治瓦解后最为有效的工具。在欧洲的中世纪，资产阶级的政治地位相对

---

① Jason Sorens, *Secessionism: Identity, Interest, and Strategy*, Montreal: McGill-Queen's University Press, 2012, p. 8.

② Peter Alter, *Nationalism*, London: Edward Arnold, 1989, p. 4.

③ Elie Kedourie, *Nationalism*, Oxford, Cambridge: Blackwell Publishers, 1993, pp. 1–11.

④ [英] 塞缪尔·芬纳：《统治史（卷三）：早期现代政府和西方的突破——从民族国家到工业革命》，马百亮译，华东师范大学出版社2014年版，第524—532页。

⑤ Ernest Gellner, *Nations and Nationalism*, Ithaca: Cornell University Press, 1983.

⑥ [美] 迈克尔·赫克特：《遏制民族主义》，韩召颖等译，欧阳景根校，中国人民大学出版社2012年版，第68—81页。

⑦ Stefano Casertano, *Our Land, Our Oil! Natural Resources, Local Nationalism, and Violent Secession*, Wiesbaden: Springer, 2013, p. 281.

⑧ [美] 本尼迪克特·安德森：《想象的共同体：民族主义的起源与散布》，吴叡人译，上海人民出版社2011年版。

⑨ Eric Hobsbawm, Terence Ranger, *The Invention of Tradition*, New York: Cambridge University Press, 1983.

于其经济地位而言是较低的，甚至被排除在国家权力之外，即使是在存在着固定的通过三级会议渠道表达政治诉求的法国，资产阶级因为其第三等级的身份而难以有所成就。在资产阶级追求政治权力的过程中，如何塑造同质性的、表象上的平等去团结整个社会成为摆在资产阶级面前的头等大事。法国大革命、英国工业革命、美国独立战争瓦解了当时的等级身份政治，迫切需要新的社会认同去弥补等级身份政治破碎后的缺漏。"如此强烈的社会认同在自由主义的解放之下便告迷失，只有个人以民族团体和公民身份所建立起的新认同才有办法替代，而民族主义就是对此种新成员资格的颂扬。"① 民族主义在日益加剧的认同危机中寻求能够忽略阶级差异与身份不平等的意识形态，"在其初始之际，民族主义打碎了传统的、陈腐过时而束缚人的社会秩序，并以人类的尊严感、以参与历史和管理自己事务的骄傲和满足感填充着追随者的心灵"②。

法国大革命以前，民族主义从来没有以一种毫不妥协的、普适性的形式被提出来，在这之后，这一概念鼓舞着全世界的革命者，成为帝国的掘墓者。③ 此后，民族成为国家认同的利器，成为国家民族（state-nation，国族），"反映了对同质性的客观需要"④。作为政治民族的国族不仅是一个包含文化属性的集体，更是一个正式的法律单位，而这一单位的形成是理性主义、资本主义市场和中央集权的领土国家的结果。⑤ 在这个意义上说，虽然可能阶级不同、族群有

---

① 希勒·斯坦能：《领土正义》，许云翔等译，载 Pency B. Lehning 编著《分离主义的理论》，韦伯文化事业出版公司 2002 年版，第 72 页。

② Hans Kohn, *The Age of Nationalism: The First Era of Global History*, Harper & Brothers, 1962, p.1.

③ ［英］塞缪尔·芬纳：《统治史（卷三）：早期现代政府和西方的突破——从民族国家到工业革命》，马百亮译，华东师范大学出版社 2014 年版，第 452 页。

④ ［英］厄内斯特·盖尔纳：《民族与民族主义》，韩红译，中央编译出版社 2002 年版，第 60 页。

⑤ 陈明明：《政治发展视角中的民族与民族主义》，《战略与管理》1996 年第 2 期。

别、信仰各异，但是，作为交叉分裂（cross-cutting cleavage）的民族主义却可以使得各自的身份在民族主义的意识中获得代表性（虽然可能是被动代表性）。"全体国民不仅在文化象征意义上被……连接起来，也在制度上被国家统一标准的制度安排结构起来……从而成为……一个新的国家化的民族。"① 民族的概念发生了嬗变，民族成为国家的民族，建立在中心族裔基础上的现代民族国家通过一系列方式容纳了边缘族裔，国家建构是将所有的域内民族整合成为国族。"建构民族性的过程，正是对不同的人口集团进行整合的过程，是在具有不同历史文化和种族联系的人口中创造出统一性和凝聚力的过程。"② 民族单元与政治单元相一致③的民族建构（nation-building）意味着本国所有族群与国家结合以产生共同的民族认知，中华民族、美利坚民族、法兰西民族等国家民族都是如此。由此，国家的概念也发生了嬗变，不再是王权的国家，而是成为民族的国家，成为多民族的统一的现代国家。"随着阶级和其他运作者获得市民的和政治的身份认同，国家便成为'他们的'民族—国家，一个他们效忠的'想象的共同体'"④，基于多民族建构的国家建设（state-building）成为现代国家的核心任务。由此，民族建设与国家建设构成了现代民族国家建设的二重性，民族优先与国家至上互相勾连，要有效保护民族利益就要建立起属于本民族的国家，要有效地捍卫国家的尊严就要建构起统一的民族，民族国家的发展日益呈现出民族国家化、国家民族化的趋势，这一过程仍然在继续。图1—1展示了1816—2001年间国家形态的变迁，从中可以显见的是，民族国家

---

① 关凯：《族群政治》，中央民族大学出版社2000年版，第35页。
② 王建娥、陈建樾等：《族际政治与现代民族国家》，社会科学文献出版社2004年版，第59页。
③ [英]厄内斯特·盖尔纳：《民族与民族主义》，韩红译，中央编译出版社2002年版，第1页。
④ [英]迈克尔·曼：《社会权力的来源（第二卷）——阶级和民族国家的兴起（1760—1914）上》，陈海宏等译，上海世纪出版集团2015年版，第87页。

成为最主要的国家形态,"到目前为止,民族国家仍然是唯一得到国际承认的政治组织结构"①。

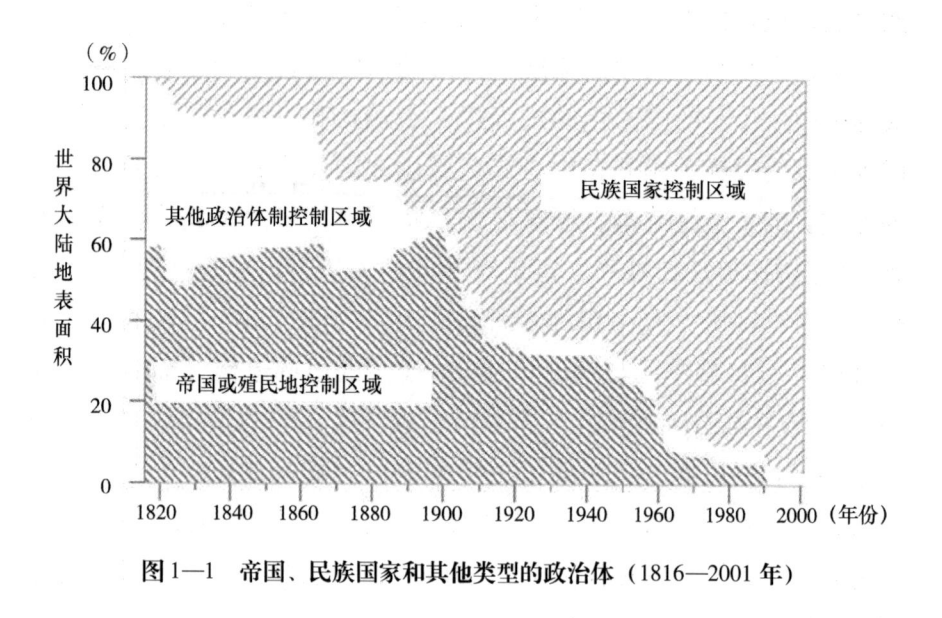

图1—1 帝国、民族国家和其他类型的政治体(1816—2001年)

注:国土面积小于25000平方千米的未被列入。

资料来源:Andreas Wimmer, *Waves of War: Nationalism, State Formation, and Ethnic Exclusion in the Modern World*, New York: Cambridge University Press, 2013, p.2。

民族国家建构了一种以领土(疆域)为认同区间的国家认同模式。传统国家有边陲无边界的情况使得内部的认同被局限在文化上,"我们"与"他们"的区别不在于是否属于同一个民族,而在于是否文明开化。地理空间的领土认同在国族认同与公民身份的重合历程中发挥了重要作用,促成一种"公民—疆域形式的民族忠诚"②,最终将固定疆域的领土区间建构成为新的认同模式。领土是一种物

---

① [英]安东尼·史密斯:《全球化时代的民族与民族主义》,龚维斌、良警宇译,中央编译出版社2002年版,第122页。
② [美]杰克·斯奈德:《从投票到暴力:民主化和民族主义冲突》,吴强译,中央编译出版社2017年版,第15页。

理空间，提供在场的情境感（sense of context），"地理空间政治化"使得"领土作为一种政治化的空间，与国家之间具有相互建构的意义"①。国家最终被限定在有着固定边界的疆域内，使得民族国家类似于芬纳所谈的疆域国家，其忠诚来自生于斯长于斯的认同，② 以领土为认同区间使得民族成为领土区间内唯一的认同载体。"将国家族群化（ethnicisation）、打上文化烙印（culturalisation）、日益与某种特殊语言联结在一起，这是近代欧洲发展中的一个渐进过程。"③

民族的认同不仅是一种"社会地位"，也是一种"政治身份"，这种政治身份需要法律的约束和规制，"以明确其与政治共同体的关系，以及双方的边界、权利、义务"④。社会地位与政治身份的获得需要建基于法律，成为一种更能获得认同的模式，即公民的民族主义（civic nationalism）。作为一国国民，至少是两种身份的集合体。作为族群的一员，他需要通过表明自身的文化属性来获得群体的认同，而这不能因为他的地位高低、财产多寡、价值取向等遭到拒绝，却有可能因为他的肤色、出身、信仰等不被接纳。正是因为这种族群认同难以成为持续的社会地位与政治身份，这就需要显示其作为民族国家成员的身份，这就是公民的属性。这一属性通过获得参与政治的权利去显示，而这不能因为他的肤色、出身、财产、性取向、信仰等遭到拒绝。"当这种共生关系趋于完美时，当公民与族裔两种成分之间不存在缝隙时，文化和公民权就会彼此相互加强，国家的作用得到充分实践。"相反，"当公民的或者族裔的要素其中一方逐渐占据了优势，国家的团结和权力就会被削弱，就可能导致公民身

---

① 周光辉、李虎：《领土认同：国家认同的基础——构建一种更完备的国家认同理论》，《中国社会科学》2016 年第 7 期。

② ［英］塞缪尔·芬纳：《统治史（卷一）：古代的王权和帝国——从苏美尔到罗马》，王震、马百亮译，华东师范大学出版社 2014 年版，第 7 页。

③ ［德］李骏石：《何故为敌：族群与宗教冲突论纲》，吴秀杰译，社会科学文献出版社 2017 年版，第 165 页。

④ 马俊毅：《论现代多民族国家建构中民族身份的形成》，《民族研究》2014 年第 4 期。

份与族裔的冲突"①。

二 民族国家建设的两条岔路：超国家组织与分离运动

第二次世界大战后，随着世界新秩序的建立，以及去殖民化运动的开展，一大批第三世界国家得以建立，民族国家的发展进入了前所未有的快轨道。然而，"在全球化时代，国家作为民族共同体的政治想象正经历着亚民族和超民族力量的撕扯"②，这就是说，民族国家的发展在超国家组织与分离运动两条轨道上并驾齐驱。

民族国家建设的"规模和效率会为其公民提供实现政治凝聚力、经济联合体和文化一致性这三个目标的条件"③。因此，第二次世界大战之后，特别是"冷战"之后，规模与效率的要求使得民族国家的发展日益追求经济一体化、政治一体化，日益追求标准化、同质化、纯粹化，出现了所谓的超国家组织（supranational organization），每个国家都多或少地成为某一地区或国际组织的一员，尤其是以构筑统一的劳务、商品、人员、资本为核心的欧盟走上了政治一体化进程。全球化进程原本是以民族国家为基本单位（这就摒弃了族群）建构起来的，然而，超国家的组织却动摇了原有民族国家的根基，即国家与领土。全球化的发展要求非国家化（denationalization），以跨国公司为代表的全球化推动者不愿意再拘泥于国界的限制，要求劳务、商品、人员、资本在全球范围内的自由流动；要求非领土化（deterritorialization），全球贸易、移民、宗教甚至恐怖主义不再拘泥于已有的边界，力图拓展更大范围的活动空间。非国家化与非领土化的全球化绝不是某一个国家可以做到的，这需要民族国家角色的

---

① ［英］安东尼·史密斯：《全球化时代的民族与民族主义》，龚维斌、良警宇译，中央编译出版社2002年版，第118—119页。

② 郭忠华：《全球化背景下多元公民身份体系的建构》，《武汉大学学报》（哲学社会科学版）2010年第1期。

③ ［英］凯特·纳什、阿兰·斯科特：《布莱克维尔政治社会学指南》，李雪等译，浙江人民出版社2007年版，第408页。

转变,"与其说民族国家衰落了,不如说民族国家正在改变其传统功能,全面地介入当代世界的社会关系"①,更需要以超国家组织作为协调协商机制去应对全球化的挑战。

除此之外,民族国家建设却又出现了与一体化建设截然不同但又并行不悖的吊诡现象,这就是分离主义。分离主义由来已久,一些学者甚至追溯到了政治学创立之初。② 然而,真正意义上的分离运动是民族国家建立之后才兴起的。第二次世界大战后特别是"冷战"结束后分离运动更甚,尤其是"冷战"后"这一波新的族群民族主义浪潮的另一个结果是,在相当程度上,恢复了较小的人们群体和从属的民族希望独立的普遍合法性,并在更广泛的程度上恢复了民族主义的合法性"③。阿伦·布坎南也就将后"冷战"时代称为"分离的时代"④。在全球化时代,主体民族与少数民族之间的中心—边缘关系更加脆弱,"全球化的程度越高,边缘化的程度就越深,全球化已经加深了边缘化"⑤。打破地区与族群壁垒的民族建设与国家建设在磨平地区差异的同时也试图磨平族群的差异性,以至于在很大程度上忽略了少数族群的利益。原本不同的族群享有不同的价值观与信仰,主体民族控制的中央政权试图将社会主流价值观与信仰推广开来,势必造成少数族群的抗拒和抵制。少数民族的边缘化导致了其公民身份的危机和公民权利的虚置,转而寻求基于本民族的民

---

① 汪晖:《导论》,载汪晖、陈燕谷主编《文化与公共性》,生活·读书·新知三联书店1998年版,第5—6页。

② Tim Nieguth, "We Are Left with No Other Alternative: Legitimating Internal Secession in Northern Ontario", *Space and Polity*, Vol. 13, No. 2, 2009, pp. 141 – 157.

③ [英] 安东尼·史密斯:《民族主义:理论、意识形态、历史》,叶江译,上海世纪出版集团2006年版,第127页。

④ Allen Buchanan, "Self-Determination, Secession and the Rule of Law", in R. Mckim, J. Mcmahan (eds.), *The Morality of Nationalism*, New York: Oxford University Press, 1997, p. 301.

⑤ [美] 詹姆斯·米特尔曼:《全球化综合征》,刘得手译,新华出版社2002年版,第289页。

族成员身份与民族成员权利的认同,将民族主义视为"看见自己,界定自我"的镜子,"个体通过它来观察和评估事件与他人,并做出响应。它通过清楚地界定'我们'和'他们'来简化复杂的事务"①。这就使得人为的藩篱、路障产生了。原先建构的"民族认同的纯洁性和同质性正在解体……在这种并不陌生的'说教式叙述'中,人们不断感到移民、前殖民地居民以及边缘化的人,可能还有杂居的'边缘'族裔,破坏了民族的结构,因为他们要求区别而平等地对待,要求保持文化差异,希望实现多样化和自治"②。民族自决权与反殖民的"神话"使得少数族裔民族主义的情感被激活,原有意识形态的衰败,国家分崩离析后导致的权力真空、历史遗留问题、他者示范效应等因素导致了分离运动层出不穷。

第三节 分离运动:何种关系?何以对立?

分离主义是民族主义的变种,存在着族群民族主义(ethnonationalism)、少数民族民族主义(minority nationalism)、微观民族主义(micro-nationalism)等名称,或是海伦娜·凯特(Helena Catt)和米歇尔·墨菲(Michael Murphy)所称的"次国家民族主义"(sub-state nationalism)等类似的称谓。③ 既然分离主义被视为次民族主义(族群主义),那么,分离运动就应该被视为民族主义运动的变种,因而也就将分离运动追溯至民族国家的建立,将分离运动视为民族国家建设的副产品。正是在民族国家的框架下,我们可以认为,

---

① [美]罗伯特·戈定主编:《牛津比较政治学手册》,唐士其等译,人民出版社 2016 年版,第 258 页。
② [英]安东尼·史密斯:《全球化时代的民族与民族主义》,龚维斌、良警宇译,中央编译出版社 2002 年版,第 113 页。
③ Helena Catt, Michael Murphy, *Sub-State Nationalism: A Comparative Analysis of Institutional Design*, New York: Routledge, 2002.

几乎所有的分离危机都是族群冲突。① 本书考察的即是族群的分离运动。

一 定义分离运动的约束性条件

定义某一概念需要从其内涵与外延两个方面着手。概念的严谨取决于概念的约束性条件是不是足够,这样的概念之间才能通约。具体到分离运动,本书从前提性条件、限制性条件、排除性条件、结果性条件几方面将分离运动的概念锁定在一定的时间、一定的目标、一定的结果范围内。

(一)前提性条件:民族国家持续有效的统治

民族国家之前,传统国家政治中心的行政控制能力有限,难以进行现代意义上的统治,以至于"传统国家有边陲(frontiers)而无边界(borders)"②。封建国家与绝对主义国家类似于芬纳所谈的"地名国家"或"一般性国家",即"具体疆域有特定的名称,但这个名称并不表明生活于此的人民属于共同的种族,说共同的语言,有共同的信仰,等等,也不表明这里的人民拥有属于同一共同体的自我意识,他们只是在同一个统治者的统治之下"③。

从传统国家到绝对主义国家,再到民族国家,国家的统治寻找到了最为恰当的形式。根据 1933 年的《蒙特维多国家权利义务公约》(*Montevideo Convention*),永久的人口、固定的领土、有效的政府、与他国交往的能力是构成主权国家的要素。虽然,非洲大多数

---

① Stephen M. Saideman, "Explaining the International Relations of Secessionist Conflicts: Vulnerability Versus Ethnic Ties", *International Organization*, Vol. 51, No. 4, 1997, pp. 721 – 753. 事实上,另一个不太常见的类型是同一民族内部以地区为单位的分离运动,如美国的南北战争等。由于此种类型的案例极少,而某个族群又是与某个地区高度重合的,因而,本书将重点考虑族群分离。

② [英]安东尼·吉登斯:《民族—国家与暴力》,胡宗泽、赵力涛译,生活·读书·新知三联书店 1998 年版,第 4 页。

③ [英]塞缪尔·芬纳:《统治史(卷一):古代的王权和帝国——从苏美尔到罗马》,王震、马百亮译,华东师范大学出版社 2014 年版,第 8 页。

国家仍然看起来仅仅是名义上的民族国家，但是，无论如何，民族国家的建立意味着地理空间的终结，意味着疆域的固定，无论是先占先得，还是时效占有（虽然关于时效有不同的说法，现在国际法一般认为是 50 年）。民族国家能够进行有效的国家建设，以解决渗透和统一的问题；能够进行有效的民族建设，以解决忠诚和义务问题。①

当今世界上的民族国家绝大多数是多族群国家。保守估计，全世界有 5000 个族群文化群体（ethnocultural groups），大约 200 个国家，平均每个国家有 25 个族群。② 莫妮卡·达菲·托夫特（Monica Duffy Toft）曾经考察了 2003 年联合国的 191 个成员国的族群数量情况，如表 1—2 所示。

表 1—2　2003 年联合国成员国/民族国家类型、数量与代表国家情况

类型	族群混居型	单一族群，或一个聚居族群且有散居少数族群	两个聚居族群，有（没有）散居的少数族群	三个及其以上聚居族群
数量（个）/比例（%）	11/6	35/18	18/9	127/67
代表国家	安道尔	日本	以色列	印度尼西亚

注：（1）笔者根据托夫特所著 *The Geography of Ethnic Violence: Identity, Interests, and the Indivisibility of Territory* 书中附录 1 数据自制；（2）该书出版于 2003 年，由于当时黑山与南苏丹尚未独立，笔者考察的是联合国 191 个成员国。

资料来源：Monica Duffy Toft, *The Geography of Ethnic Violence: Identity, Interests, and the Indivisibility of Territory*, Princeton: Princeton University Press, 2003, pp. 149 – 152.

多族群的民族国家是考察分离运动的前提。在民族国家的意义上，分离地区（族群）是民族国家的一部分，如果某地从未被民族国家持续有效统治，那就谈不上分离。因此，定义作为民族国家建

---

① ［美］加布里埃尔·阿尔蒙德，小 G. 宾厄姆·鲍威尔：《比较政治学：体系、过程和政策》，曹沛霖等译，上海译文出版社 1987 年版，第 26 页。

② Wayne Normann, *Negotiating Nationalism: Nation-Building, Federalism, and Secession in the Multinational State*, New York: Oxford University Press, 2006, p. xi.

设副产品和民族主义变种的分离主义，前提性条件就是要存在以民族国家为代表的政治共同体持续的且有效的统治。所谓持续的且有效的统治，即时间上持续与实质上有效。持续一般以政治共同体（民族国家）的建立为标志到分离事件（以公投、政党、武装等形式）的出现，这一时间轴为我们界定分离运动的时间提供了参考。有效一般以政治中心对边缘族群合法有效的直接统治为标志：（1）统治的有效性，如中央政府派驻军队、终审权在中央等暴力机器的存在，即所谓的直接统治（direct rule）；（2）统治的合法性，如边缘族群声明服从统一的宪法、合并协议的签订等，即所谓的合法统治（legitimate rule）。

另一方面，这一定义也在前提上否定了去殖民化运动所带来的新兴国家的独立是分离的判断。宗主国对殖民地的统治并不是作为其民族国家一部分的形式，并不构成中央与地方的关系。在这一点上，独立与分离的区分是不言而喻的。独立在语言学上有着更多的积极意义，通常是指殖民地从宗主国脱离成立自己的民族国家，而分离则是民族国家某一族群追求政治自主权的行为。"我不认为殖民人口，是分离行动的真正案例。他们在母国中，并未享有完全成员的福利，而既然并非身为国家的完全成员，他们并不能从其中'撤回'（withdraw）。"① 因此，对"苏格兰独立""加泰罗尼亚独立"等分离运动冠以"独立"的头衔，在政治上是难以自圆其说的。②

（二）限制性条件：分离族群寻求政治自主性

分离运动的目标是寻求政治自主性，即建立民族国家。所谓政

---

① ［英］琳达·毕夏：《变样的国家：分离行动及自由理论的问题》，载 Pency B. Lehning 编著《分离主义的理论》，许云翔等译，韦伯文化事业出版公司 2002 年版，第 113 页。

② 关于独立与分离的区分，详见王英津《有关"分离权"问题的法理分析》，《世界经济与政治》2011 年第 12 期。虽然"独立"和"分离"在政治学上有着较大的区别，但是，为了与一般语境中表达得一致，本书在后续的写作中仍然采取了魁北克独立的说法，并与魁北克分离交互使用；同样的是亚齐独立、南苏丹独立等。

治自主性集中地体现为国家主权,"政治主权最明显的优越地位在于其作为抵御迫害的防御,但是,它同时也可以帮助受到主体族群忽视、无知或冷漠的少数族群"①。以寻求政治自主性为最高目标的分离运动与族群主体性是离不开的,尤其是"政治化的族群(politicized ethnicity)已经成为体制、国家、统治集团和政府取得或丧失其政治合法性的一个决定性的原则问题"②。寻求政治自主性的分离运动是为了限制中央政府对其固有土地的管辖权。分离并不否定国家的权力,而仅仅是因为它的权力超越了它和它的群体的其他成员和所占据的领土。③ 就其本身而论,分离被简单地视为企图创造更多的国家,而不是对国家政权权威的挑战,仅仅是寻求复制主权,而不是要挑战主权的主导性概念。在这个意义上说,分离是天生保守派。④ 这就意味着,分离运动是聚居在某一地域的民族群体通过政治诉求、武装暴力等方式脱离现属主权国家的单方面行为,是政治与法律双重意义上的分离。列宁就曾指出:"所谓民族自决权,就是民族脱离异族集体的国家分离,就是组织独立的民族国家。"⑤ 在这个意义上说,脱离母国加入他国或者脱离上级行政区的行为都不能被认为是分离。

因而,从追求政治自主性的角度来看,分离成功最主要的标志是国际社会的承认,尤其是母国的承认,而这也是界定分离运动最为约束性的条件。"成功的分离包括,首先,主权或最高权力从一套国家机构和公职人员手中转移到另一套新创制或设置那里;其次,

---

① Christopher Heath Wellman, *A Theory of Secession*: *The Case for Political Self-Determination*, New York: Cambridge University Press, 2005, p. 110.

② Joseph Rothschild, *Ethnopolitics*: *A Conceptual Framework*, New York: Columbia University Press, 1981, p. 2.

③ Allen Buchanan, "Toward a Theory of Secession", *Ethics*, Vol. 101, No. 2, 1991, pp. 322–342.

④ Allen Buchanan, "Federalism, Secession and the Morality of Inclusion", *Arizona Law Review*, Vol. 37, No. 1, 1995, pp. 53–63.

⑤ 《列宁全集》(第二十卷),人民出版社1958年版,第397页。

其他国家和国际组织对新创制的机构代表的承认,这是满足其国家性的要求。"①

(三) 排除性条件:分离运动是退出不是呼吁

退出与呼吁(exit and voice)②是艾伯特·赫希曼(Albert Hirschman)所提出来的关于组织绩效衰退时成员的可能选择。赫希曼认为,在面对组织绩效衰退时,成员可以有两种选择,即退出与呼吁,在不同的情境下两者的功能与效用是不同的,成员尤其要重视将两者结合以达到最大的效果。③在《新帕尔格雷夫经济学大辞典》的"exit and voice"词条中,赫希曼解释道,"退出—进言(呼吁)"理论"指出了经历着发展中的无序的社会行为主体可以做出两个积极的反应或者补救:退出,即从一种已经建立的关系,像商品的买者,或像诸如公司、家庭、政党或国家之类组织的成员的关系中退出来;进言,即试图通过传送一个人的委屈、冤情和改进意见来补救或改善关系"④。

在分离运动中,分离族群的目标是实现其独立建国的欲望,而这就意味着要从现有国家中退出,寻求建立属于本族群或本地区的国家,从中央—地方关系转变为国家—国家关系。退出与呼吁(进言)的最大差异就在于是否脱离原有政治实体,这就在目标意义上排除了某些族群为增加福利而进行的社会或政治运动。在这个意义上说,面对社会或政治运动,中央政府要对此做出基本的判断,该

---

① Aleksandar Pavković, Peter Radan, *Creating New States: Theory and Practice of Secession*, Aldershot: Ashgate Publishing Limited, 2007, p. 5, pp. 10 – 11.
② "exit and voice" 的翻译有"退出与呼吁"与"退出与进言"两种,前者是《退出、呼吁与忠诚:对企业、组织和国家衰退的回应》(上海世纪出版集团 2015 年版)的译法,后者是《新帕尔格雷夫经济学大辞典》(经济科学出版社 1996 年版)的译法。
③ [美] 艾伯特·赫希曼:《退出、呼吁与忠诚:对企业、组织和国家衰退的回应》,卢昌崇译,上海世纪出版集团 2015 年版。
④ [英] 约翰·伊特韦尔、[美] 默里·米尔盖特、[美] 彼得·纽曼:《新帕尔格雷夫经济学大辞典》,经济科学出版社 1996 年版,第 236 页。

运动的目的是真的为了退出还是仅仅为了呼吁以获得更多的自治权。"随着现代化的浪潮席卷全球，它保证几乎每一个人，在某一时间，都有理由感到受到不公正的对待，受委屈者会觉得虐待他的人属于另一个'民族'。"① 基于此，中央政府才有可能制定下一步的对策，以提高呼吁的可能而避免其直接退出。事实上，真正对中央政权有威胁的应该是退出，呼吁本身就是基于忠诚的行为。中央政府在面对分离时，要正确地分析其是退出还是呼吁，要将忠诚的观念贯穿给每一个社会主体，以提高呼吁的可能而避免其直接退出。

（四）结果性条件：母国地位存在的三种状态

与国家解体（dissolution、disintegration）不同的是，分离的目的不在于寻求母国（remainder state; host state; parent state; predecessor state; rump state）的解体，而只是单纯地从母国退出成立自己的国家，一般来说，原有主权国家在国际法意义上仍然是存在的。当然，一种极端情况是，母国随着分离族群的退出最终在短时间内崩溃和解体，完全失去了国际法意义。类似苏联解体、南斯拉夫解体这样的政治事件所导致的后果是，原有的政治实体不复存在，分裂成许多新的国家。如此，原有母国就失去了国际法意义。然而，帝国的崩溃是现代民族国家发展的结果，而民族国家的解体却是不多见的，但仍然不能忽视分离运动导致母国解体这一事实。同时，值得注意的是，分离族群的分离运动并非从一开始就力图使母国分裂，分裂只是分离运动的某种结果而已，或者说，分裂是分离运动的副产品。在这个意义上说，分离运动导致的母国地位大致呈现出三种变化，得以维持（分离族群未能退出）、分崩离析（母国崩溃解体）和领土残缺（分离族群得以独立，剩余领土承继原有母国地位）。

在这个意义上说，很多国内学者倾向于将 secession 翻译成"分裂"，或者直接使用"分裂"都是值得商榷的。其一，secession 一词

---

① ［美］罗伯特·戈定主编：《牛津比较政治学手册》，唐士其等译，人民出版社 2016 年版，第 258 页。

含有分裂离开的意思,是一个动态的过程,而分裂则更多的是一种静态的状态。其二,在国际法中,分裂与分离最大的不同在于原有主权国家即母国是否继续存在。① 如此,本书所用的关键词是分离运动,而非分裂运动。

二 分离运动中的几对关系

如果说,分离运动的约束性条件是对其外延的限制,那么,考察分离运动概念中的几对关系则是从内涵的角度辨析何以称为分离运动。

(一) 中央—地方 (central-regional) 关系

分离冲突造成的央地关系变化是不同于行政区划的,后者是中央基于治理实践的考虑而进行的行政关系调整和重组,而前者则是直接将某个地方从该国分离出去,如果分离成功的话,那么,不仅是原有领土范围的调整,而且也将原本的央地关系变成了国与国的关系。由此看来,分离运动首先涉及的是中央—地方关系。

无论是地区分离还是族群分离,亦无论是中心分离还是边缘分离,都无一例外地与领土联系在一起。分离是将自己从国家权力的范围内迁移出去的努力,不是移动已有的边界,而是重划边界,以便它不被包括在内。总结来看,分离内含对领土的要求。② 分离主义者对领土的要求势必与中央政府关于领土完整的主张是相违背的,无论是单一制还是联邦制,地方脱离中央首先改变的是基于领土的央地关系。因此,"分离冲突在本质上是领土冲突,是援引自决权的分离集团与呼吁政治合法性的作为整体的国家之间的冲突"③。

---

① 雷勇:《"分离权"和民主权利关系辨析——简评西方学界的"分离权"讨论》,《上海行政学院学报》2015年第5期。

② Allen Buchanan, *Secession: The Morality of Political Divorce from Fort Sumter to Lithuania and Quebec*, Boulder, Oxford: Westview Press, 1991, p. 11.

③ Christopher Heath Wellman, *A Theory of Secession: The Case for Political Self-determination*, New York: Cambridge University Press, 2005, p. 37.

（二）中心—边缘（central-periphery）关系

中心与边缘的关系是由处于核心地带的主体族群界定的，在一个多族群的国家，绝大部分少数族群都聚居于边缘和边远地区。在一般意义上，谋求分离的族群基本上是外围（边缘）族群，是基于族群—领土的边缘（外围）反对中央统治的政治与社会运动，这种冲突"产生在国家体制和组成它的次级单位之间，比如经常处于边缘或边远区域的族群、语言或宗教集团"①。

在分离运动中，中心—边缘的关系在很大程度上决定了族群的政治地位。一般而言，掌握中央权力的是中心地带的族群，边缘地区的族群更多的是作为参与者。然而，另一个不容忽视的问题是，自然资源的发现更多的是在边缘地区，如果中央政府在利益分配上不公，就容易导致拥有自然资源的边缘族群因得不到恰当的资源利益分配而产生分离倾向。据统计，基于资源财富分配的怨恨是2/3分离战争的源头。②

（三）主体—少数（majority-minority）关系

如前所述，现代民族国家几乎都是多族群国家，族群的多寡与实力的强弱决定了一个国家政治舞台中族群数量的多少。一般而言，除了碎片化的多族群国家不存在主体族群之外，每个国家都存在着主体族群和少数族群，但它们的政治地位并不必然与其主体或少数的身份是匹配的。这受到历史、族际关系、国际政治等因素的影响。因此，这里所讲的主体族群与少数族群仅就其人数多寡而言，不涉及其政治地位。

主体族群与少数族群的关系突出体现为其在追逐中央政权过程中的竞争关系。"现代国家不是一个族群中立的行动者，也不仅仅是

---

① Seymour Martin Lipset, "Cleavages, Parties and Democracy", in Lauri Karvonen, Stein Kuhnle (eds.), *Party Systems and Voter Alignments Revisited*, London, New York: Routledge, 2001, p. 6.

② Michael L. Ross, "How Do Natural Resources Influence Civil War? Evidence from Thirteen Cases", *International Organization*, Vol. 58, No. 1, 2004, pp. 35–67.

政治竞争的竞技场，而是族群政治权力斗争的中心目标和参与者。"[1] 中央政权的归属和权力的分配极大地影响了族群的政治地位与安全环境。在绝大多数情况下，掌握中央政权的都是主体族群，少数族群更多的是扮演参与政权、分享利益的角色，众多分离运动案例都是由中央政权归属与权力分配不当引发的，体现为少数族群从主体族群掌握的国家政权分离出去。当然，并非所有的分离都是少数族群从民族国家脱离的危机，在极个别国家，如比利时，其分离族群是人口占多数的佛拉芒人（Flemings），并非人口较少的瓦隆人（Walloons）。

（四）国内—国际（domestic-international）关系

对国内—国际关系的考察关乎跨界民族的亲缘关系、国与国之间的利益纠葛。对于跨界民族而言，在某个国家的分离运动很可能会得到其亲缘族群的支持和响应，这就将国内的分离运动上升为国家与国家的关系。由于殖民时代随意的、不合理的疆界划分，出现了大量的跨界民族，尤其以中东、非洲为甚。及至全球化时代，由于人口流动带来的侨胞问题亦影响了部分国家的分离运动，为数众多的分离案例中出现了国外侨胞支持母族的分离运动。跨界族群的存在在很大程度上将原本属于国内族群冲突的问题上升为国与国之间的问题，给分离运动的解决增添了变数。

另外，国内分离运动难免不会成为他国干涉的借口。大国、地区强国或相邻国家想要干预分离运动总是能够找到"合适的"借口：人权高于主权、地区稳定、难民危机、自然资源分配，等等。一旦他国介入，分离运动的博弈方就从国内的政治力量转变为国内—国际、国内族群间等多方势力，或加速、或延滞分离运动的解决。

---

[1] Andreas Wimmer, Lars-Erik Cederman, Brian Min, "Ethnic Politics and Armed Conflict: A Configurational Analysis of a New Global Data Set", *American Sociological Review*, Vol. 74, No. 2, 2009, pp. 316-337.

（五）宗教—宗教（religionary-religionary）关系或宗教—世俗（religionary-secular）关系

在众多的分离案例中，宗教问题是分离运动的幕后推手。"当政治精英受到直接威胁时，他们将努力把争论的问题重新界定为宗教问题……从而吸引国内外的支持。"① 信仰有无（有宗教信仰与无宗教信仰之间）、信仰有别（基督教、伊斯兰教、佛教、印度教等世界性宗教之间），甚至是信仰派别的不同（如伊斯兰教逊尼派与什叶派、基督教的天主教与新教）都会成为触发族群冲突的导火线。

在宗教问题中，有两个值得关注的问题。一是宗教与族群的统一性。众多的族群几乎是全民信教的，不信教成为另类，而信仰其他教派则被认为是异端，这就使得族群的分离运动与宗教问题难以割舍。"宗教是族群的一个方面，它对族群的影响会随着时间和地点的不同而不同。因此，它可能在某些冲突中是最重要的因素，也可能在其他冲突中扮演着非常小的角色。决定宗教与冲突的显著性的关键因素是冲突的一方或双方认为它是重要的。而且，这种感知的变化可能是由冲突本身的动态变化而变化的。这并不是说宗教只是族群的一个方面，它是独特的和独立的因素，可以促进族群认同。"② 二是，宗教与族群内战。对少数族群在危险中（Minorities at Risk, MAR）数据集的分析显示，直到1980年，宗教和非宗教民族主义造成了几乎同等数量的冲突，但从1980年起，与非宗教民族主义族群相比，宗教民族主义族群应该对越来越多的暴力冲突负责。③ 具体到特定的宗教，托夫特

---

① Monica Duffy Toft, "Getting Religion? The Puzzling Case of Islam and Civil War", *International Security*, Vol. 31, No. 4, 2007, pp. 97 – 131.

② Jonathan Fox, "Towards A Dynamic Theory of Ethno-Religious Conflict", *Nations and Nationalism*, Vol. 5, No. 4, 1999, pp. 431 – 463.

③ Jonathan Fox, "The Rise of Religious Nationalism and Conflict: Ethnic Conflict and Revolutionary Wars, 1945 – 2001", *Journal of Peace Research*, Vol. 41, No. 6, 2004, pp. 715 – 731.

统计发现，从1940年到2000年的42场宗教内战中，政府、叛乱群体认同伊斯兰教的占到34场（81%），远超过其他宗教，如基督教（21场，或50%），或印度教（7场，或16%）。① 当然，这并非说伊斯兰教本质上是与暴力相关联的，但是，伊斯兰教极端势力与族群冲突的关系仍然是值得重视的。

（六）政治离婚（political divorce）？

"在自由民主对于分离行动的观点中，结婚与离婚的比喻通常最常见且最具说服力。"② 因而，诸多的文献将分离运动比喻为离婚。③ 艾丽卡·哈里斯（Erika Harris）称类似于捷克与斯洛伐克的分离是"天鹅绒式离婚"（velvet divorce），高效且务实。④ 如果当一个高度有效率的国家允许分离区域从她的怀抱中退出，这样的分离就是纯粹分离（pure secession）。纯粹分离只存在于极少数的政治结果中（整个20世纪只出现过两次，即1905年挪威从瑞典分离以及1922年爱尔兰

---

① Monica Duffy Toft, "Getting Religion? The Puzzling Case of Islam and Civil War", *International Security*, Vol. 31, No. 4, 2007, pp. 97 – 131. 因为有些政府和叛乱者的宗教认同不止一种，所以造成了数字之间加总不对称的情况。

② [英] 琳达·毕夏:《变样的国家:分离行动及自由理论的问题》，江佩娟译，载 Pency B. Lehning 编著《分离主义的理论》，韦伯文化事业出版公司 2002 年版，第 115 页。

③ Stephen M. Saideman, Beth K. Dougherty, Erin K. Jenne, "Dilemmas of Divorce: How Secessionist Identities Cut Both Ways", *Security Studies*, Vol. 14, No. 4, 2006, pp. 607 – 636; Jason P. Blahuta, "How Useful Is the Analogy of Divorce in Theorizing about Secession?", *Dialogue*, Vol. 40, No. 2, 2001, pp. 241 – 254; Matt Qvortrup, "New Development: Comparative Perspectives on Political Divorce Settlements—What Happens When a Country Secedes?", *Public Money & Management*, Vol. 33, No. 4, 2013, pp. 305 – 308; Allen Buchanan, *Secession: The Morality of Political-Divorce from Fort Sumter to Lithuania and Quebec*, Boulder, Oxford: Westview Press, 1991; Philip Abbott, "Utopian Problem-Solving: 'The Great Divorce' and the Secession Question", *The Journal of Politics*, Vol. 62, No. 2, 2000, pp. 511 – 533; Ann Elizabeth Robertson, *Should We Stay or Should We Go? State-Building via Political Divorce*, Ph. D. Dissertation, Transylvania University, 1988.

④ Erika Harris, *Nationalism and Democratization: Politics of Slovakia and Slovenia*, Aldershot: Ashgate Publishing Limited, 2002, p. 31.

从英国分离），只有当这样做时的净收益是正向的，且是不言而喻的。① 事实上，将分离比喻为离婚的观点背后所隐含的意识形态是自由主义。哈里·贝兰（Harry Beran）认为，国家是基于全体同意的，同意是政治义务的必要条件，成年公民个人与国家之间的关系是自愿性质的，既然如此，就有分离的权利。② 当然，仅同意就证明离婚的正当性显然是不足的，克里斯托弗·韦尔曼（Christopher Wellman）就认为，公民愿意或者应该基于同意去建立国家是因为国家执行的功能，因此，真正证明国家正当性的是它的功能而不是同意。③

并非所有学者都认为将分离类比为离婚是合适的。弗兰克·迪特里希（Frank Dietrich）对分离是离婚的类比产生质疑。在他看来，配偶的关系是建基于自由意志的，是自愿进入婚姻的（至少在自由社会是这样）。然而，分离主义者从来没有明确地表明他们同意成为现有政治共同体的成员。相比于婚姻，现代国家并不是起源于每个公民的同意所产生的契约。在严格意义上说，由于分离主义者进入已建立的国家并不是自愿的，因此政治离婚相关责任的合理性也就是可疑的了。相比于配偶之间，政治离婚的双方并不能逃离彼此的范围，分离之后，它们仍然是拥有共同边界的毗邻国家。④ 琳达·毕夏认为，"政治分裂无法像婚姻分裂一样，干净而有效地处理"，"规范两个人关系的权利与义务，并不容易诠释成较大团体间的政治关系"。⑤ 真正对分

---

① ［美］迈克尔·赫克特：《遏制民族主义》，韩召颖等译，欧阳景根校，中国人民大学出版社 2012 年版，第 95—100 页。
② Harry Beran, "A Liberal Theory of Secession", *Political Studies*, Vol. 32, No. 1, 1984, pp. 21 – 31; Harry Beran, *The Consent of Political Obligation*, London: Croom Helm, 1987, p. 37.
③ Christopher H. Wellman, "A Defense of Secession and Political Self-Determination", *Philosophy & Public Affairs*, Vol. 24, No. 2, 1995, pp. 142 – 171.
④ Frank Dietrich, "Secession of the Rich: A Qualified Defence", *Politics, Philosophy & Economics*, Vol. 13, No. 1, 2014, pp. 62 – 81.
⑤ ［英］琳达·毕夏：《变样的国家：分离行动及自由理论的问题》，载 Pency B. Lehning 编著《分离主义的理论》，许云翔等译，韦伯文化事业出版公司 2002 年版，第 117 页。

离比喻为离婚进行学理辨析和批评的是希利亚德·阿罗诺维奇（Hilliard Aronovitch）。在他看来，分离与离婚的类比是牵强附会的。一是，不同于可以在离婚时分配的个人财产，国家的领土不是可交易的商品，而是留给后人的依靠；二是，不同于离婚的案例，在分离运动中，没有一个可以接受的高级权威去裁决分离主义者的争端，也没有机构去执行任何一个判决；三是，不同于离婚中的互惠权利，在分离中不存在互惠权利；四是，母国比分离地区有着更广泛的义务，它要保护所有民众的权利，包括分离区域中反对分离的少数民众权利。不同于离婚时未成年人有受保护的权利，（分离地区的）民众并没有产生被保护的权利。最重要的是，离婚人士的认同和边界是必要的无争议的，而分离实体的认同和边界却是有争议的。[①]

三 概念与再讨论

那么，"是什么导致了社会与政治冲突，在深度分裂的社会如何保持和平，领土何以如此的重要，政府何时是（不是）合法的，团体联结的纽带是什么"[②]，这些更值得深思的问题的背后首要的是对概念的可操作化定义。概念的梳理是概念可操作化的前提，任何一项研究的前提都是概念的可操作化。因此，讨论分离运动概念的约束性条件，辨析相关概念，理清内部关系，将分离概念可操作化，我们才能进行更深入的研究。按照本书对分离运动约束性条件的说明、对相关概念的辨析，以及对分离运动内部关系的考察，分离运动被定义为聚居于固有领土基础上的少数族群（极个别情况下是主体族群）从民族国家退出以建立新的主权国家的政治与社会运动。对分离这一概念的界定至少在理论上和实践上解决了"当我们谈论分离运动时我们在谈论什么的问题"。"在讨论中，只有当我们能够

---

① Hilliard Aronovitch, "Why Secession is Unlike Divorce", *Public Affairs Quarterly*, Vol. 14, No. 1, 2000, pp. 27–37.

② Tim Nieguth, "We Are Left with No Other Alternative: Legitimating Internal Secession in Northern Ontario", *Space and Polity*, Vol. 13, No. 2, 2009, pp. 141–157.

找到中心概念最为确切的定义时，或者至少为了我们辩论的目的而就如何使用这一术语达成一致，我们才能期待在实质性的规范问题上取得进展。"① 也就是说，本书所倡导的分离运动的概念是它的初始概念，并不包括其引申概念和扩展概念。

"分离运动的普及，暗示了现代国家在容纳种族文化差异上，并未发展出有效办法。无论我们认可分离权利与否，事实是：分离运动将会成为许多国家迫在眉睫的威胁；除非我们学会容纳种族差异，否则只要少数族群觉得他们的利益无法在现存国家获得满足，他们便会考虑分离。"② 因而，在文化歧异性时代，时代的政治轴心问题是我们应采取什么样的批判态度或精神才能以公平正义的方式对待民族主义运动这一最为人熟知的文化承认之政治的运动。③

---

① Wayne Normann, *Negotiating Nationalism: Nation-Building, Federalism, and Secession in the Multinational State*, New York: Oxford University Press, 2006, p. 3.

② ［加拿大］威尔·金利卡：《联邦主义是否能成为分离行动的有效替代方案》，江佩娟译，载 Pency B. Lehning 编著《分离主义的理论》，韦伯文化事业出版公司 2002 年版，第 135 页。

③ ［加拿大］詹姆斯·塔利：《陌生的多样性：歧异时代的宪政主义》，黄俊龙译，上海世纪出版集团 2005 年版，第 1—15 页。

第 二 章

分离运动的解释机制：结构与能动的视角

第一节 分离运动研究的现有解释路径

作为族群冲突的一种类型，分离运动的研究离不开对族群冲突视角的概括。安德烈亚斯·威默（Andreas Wimmer）曾经将族群冲突的解释路径概括为族群庇护主义和歧视、少数群体精英的政治动员、族群区域的不平等关系、不同的政治体系有不同的族群冲突动力四种视角。[1] 这种概括方式涵盖了结构因素与能动因素，但却将二者视为相互独立的存在。然而，这一概括为我们对分离运动已有文献的梳理提供了视角，也为我们提出新的替代性机制提供了借鉴。有鉴于此，本书梳理了以下四种解释路径。

一 地理—安全视角

在族群冲突中，地理条件是被遗忘的因素。[2] 学者们倾向于认

---

[1] Andreas Wimmer, "Who Owns the State? Understanding Ethnic Conflict in Post-Colonial Societies", *Nations and Nationalism*, Vol. 3, No. 4, 1997, pp. 631–665.

[2] Monica Duffy Toft, *The Geography of Ethnic Violence: Identity, Interests, and the Indivisibility of Territory*, Princeton: Princeton University Press, 2003.

为，如果少数族群在地域上是集中的（concentrated）而不是分散的（dispersed），这一地理条件就为少数族群的分离提供了便利条件。皮帕·诺里斯（Pippa Norris）认为，相对于散居或者杂居而言，族群聚居更容易引发冲突，[①] 甚至有学者将此界定为"领土意识形态"（ideología territorial）。[②] 地域上的集中为族群聚合提供便利条件，也为族群对地域资源（如石油）的要求提供合理诉求。在自然资源中，最为突出的是石油。石油的族群地理位置会重新点燃潜伏的冲突，这种冲突植根于族群怨恨和仇恨，或加剧持续的冲突。[③] 当少数族群的核心地区拥有大量石油时，少数族群更有可能反抗由另一族群主导的中央政府。与之相反，当石油处于占统治地位的多数集团的核心区域，或者某个国家的少数族群分布相对均匀时，没有哪个群体可以独占石油，石油与族群战争的风险相对较低。[④] 除了资源的地理位置之外，当低度的国家能力与有问题的少数族群有着较高的地域集中度，以及从首都到少数族群区域地理上的长距离时，风险尤其高。有较多的案例表明，当集中的少数族群和较多的自然资源大量地集中在某一区域时，集中的少数族群如果独立的话就会在财政上较好，在某些情况下就有启动分离叛乱的动机。[⑤]

地域集中程度、资源聚集程度给予了少数族群分离的可能与便利，之所以选择分离，还在于感知到的安全困境。以赫伯特·巴特菲尔德

[①] Pippa Norris, *Electoral Engineering: Voting Rules and Political Behavior*, Cambridge: Cambridge University Press, 2004.

[②] ［西班牙］胡安·诺格：《民族主义与领土》，徐鹤林、朱伦译，中央民族大学出版社2009年版，前言第7页。

[③] Shiping Tang, Yihan Xiong, Hui Li, "Does Oil Cause Ethnic War? Comparing Evidence from Process-Tracing with Quantitative Results", *Security Studies*, Vol. 26, No. 3, 2017, pp. 359 – 390.

[④] Hui Li, Shiping Tang, "Location, Location, Location: The Ethno-Geography of Oil and the Onset of Ethnic War", *Chinese Political Science Review*, Vol. 2, No. 2, 2017, pp. 135 – 158.

[⑤] Massimo Morelli, Dominic Rohner, "Resource Concentration and Civil Wars", *Journal of Development Economics*, Vol. 117, 2015, pp. 32 – 47.

（Herbert Butterfield）、约翰·赫兹（John Herz）和罗伯特·杰维斯（Robert Jervis）为代表的学者对安全困境有较为详细的阐述〔"BHJ陈述"（BHJ formulation）〕，认为构成安全困境的首要因素是无政府状态的存在。① 然而，安全困境不是中央政府崩溃了才会产生，在族群研究中，如果中央政权不再持族群中立态度的话也可以视为安全困境产生了。② 当中央被某个族群支配时，中央与地方的关系事实上就变成了族群关系，产生安全困境。③ 分离区域关心母国的国家能力，以及该地区继续留在母国所能产生的经济与政治效益，如果母国不能够为分离地区提供更好的经济政治效益，那么，该地区倾向于分离。④

地理—安全视角为理解分离运动提供了前提条件与背景，但是，这样的解释具有很大的偶然性，如果该地区不存在石油等自然资源，那么，少数族群所能感知到的安全困境就会极大地削弱，甚至可能不会产生分离运动了。

二 制度—体系视角

制度—体系视角是对学术界比较关注的民主化、联邦制与自治（权力下放）等可能替代分离的相关制度的怀疑。如果存在强大的不满情绪的话，相关制度设定（institutional setting）在政治冲突与不满

---

① Shiping Tang, "The Security Dilemma and Ethnic Conflict: Toward a Dynamic and Integrative Theory of Ethnic Conflict", *Review of International Studies*, Vol. 37, No. 2, 2011, pp. 511 – 536. "BHJ陈述"是唐世平对巴特菲尔德、赫兹和杰维斯三位研究安全困境的学者所作努力的合称。

② Shiping Tang, "The Onset of Ethnic War: A General Theory", *Sociological Theory*, Vol. 33, No. 3, 2015, pp. 256 – 279.

③ Shiping Tang, "The Security Dilemma and Ethnic Conflict: Toward a Dynamic and Integrative Theory of Ethnic Conflict", *Review of International Studies*, Vol. 37, No. 2, 2011, pp. 511 – 536.

④ Michael Hechter, "The Dynamics of Secession", *Acta Sociologica*, Vol. 35, No. 4, 1992, pp. 267 – 283.

中起着非常关键的作用,在这种情况下,分离被视为变量选择。[1] 就民主转型而言,部分学者认为民主转型导致了族群冲突,[2] 民主化使得已有民族根深蒂固的怨恨进一步加深。按照杰克·斯奈德（Jack Snyder）的逻辑,在民主转型过程中,精英能够通过控制政府、经济、传媒等推广民族主义。精英利益是否可调适与政治制度的强弱二者的关联度决定了民族主义的类型。[3] 在民主化过程中,选举制度的设计被认为是宪政工程学至关重要的一环,也就被认为是遏制分离的重要举措。迈克尔·赫克特（Michael Hechter）认为,选举可能会促进民族主义政党的兴起,尤其是比例代表制会促进多党制的发展,进而降低民族主义政党形成的障碍。[4] 在族群分化程度较高的国家,比例代表制可能会激化族群矛盾,导致族群冲突。[5] 拉尔斯-埃里克·塞德曼（Lars-Erik Cederman）等人实证分析了选举制度可能会触发领土内战,族群战争在竞争性选举尤其是在长期无选举的第一次和第二次选举之后很可能会发生。相较于追求中央政权,被边缘化的少数族群更可能会选择分离或更大程度的自治。有竞争力族群的领导人会选择使用竞选活动去获得分离或自治的支持以挑战国家主权。[6] 就联邦制而

---

[1] Lawrence M. Anderson, "The Institutional Basis of Secessionist Politics: Federalism and Secession in the United States", *Publius*, Vol. 34, No. 2, 2004, pp. 1 – 18.

[2] [英]迈克尔·曼:《民主的阴暗面:解释种族清洗》,严春松译,中央编译出版社2015年版;[美]杰克·斯奈德:《从投票到暴力:民主化和民族主义冲突》,吴强译,中央编译出版社2017年版,第18—34页; Alberto Alesina, Enrico Spolaore, "On the Number and Size of Nations", *Quarterly Journal of Economics*, Vol. 112, No. 4, 1995, pp. 1027 – 1056.

[3] [美]杰克·斯奈德:《从投票到暴力:民主化和民族主义冲突》,吴强译,中央编译出版社2017年版,第18—34页。

[4] [美]迈克尔·赫克特:《遏制民族主义》,韩召颖等译,欧阳景根校,中国人民大学出版社2012年版,第156页。

[5] Joel Selway, Kharis Templeman, "The Myth of Consociationalism? Conflict Reduction in Divided Societies", *Comparative Political Studies*, Vol. 45, No. 12, 2012, pp. 1542 – 1571.

[6] Lars-Erik Cederman, Kristian Skrede Gleditsch, Simon Hug, "Elections and Ethnic Civil War", *Comparative Political Studies*, Vol. 46, No. 3, 2012, pp. 387 – 417.

言，联邦制可能导致分离，霍洛维茨是这一观点的坚定支持者。在他看来，联邦主义会弱化国家能力，强化或激化族群冲突。[1] 然而，多数学者认为联邦制导致分离是有一定的前提的。维利耶（Villiers）认为，依据族群界限划定区域—国家的族群联邦制往往是走向分离的第一步。[2] 马西莫·博罗季诺（Massimo Bordignon）和桑德罗·布鲁斯科（Sandro Brusco）认为，在信息不对称（asymmetric information）的情况下，保持联邦制的稳定是困难的，分离就很有可能发生。[3] 劳伦斯·安德森（Lawrence Anderson）认为，虽然不同的联邦制国家分离主义的程度呈现出差异，但是，联邦制的确使得分离主义有了可能。[4] 迈克尔·赫克特认为，与协和民主（consociationalism）、投票制度（electoral laws）等一样，联邦制在缓解族群冲突尤其是分离运动中本可以有较好的作用，但是，联邦制为民族主义领导人提供了制度支持、物质支持和认知支持，使得民族主义者有资源去动员。[5] 就自治（权力下放）而言，现有的研究发现，某地某时的分离主义强度与后来的权力分散相联系，至少在西方民主国家如此。[6] 也就是说，地区自治可能会增强可能的分离主义叛乱者的政治和军事能力，[7] 权力下

---

[1] Donald L. Horowitz, *Ethnic Groups in Conflict*, Berkeley, Los Angeles, London: University of California Press, 2000.

[2] Bertus de Villiers, "Secession—The Last Resort for Minority Protection", *Journal of Asian and African Studies*, Vol. 48, No. 1, 2012, pp. 81–96.

[3] Massimo Bordignon, Sandro Brusco, "Optimal Secession Rules", *European Economic Review*, Vol. 45, No. 10, 2001, pp. 1811–1834.

[4] Lawrence M. Anderson, "The Institutional Basis of Secessionist Politics: Federalism and Secession in the United States", *Publius the Journal of Federalism*, Vol. 34, No. 2, 2004, pp. 1–18; Lawrence M. Anderson, "Exploring the Paradox of Autonomy: Federalism and Secession in North America", *Regional & Federal Studies*, Vol. 14, No. 1, 2004, pp. 89–112.

[5] ［美］迈克尔·赫克特：《遏制民族主义》，韩召颖等译，欧阳景根校，中国人民大学出版社2012年版，第172—174页。

[6] Jason Sorens, *Secessionism: Identity, Interest, and Strategy*, Montreal, McGill-Queen's University Press, 2012, pp. 140–143.

[7] Jason P. Sorens, "Secession Risk and Fiscal Federalism", *The Journal of Federalism*, Vol. 46, No. 1, 2016, pp. 25–50.

放可能会鼓励地区政党体系的发展和地区认同,[①] 道恩·布兰卡蒂（Dawn Brancati）就认为，自治在长远意义上间接地促进了叛乱，因为它促进了地区性政党的形成，强化了区域认同，从而鼓励了叛乱。[②] 为了区别不同类型自治可能带来的不同后果，大卫·希罗基（David Siroky）和约翰·卡夫（John Cuffe）将自治分为当前自治（currently autonomous）、从未自治（never autonomous）、失去自治（lost autonomy）。在他们看来，"从未自治"不可能动员，因为缺乏集体行动的能力；"当前自治"有动员能力，但是缺乏动机；只有"失去自治"才会拥有强烈的动机和能力（族群怨恨、削弱中央政府承诺、失去自治群体增加了搭便车的成本从而产生分离基础）去追求分离。[③]

对于发展中国家而言，除了上述制度体系带来的可能后果之外，后殖民社会不均匀的本质和国际环境为分离主义和分离提供了增殖和繁盛的肥沃土壤。发展中国家的殖民地经历似乎对分离主义的影响更大，如果某个地区被分而治之，那么其殖民地族群的分离主义倾向更加严重。[④] 同时，发展中国家低度的国家凝聚力与分离相连，国家历史长短会引发分离运动，拥有较短历史的无凝聚力的国家更可能存在分离冲突。分离更可能频繁地发生在中央政府直接统治历史较短的弱凝聚力国家。[⑤] 与之相对应的是，如果一国在边界地区的直接统治时间较短，那么，也会引发分离。威默等人使用1945年以

[①] Dawn Brancati, "Decentralization: Fueling the Fire or Dampening the Flames of Ethnicconflict and Secessionism", *International Organization*, Vol. 60, No. 3, 2006, pp. 651–685.

[②] Ibid..

[③] David Siroky and John Cuffe, "Lost Autonomy, Nationalism and Separatism", *Comparative Political Studies*, Vol. 48, No. 1, 2015, pp. 3–34.

[④] James Mayall, Mark Simpson, "Ethnicity Is Not Enough: Reflections on Protracted Secessionism in the Third World", *International Journal of Comparative Sociology*, Vol. 33, No. 1, 1992, pp. 5–25.

[⑤] Andreas Wimmer, Lars-Erik Cederman, Brian Min, "Ethnic Politics and Armed Conflict: A Configurational Analysis of a New Global Data Set", *American Sociological Review*, Vol. 74, No. 2, 2009, pp. 316–337.

来的族群权力关系（EPR）数据证实了直接统治历史较短的无凝聚力的国家更可能经历分离冲突，反叛、混战和分离，源于高度的排斥、分裂和无凝聚力。①

诚如制度—体系视角所揭示的那样，诸多的制度可能具有双重效果，制度本身存在着内部的困境。分离运动是否是该制度负面效果所带来的还值得进一步研究。但值得注意的是，单纯地考虑联邦制、比例代表制、地方自治等制度可能带来的分离主义倾向是不完备的，它们的负面后果出现的前提是社会分裂严重的民主国家。

三 攻击—回应视角

攻击—回应视角认为分离运动产生的原因是中央政府（主体民族）的政策侵犯了当地少数族群的利益，无论是忽视（neglect）、无知（ignorance）还是冷漠（indifference），都是另一种形式的"内部殖民"，② 如果该国存在歧视少数族群的历史，③ 少数族群对主体族群的不满情绪就会更甚。如果不满清单上是屠杀、饥荒、暗杀、强奸、酷刑、奴役和背叛等，如果某些犯罪从来没有被原谅或者遗忘，那么，分离就是唯一的替代。在这样的背景下，联邦主义、比例代表制、自治等较少的激烈的政治解决方式都是在道德上令人难以置信的。④

---

① Andreas Wimmer, Lars-Erik Cederman, Brian Min, "Ethnic Politics and Armed Conflict: A Configurational Analysis of a New Global Data Set", *American Sociological Review*, Vol. 74, No. 2, 2009, pp. 316 – 337.

② Michael, Hechter, *Internal Colonialism: The Celtic Fringe in British National Development, 1536 – 1966*, Berkeley, Los Angeles: University of California Press, 1975.

③ Halvard Buhaug, Lars-Erik Cederman, Jan Ketil Rød, "Disaggregating Ethno-Nationalist Civil Wars: A Dyadic Test of Exclusion Theory", *International Organization*, Vol. 62, No. 3, 2008, pp. 531 – 551.

④ Philip Abbott, "Utopian Problem-Solving: The Great Divorceand the Secession Question", *The Journal of Politics*, Vol. 62, No. 2, 2000, pp. 511 – 533.

攻击—回应视角下的分离可以被称为反对最低限度的正义。当最低限度的正义遭到持续的侵犯，只有当某个群体是严重的不公正的受害者时才有分离的权利。[1] 这似乎说明，歧视性分配、矫正正义和其他被国家侵犯的权利是一个团体分离的唯一潜在基础。[2] 可见，分离主义很大程度上是对所谓的"主导他族"的镇压的害怕的产物，[3] 正如霍洛维茨所认为的，对不断拉大的经济差距和族群政治地位的降低可能导致"对被统治的恐惧"（fears of domination）。[4]

该模型主要是从政治、经济、文化等多角度予以解释的，至于谁有更大影响还没有进一步的解释。就经济而言，"从历史上的民族分离运动到当今遍布世界发展中各国的政治离心倾向，其根源固然错综复杂，但地域间在政治经济利益上的分歧不能不说具有相当大的影响，在对这种分歧缺乏必要的弥合机制的情况下，那些在冲突中始终处于不利地位的区域常常会选择退出"[5]。地区收入的变化与边缘地区分离的压力之间是成正比的，税收可以作为反映边远地区居民利益的重要工具。[6] 尤其是少数族群聚居区发现大型油田的话更甚。熊易寒、唐世平认为，少数族群聚居区发现石油会增强少数族

---

[1] Allen Buchanan, "Federalism, Secession and the Morality of Inclusion", *Arizona Law Review*, Vol. 37, No. 1, 1995, pp. 53–63.

[2] Christopher H. Wellman, "A Defense of Secession and Political Self-Determination", *Philosophy & Public Affairs*, Vol. 24, No. 2, 1995, pp. 142–171.

[3] James Mayall, Mark Simpson, "Ethnicity Is Not Enough: Reflections on Protracted Secessionism in the Third World", *International Journal of Comparative Sociology*, Vol. 33, No. 1, 1992, pp. 5–25.

[4] Donald L. Horowitz, *Ethnic Groups in Conflict*, Berkeley, Los Angeles, London: University of California Press, 2000, pp. 186–194.

[5] 任军锋：《地域本位与国族认同：美国政治发展中的区域结构分析》，天津人民出版社2004年版，第9页。

[6] Daniel Berkowitz, "Regional Income and Secession: Center-Periphery Relations in Emerging Market Economies", *Regional Science and Urban Economics*, Vol. 27, No. 1, 1997, pp. 17–45.

群的实力，进而对中央的掠夺产生怨恨而反抗。① 当然，经济掠夺之外，某些相对富裕的地区是不满中央政府拿本地区的财富去救济其他地区而爆发分离运动，如意大利北方联盟的分离主义者认为富裕的北方的税收不应该被转移支付给贫穷的南部地区（Mezzogiorno，梅索兹阿诺），类似的情绪推动了石油资源丰富的苏格兰和比夫拉的民族主义。② 就政治而言，在全球化背景下，少数族群更容易被边缘化。安东尼·史密斯就认为，由中央或关键性族裔控制的政府，剥夺了分离地区的资源和劳动，使之日益边缘化，③ 同时，经济不平等产生的群体特殊的不满被政治歧视所激化。④ 政治上弱势的群体更有可能成为民族统一主义者或分离主义者。⑤ 如果国家政治体制排斥少数族群就会增加族群冲突的风险，⑥ 比如把少数族群降格为"受保护的少数族群"而非完全的公民地位,⑦ 抑或族群、种族和宗教团

---

① 熊易寒、唐世平：《石油的族群地理分布与族群冲突升级》，《世界经济与政治》2015年第10期。

② ［美］迈克尔·赫克特：《遏制民族主义》，韩召颖等译，欧阳景根校，中国人民大学出版社2012年版，第33—36页［注：意大利北方联盟政党（Lega Nord of Italy）是意大利北部地区兴起的右翼政党，成立于1992年，曾经多次进入右翼执政的内阁。梅索兹阿诺（Mezzogiorno）是意大利南部地区，大致指罗马所在纬度以南地区，包括撒丁岛和西西里岛］。

③ ［英］安东尼·史密斯：《全球化时代的民族与民族主义》，龚维斌、良警宇译，中央编译出版社2002年版，第69页。

④ Ted Robert Gurr, Will H. Moore, "Ethnopolitical Rebellion: A Cross-sectional Analysis of the 1980s with Risk Assessments for the 1990s", American Journal of Political Science, Vol. 41, No. 4, 1997, pp. 1079–1103.

⑤ Stephen M. Saideman, R. William Ayres, "Determining the Causes of Irredentism: Logit Analyses of Minorities at Risk Data from the 1980s and 1990s", The Journal of Politics, Vol. 62, No. 4, 2000, pp. 1126–1144.

⑥ Lars-Erik Cederman, Andreas Wimmer, "Why Do Ethnic Groups Rebel? New Data and Analysis", World Politics, Vol. 62, No. 1, 2010, pp. 87–119; Halvard Buhaug, Lars-Erik Cederman, Jan Ketil Rød, "Disaggregating Ethno-Nationalist Civil Wars: A Dyadic Test of Exclusion Theory", International Organization, Vol. 62, No. 3, 2008, pp. 531–551.

⑦ ［美］拉塞尔·哈丁：《群体冲突的逻辑》，刘春荣、汤艳文译，上海世纪出版集团2013年版，第67页。

体的不相容，发展的不平等分配，以及歧视的认知为分离主义者制造政治气候。① 就文化而言，诸多的学者强调了语言、宗教、意识形态认同等方面的原因。科林·威廉姆斯（Colin Williams）认为，群体习俗、语言、宗教导致了分离地区将文化资源转化为政治资源，从对文化权利的诉求转向对政治权利的诉求，② 从而产生了政治化的族群。当国家或社会将障碍归因于少数族群的向上流动，它们可能导致分离民族主义运动。少数族群与主导族群之间现存的文化差异越大越是如此。当文化差异比较微小，那么，同化就更可能发生。③

攻击—回应视角的确为我们理解分离运动提供了"内部殖民"的认知，然而，究竟哪种权利、机会、资源等是属于少数族群的，如何分配是公平的，取决于利益考量，缺乏明确的测量标准就难以界定什么是公平的或者不公平的分配。当然，这一思路为我们理解分离运动提供了结构因素的视角。

四 权利—法律视角

权利—法律视角是确认族群在何种情况下享有何种权利，该权利是否包含分离的权利，如果有，需要符合何种条件，是否有法律依据作为支撑。这一视角将分离视为保障自由最后的屏障，④ 同时，除极少数国家的法律在极少数时间段确认过分离的权利之外，绝大

---

① James Mayall, Mark Simpson, "Ethnicity Is Not Enough: Reflections on Protracted Secession in the Third Word", *International Journal of Comparative Sociology*, Vol. 33, No. 1, 1992, pp. 5–25.

② Colin H. Williams, "Ethnic Separatism", *Cahiers de géographie de Québec*, Vol. 24, No. 61, 1980, pp. 47–68.

③ James D. Fearon, David D. Laitin, "Ethnicity, Insurgency, and Civil War", *American Political Science Review*, Vol. 97, No. 1, 2003, pp. 75–90.

④ Clyde N. Wilson, *Secession: The Last, Best Bulwark of Our Liberties*, in David Gordon, *Secession, State and Liberty*, New Brunswick: Transaction Publishers, 1998, pp. 89–98.

多数国内法都毫无例外地拒绝确认分离权利，国际法被视为少数族群遭遇持续性的排斥的最后手段。①

韦恩·诺曼（Wayne Normann）提出了分离的三个竞争性道德理论，即分离的民族主义理论（nationalist theories of secession）、分离的选择理论（choice theories of secession）和分离的唯一归因理论（just-cause theories of secession）。分离的民族主义理论认为，当且仅当地域集中的群体是一个族群，且该族群的绝大部分成员倾向于分离，那么就应该允许分离；分离的选择理论认为，任何地理确定的群体可以分离，当且仅当该群体的大部分成员倾向于分离；分离的唯一归因理论认为，分离的群体只有当它有正义原因时才可以，如系统性和持续性的歧视或剥削的受害者，或其领土被违背意志地与其他国家合并。② 玛格丽特·摩尔（Margaret Moore）认为存在着选择理论、唯一归因理论和民族自决权理论三种分离的权利理论。③ 克里斯托弗·韦尔曼（Christopher Wellman）从权利层次上确认了三种类型的权利理论，第一层权利是某地人民拥有初始的权利，仅仅是不被不公正地对待，第二层权利是对侵犯初始权利的补偿，第三层权利是政治重组的权利，如果他们的第一层和第二层权利都受到侵犯的话。④ 在另一篇文章里，韦尔曼认为，如果一个群体没有其他的方式去保护它自己去反对母国所犯下的严重的和持续的不公正，那么就可能有补救的权利去分离。另外，某个群体有政治离婚的初始权利，即使当母国承认并没有任何的不公正，它也有单方面的自由

---

① Bertus de Villiers, "Secession—The Last Resort for Minority Protection", *Journal of Asian and African Studies*, Vol. 48, No. 1, 2012, pp. 81 – 96.

② Wayne Normann, *Negotiating Nationalism: Nation-Building, Federalism, and Secession in the Multinational State*, New York: Oxford University Press, 2006, p. 183.

③ Margaret Moore, *National Self-Determination and Secession*, New York: Oxford University Press, 1998, pp. 1 – 13.

④ Christopher H. Wellman, "A Defense of Secession and Political Self-Determination", *Philosophy & Public Affairs*, Vol. 24, No. 2, 1995, pp. 142 – 171.

裁量权从母国退出。①

综上，本书将权利理论概括为以下两类。

一是自决权理论（right of self-determination），或者是原生主义理论（ascriptivist theories）、初始权利理论（primary right theories）、公民投票理论（plebiscitary theories）。在自决权理论看来，分离是权利，而不是必须获得许可的东西，也不是政府给予的特权。② 这一理论更多地被视为先天性理论。如果少数族群占据某一块区域，并且拥有独特的文化传统，那么，它在事实上就拥有了分离的权利，而不论该少数族群是否受到了压迫或剥夺。初始权利理论为分离提供了唯意志性的正当理由，并不假定现有国家的任何镇压行为。在很大一部分学者看来，既然一个人可以单方面地宣布与另一个离婚，那么，一个族群（地区）也可以单方面地宣布从一个国家分离。③ 这些理论可以被分为两类：一类建基于个人自治，另一类建基于集体自治。个人自治认为，任何领土集中的群体中的个人，可以自由地决定他在给定国家的成员资格。集体自治的支持者认为，只有群体才能作为民族共同体享有完全的政治自决权。④ 在分离主义者所坚称的个人自决权视角下，自决的传统权利是个人权利，而不是大多数人的权利，自决的传统权利仅仅是建立了分离的个人权利。自决

---

① Christopher Heath Wellman, "Nationalism and Secession", in R. G. Frey, Christopher Heath Wellman (eds.), *A Companion to Applied Ethics*, Melbourne: Wiley-Blackwell, 2003, p. 274.

② Robert W. McGee, "A Third Liberal Theory of Secession", *The Liverpool Law Review*, Vol. 14, No. 1, 1992, pp. 45 – 66.

③ Aleksandar Pavković, Peter Radan, *Creating New States: Theory and Practice of Secession*, Aldershot: Ashgate Publishing Limited, 2007.

④ David Gauthier, "Breaking-up: An Essay on Secession", *Canadian Journal of Philosophy*, Vol. 24, No. 3, 1994, pp. 357 – 372; Christopher Heath Wellman, *A Theory of Secession, The Case for Political Self-Determination*, New York: Cambridge University Press, 2005.

权对证成分离权而言不是充分的,但却是必要的。[1] 更具体地说,因为自由主义者不能言之有理地阻止没有实质性危害的政治自由,当一个分离群体的独立不会伤害政治稳定时就有分离的权利。简短地说,许多群体都有分离的初始权利,即使是在过去的非正义缺席的情况下。[2] 在分离主义者所坚称的集体自决权视角下,贝兰从讨论同意是政治义务的必要条件出发确认了分离权利的存在。[3] 他的结论是,任何地域上集中的群体都应该被允许分离,如果地域内的绝大多数希望这么做的话,或者如果分离在道德上和实践上都是可行的话……不需要其他的条件,遵从区域内集中的多数人的意志就可以了。[4] 也就是说,对于自决权理论而言,承认的价值仅仅源于这样的事实,即集体的自决是组成共享的民族认同的渴望。要想拥有民族认同就需要拥有一整套态度和品性,这其中最重要的是对某种程度的集体自决的渴望。[5]

二是唯一补救权利理论(remedial right only theories),又称为归因理论。分离族群遭受不公正的对待时就有了分离权利。补救权利或者正当归因理论,认为分离的权利类似于抵抗的权利。该理论的支持者认为,独立国家需要的合法性只有当讨论中的某个群体遭受了不公正时才能得以体现。他们通常承认,尤其是领土的兼并和侵犯最为基本的人权可以作为分离的正当理由。与初始权利理论相比的话,补救权利理论的关注点不是人民的意愿,而是他们被现有国

---

[1] Roland Vaubel, "Secession in the European Union", *Economic Affairs*, Vol. 3, No. 3, 2013, pp. 288 - 302.

[2] Christopher H. Wellman, "A Defense of Secession and Political Self-Determination", *Philosophy & Public Affairs*, Vol. 24, No. 2, 1995, pp. 142 - 171.

[3] Harry Beran, *The Consent of Political Obligation*, London: Croom Helm, 1987, p. 37.

[4] Harry Beran, "A Liberal Theory of Secession", *Political Studies*, Vol. 32, No. 1, 1984, pp. 21 - 31.

[5] Alan Patten, "Democratic Secession from a Multinational State", *Ethics*, Vol. 112, No. 3, 2002, pp. 558 - 586.

家虐待。[1] 由于唯一补救理论在很大程度上与前述攻击—回应视角存在契合性，此处不再赘述。

权利—法律视角试图扭转保罗·格罗尔克（Paul Groarke）所认为的偏见，即传统的分离研究都把分离视为一个政治问题，完全将法律问题抛开在外。在他看来，分离运动首先应该是一个法律问题。[2] 然而，即使将分离看成法律问题，无论是建基于个人的还是集体的需要和价值，无论是初始权利理论还是唯一补救理论，何种权利优先、权利理论如何实施、如何在新的分裂国家里保障少数族群的利益、是否允许域内少数族群再次分离、法律的管辖范围如何、是国内法院还是国际法院、是依据国内法还是国际法等方面都不具有很强的操作性。即使存在分离的道德权利，但这是一个有资格限制的权利：一是分离的可能应该与分配的正当性要求相一致；二是分离不应该剥夺第三方尤其是儿童和分离主义者后代的根本利益和自由。[3] 不仅如此，并没有国际条约或者国际习惯法的明确规则规范分离，[4] 分离也从来没有被确立为一项权利，[5] 补救理论也找不到中

---

[1] Donald L. Horowitz, "The Cracked Foundations of the Right to Secede", *Journal of Democracy*, Vol. 14, No. 2, 2003, pp. 5–17; Lea Brilmayer, "Secession and Self-Determination: A Territorial Interpretation", *Yale Journal of International Law*, Vol. 16, No. 1, 1991, pp. 177–202; Allen Buchanan, *Justice, Legitimacy, and Self-Determination: Moral Principles for International Law*, New York: Oxford University Press, 2004; Anna Stilz, "Why do States Have Territorial Rights?", *International Theory*, Vol. 1, No. 2, 2009, pp. 185–213.

[2] Paul Groarke, *Dividing the State: Legitimacy, Secession and the Doctrine of Oppression*, Aldershot, Burlington: Ashgate Publishing Company, 2004.

[3] Allen Buchanan, "Toward a Theory of Secession", *Ethics*, Vol. 101, No. 2, 1991, pp. 322–342.

[4] Maalim Mahadhi Juma, "The Right of Secession under International Law and National Laws: A Case Study of Zanzibar in the United Republic of Tanzania", *Journal of African and International Law*, Vol. 1, No. 3, 2008, pp. 107–122.

[5] 王英津：《有关"分离权"问题的法理分析》，《世界经济与政治》2011 年第 12 期；朱毓朝：《国际法和国际政治中的分离主义》，《国际政治科学》2005 年第 2 期。

立的第三方去裁决,① 因此,权利—法律视角很大程度上停留在道德哲学领域,很难付诸实践。即使是提倡民族自决权的马克思主义者,也认为"决不允许把民族有权自由分离的问题同某一民族在某个时候实行分离是否适当的问题混为一谈"②。

在上述视角之外,还有一些基于社会心理学的阐释。其中具有代表性的当属斯特凡·迪翁(Stéphane Dion)。③ 作为加拿大人的他从魁北克的案例出发,认为任何分离主义运动都根基于三种基本的情感,即害怕、自信和拒绝。害怕是少数族群如果继续留在联盟里会被削弱甚至是消失;自信是自认为靠他们自己可以很好,或者可以更好;拒绝是不愿在联盟里受到不欢迎的感觉。当这些感觉都处于较高的水平时,分离运动就很可能会发生。④ 而后,他进一步修饰为对联合的害怕与分离的自信两种情感。⑤

纵观以上解释路径,已有研究主要是从经验与理论两个层次进行解释,经验上的解释则更加注重利益,理论上的解释更加注重权利;从结构与能动两个视角进行解释,结构视角更加重视制度体系、关系权益,能动视角则更加重视精英主体的动员。表2—1列出了四种解释路径的关键变量。

---

① Wayne Normann, *Negotiating Nationalism: Nation-Building, Federalism, and Secession in the Multinational State*, New York: Oxford University Press, 2006, p. 186.

② 《列宁全集》(第二十四卷),人民出版社1957年版,第269页。

③ 迪翁是来自魁北克的加拿大政治学家,对分离问题有着独特的见解。除此之外,他多次当选议员,在多个总理内阁中出任部长职位。而他更为人熟知的是代表联邦政府推动最高法院出台了关于魁北克公投问题的相关裁决,以及推动议会出台了《明晰法案》,关于这些问题本书将在魁北克分离运动中详细介绍。

④ Stéphane Dion, "The Reemergence of Secessionism: Lessons from Quebec", in Albert Breton, Gianluigi Galeotti, Pierre Salmon, Ronald Wintrobe, *Nationalism and Rationality*, New York: Cambridge University Press, 1995, pp. 116 – 141.

⑤ Stéphane Dion, "Why is Secession Difficult in Well-Established Democracies? Lessons from Quebec", *British Journal of Political Science*, Vol. 26, No. 2, 1996, pp. 269 – 283.

表 2—1　　已有文献的解释层次、视角、路径与关键变量

解释层次	解释视角	解释路径	关键变量
经验	结构	地理—安全	族群集中；安全困境
		制度—体系	政治制度；直接（间接）统治
	能动	攻击—回应	内部殖民；最小正义
理论		权利—法律	民族自决；法律补救

第二节　分离运动的解释机制：结构与能动相结合的视角

已有文献对分离运动的产生机制做出了一定的回答，然而，这种回答基本上是从割裂的角度展开的。一项持续时间较长的政治社会运动应该不是某一个时间节点的突然的和偶然的产物，而应该是延续性的和必然的产物。在这个意义上说，本书所要讨论的分离运动的发生机制应该是结构与能动相结合的产物，也就是互动论、过程论的机制。

一　对外部因素的排除

国际政治对于分离产生不是必要条件，或者说，外部干预是分离运动发展壮大抑或是销声匿迹的重要原因，外国干涉更多的是族群发展趋向的变量，而很难被看成分离发生的变量，探讨分离运动的发生学最终还是要落实到内部发展的问题上来。霍洛维茨就认为，分离主义运动是否出现取决于国内政治，取决于国内群体与区域的关系。然而，分离运动能否实现它的目标，很大程度上取决于国际政治，取决于超越国家的利益和力量的平衡。①

究竟外国干涉以何种方式进行、干涉到何种程度、干涉选择的

---

① Donald L. Horowitz, *Ethnic Groups in Conflict*, Berkeley, Los Angeles, London: University of California Press, 2000, p. 230; Donald L. Horowitz, "Patterns of Ethnic Separatism", *Comparative Studies in Society and History*, Vol. 23, No. 2, 1981, pp. 165–195.

时间节点以及存在分离倾向的国家与不存在分离倾向的国家谁更倾向于干涉是存有争议的，要视具体案例而定。同时，只要他国想借族群或利益支持分离主义势力以削弱该国的话，总是能够找到合适的理由与动机。可以明确的是，由于分离运动会改变一国的政治态势与区域甚至是全球政治格局，因而容易引起外国的干涉，干涉的程度、方式等对分离运动的走向会产生较大影响。外部干预对分离运动的成功可能是必需的，实证研究也证实了这一假设。对15个分离的正反案例进行定性比较分析后发现，存在两条平行的分离主义实现的路径组合。一是同时具备非民主政体、经济不发达、外部干预、国家统一时间短四个条件，二是同时具备非民主政体、经济不发达、外部干预、分离组织的暴力化四个条件。[1] 不管是哪条路径，外部干预都是分离成功的必要条件。

然而，国际社会对待分离的主流态度是不欢迎的，[2] 但这并不表示他国不会干涉以及采取何种方式在何时干涉。一国是否是民主政体、[3] 是否存在分离运动、[4] 是否与他国分离群体有关联[5]等因素都

---

[1] 郝诗楠、高奇琦:《分离主义的成与败:基于质性比较分析的研究》,《世界经济与政治》2016年第6期。

[2] Marcelo G. Kohen, *Secession: International Law Perspectives*, New York: Cambridge University Press, 2006, p. 93.

[3] 路易斯·柏南格(Louis Bélanger)等认为,民主政体的领导人倾向于努力使其他民主政体领导人允许异见者表达他们的言论,但他们至少不会官方地干涉民主政体。参见 Louis Bélanger, Érick Duchesne, Johnathan Paquin, "Foreign Interventions and Secessionist Movements: The Democratic Factor", *Canadian Journal of Political Science*, Vol. 38, No. 2, 2005, pp. 435-462。

[4] 史蒂芬·赛德曼(Stephen M. Saideman)认为,国家的族群分裂程度会使本国领导人对他国分离危机采取何种政策有着约束和强迫的双重意义。国内是否存在分离问题不是决定一国是否干涉他国分离问题的关键。同时,赛德曼通过对加丹加、比弗拉和南斯拉夫的研究,认为存在分布分离的国家更容易介入他国的分离运动。参见 Stephen M. Saideman, "Explaining the International Relations of Secessionist Conflicts: Vulnerability Versus Ethnic Ties", *International Organization*, Vol. 51, No. 4, 1997, pp. 721-753. Stephen M. Saidenman, *The Ties that Divide: Ethnic Politics, Foreign Policy, and International Conflict*, New York: Columbia University Press, 2001。

[5] 以族群亲缘或利益纠葛的名义干涉他国分离主义势力的,更多的是在分离主义已经存在的前提下。

制约着该国的干涉可能、时机与方式。伍德认为，外部介入的程度因情况而异。首先，它受到政治体制的渗透能力的影响。在高度发达的自治国家，中央政府可能有能力将分离主义分子与外国接触隔离开来，如果中央政府不能阻止外国对分离主义者的援助，它就会被迫寻求外部支持。其次，区域或全球的国际系统因素通常会影响到外部干涉的程度。如果分离发生在超级大国势力范围内的话，那么后者就很有可能会干预。如果有必要，它会确保结果是其想要的。如果分离斗争发生在中立区域，并没有超级大国的战略利益，那么，就有可能只有最低限度的外部干涉，或者主要的地区行动者会决定其结果（印度和孟加拉国）。另一种可能性是，分离企图发生在超级大国竞争的国家，这种情况很有可能会陷入有着过度外部干预的"代理人战争"（war by proxy），包括派遣外国部队和武器（厄立特里亚）。①

因此，本书将不考虑由于外部介入而导致的分离运动，只关注引发分离冲突的国内政治安排与精英行为。

二 替代性解释机制

互动论与过程论的理论预设在政治结构关系与不同主体互动两个方面提出了理论建构的努力。结构理论能够在错综复杂的政治格局中发现政治结构的关系是如何影响到政治主体利益的解决的，尤其是政治主体能够在既定的政治结构中寻找到政治机会。能动理论考察的是在既定政治框架内的精英行为，"在还原历史情境的过程中，探索政治精英的政治行为和策略及其与大众的政治互动所导致的政治结果"②。在既定政治框架内，群体差异与不满是现有政治关系所塑造的，但群体差异与不满不能自动产生分离运动，唯有经由

---

① John R. Wood, "Secession: A Comparative Analytical Framework", *Canadian Journal of Political Science*, Vol. 14, No. 1, 1981, pp. 107-134.

② 包刚升：《民主崩溃的政治学》，商务印书馆2014年版，第31页。

第二章　分离运动的解释机制：结构与能动的视角　55

政治精英的策略动员特定群体才能得以推进。当然，精英采取何种行为与策略不是任意的，一定是受到既有政治体系的约束与限制的，类似于地理、经济和政治制度等环境因素会解释为什么一些群体的领导人在既定的政客—领土（politico-territorial）的解决方案中选择分离而不是呼吁或忠诚。[1]

结构理论与能动理论各有优劣，在解释具体案例时有着不同的解释力。任何一项政治议题的考察都离不开对既有政治体系的考察，这就是结构理论有如此强的解释力的原因。然而，对于分离运动这样的政治社会运动而言，如果不考察精英行为是难以解释的，毕竟，分离运动的组织、动员、持续都离不开精英的行为与策略。关键的问题不是反叛者是冷酷的算计的物质主义者或者是为了某个事业的热血的理想主义者，而是什么样的因果机制导致了有着错综复杂动机的行动者沿着冲突的路径前进。[2] 因此，政治机会结构必须考虑到行动者才能够建立一个平衡的、动态的理论。[3] 正是在这个意义上，对以分离运动为代表的族群冲突的研究要倡导和迈向互动论。[4] 不同于理性选择理论所认为的行动者是一个低度社会化（undersocialized）和社会规范理论所认为的行动者是一个过度社

---

[1] Jason Sorens, *Secessionism*: *Identity*, *Interest*, *and Strategy*, Montreal: McGill-Queen's University Press, 2012, p. 5.

[2] Andreas Wimmer, Lars-Erik Cederman, Brian Min, "Ethnic Politics and Armed Conflict: A Configurational Analysis of a New Global Data Set", *American Sociological Review*, Vol. 74, No. 2, 2009, pp. 316–337.

[3] 刘春荣:《社会运动的政治逻辑：一个文献检讨》，载刘春荣、陈周旺主编《集体行动的中国逻辑》（复旦政治学评论第十辑），上海人民出版社 2012 年版，第 5—25 页。

[4] 熊易寒:《民主化与族群冲突的管理》，载陈明明主编《治理与制度创新》（复旦政治学评论第十二辑），上海人民出版社 2014 年版，第 89—110 页；Shiping Tang, "The Security Dilemma and Ethnic Conflict: Toward a Dynamic and Integrative Theory of Ethnic Conflict", *Review of International Studies*, Vol. 37, No. 2, 2011, pp. 511–536。

化（oversocialized）的产物，[①] 本书认为，处于一定社会结构中的行动者是一个社会化的产物，行动者的角色、功能受到了结构性的制约，制度结构约束了行动者的意识和选择。然而，行动者有其自主性，社会结构不仅是行动者的约束，也是行动者进一步行动的空间，行动者的选择呈现出一种结构化偶然性（structured contingency）[②]的状态，在政治机会结构（political opportunity structure）出现时会不失时机地选择最有效的策略。

按照唐世平的研究，互动论有四个主要的推动力，情感（emotion，包括恐惧、不满、怨恨、愤怒等）、利益（interest，包括领土、主导地位、油气资源、商业机遇、进入国家机关的就业和晋升通道等）、能力（capability，包括军事能力、地形、周边亲缘族群的支持等）与机会（opportunity，包括中央政府的削弱、经济危机、外国侵略等）。[③] 遵循结构与能动的双重因素，因权力、利益及权利机会难以在现有政治制度的框架内得以解决，从而产生了政治体系的危机，而这种危机对于分离族群而言，正是分离的最佳机会，此时，如果存在相关的分离活动家与政治组织强化族群动员从而有能力开展政治社会运动，分离运动的产生几乎是难以避免的。因此，本书认为，分离危机的产生是国内政治危机的缩影和后果，当分离族群与主体族群之间的权力、利益与权利机会的矛盾难以在现有政治框架内解决时，当分离族群有自己的政治能力去实施分离运动时，分离运动就会产生。国家制度安排决定分离运动的方式，通常有暴力与和平两种形式。根据制度的弥合型、断裂型与政治组织动员能力强弱，可以区分出四种族群关系（详见表2—2）。

---

① 高春芽：《规范、网络与集体行动的社会逻辑——方法论视野中的集体行动理论发展探析》，《武汉大学学报》（哲学社会科学版）2012年第5期。

② Terry Lynn Karl, "Dilemmas of Democratization in Latin America", *Comparative Politics*, Vol. 23, No. 1, 1990, pp. 1–20.

③ Shiping Tang, "The Onset of Ethnic War: A General Theory", *Sociological Theory*, Vol. 33, No. 3, 2015, pp. 256–279.

表 2—2　　　　　　　分离族群与主体族群相互关系的四种类型

		政治组织能力	
		强	弱
政治制度安排	断裂型	类型Ⅰ　分离运动 断裂型的制度安排使得权力、利益与权利难以得到恰当的调适，较强的族群政治组织能力使得该族群倾向于分离。国家发展程度、民主程度与国家制度安排决定分离运动的方式，通常有暴力与和平两种形式	类型Ⅱ　中间状态 断裂型的制度安排使得权力、利益与权利难以得到恰当的调适，较低的政治组织能力限制了族群精英的进一步行动，倾向于通过低度的政治社会抗争去争取利益，或者甘愿接受被支配的地位
	弥合型	类型Ⅲ　中间状态 弥合型的制度安排使得权力、利益与权利能够得到恰当的调适，族群较强的政治组织动员能力能够为族群精英获得可观的政治收益，倾向于通过政治吸纳的方式吸收族群精英，自治或参与中央政权	类型Ⅳ　族群融洽 弥合型的制度安排使得权力、利益与权利能够得到恰当的调适，族群组织动员能力较弱，该族群无须组织或难以组织相关的政治社会运动，族群利益能够得到恰当的保护和协调，和谐相处

表 2—2 展示了基于制度安排与分离族群政治动员能力所构建的四种类型的族群关系。事实上，这四种关系之间是存在转换关系的（具体可以参见图 2—1）。横向上的变化反映的是政治组织能力的强弱，纵向上的变化反映的是政治制度安排下族际权力、利益、权利关系的制度化调适程度。这种转换关系告诉我们，如果不能正确对待因制度化无以统合族群权力、利益、权利的政治危机，或不能正视族群政治组织化的崛起，那么，分离运动的产生是难以避免的。

精英利益在现有制度下难以得到恰当的调适，且较强的族群政治组织动员能力使得该族群倾向于分离。那么，究竟是以何种路径展开的呢？图 2—2 展示了这一理论框架的路径。

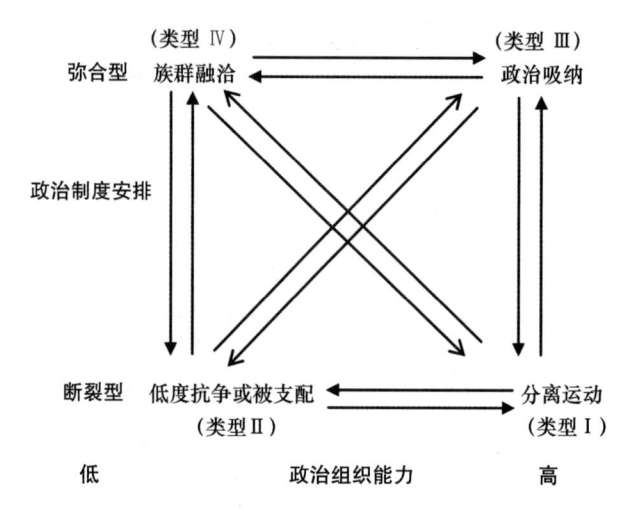

图 2—1　政治制度安排、政治组织能力与族际关系

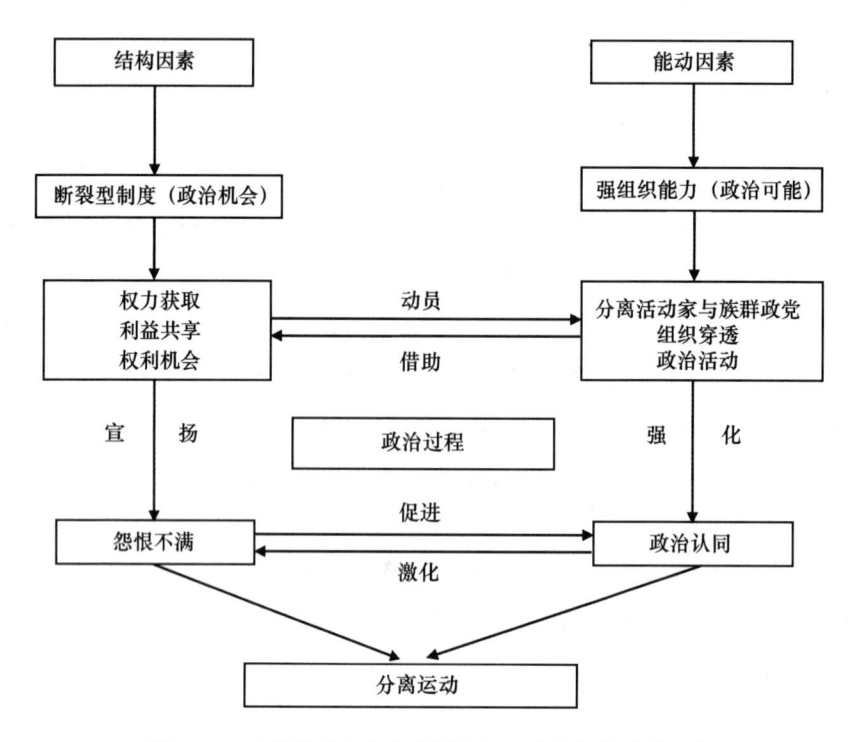

图 2—2　分离运动的产生机制框架：结构与能动的视角

分离活动家与政治组织借助制度体系的危机宣扬内部殖民的情感，政治体系的危机通过政治组织强化族群认同，二者共同作用于政治过程中，从而产生分离运动。当一个国家的族群之间在权力获取、利益共享与权利机会三个维度同时存在矛盾，或者任意一项或两项存在矛盾时，现有政治制度呈现出断裂型的特征，无以统合这一矛盾从而酿成政治危机。与此同时，当分离族群存在分离活动家和政治组织，组织穿透的深度、广度较强，有能力开展类似公投或武装斗争等政治活动时，就有可能酿成分离运动的政治危机。具体可参见图2—3。

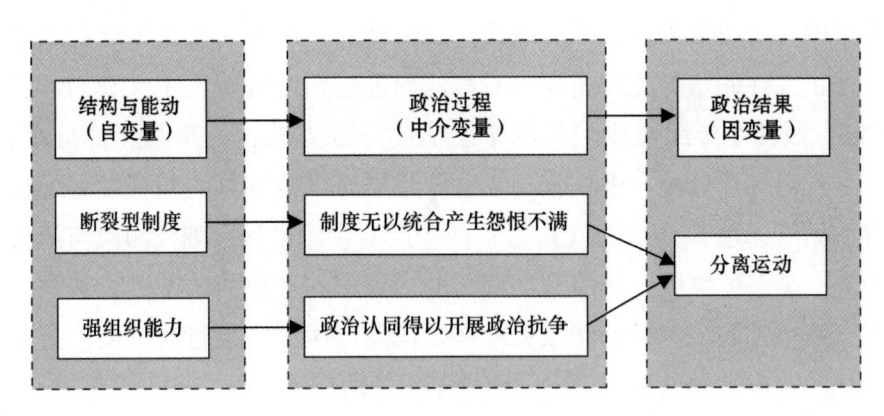

图2—3 自变量、中介变量与因变量示意

第三节 制度无以统合权力、利益、权利：歧视性分配与断裂型制度的逻辑

从结构的角度而言，制度所导致的体制机制是结构最为明显的表现形式。通过引入歧视性分配这一概念，从权力、利益、权利三个角度衡量一项制度的弥合程度与断裂程度，考察制度为何无以统合现有的结构安排，解释制度的断裂是如何产生分离运动的政治机会窗口的。

一 歧视性分配与制度的无以统合[①]

一国政治制度的多样性、复杂性无疑是难以完全认知的,而如果涉及多国政治制度的比较与测量的话,事情就变得更加复杂。因而,"如果不同政治制度下变量的测量不能摆脱政治制度本身的特性,那么,比较分析是难以推进的"[②]。本书中,族群关系政治制度的安排将通过歧视性分配这一概念来考察。

歧视性分配（discriminatory distribution）这一概念发生在国家介入税收计划、发展战略,或其他系统性地照顾某个地区而对其他地区不利的经济政策等任何可能之处,而这样的不平等对待是缺乏有效的道德正当性的。与此相同现象的其他标签包括地区殖民主义和局部剥削。[③] 歧视性分配至少包括两个层次的分配方式:一是禁止性分配,二是不对称性分配。中央政府或主体族群对少数族群的歧视性分配包含偏见（态度）与歧视（行为）两个层次:偏见包含刻板印象与社会距离,是态度维度,是一种类型化的、稳定的和负面的态度,来源于过于简单化的、刻板的印象;歧视是偏见产生的,是行为维度,是制度化的结构性的偏见所引发的维持不平等的行动。[④]

真正的难题在于,如何辨别歧视性分配与公正分配的需求。[⑤] 虽然歧视性分配与公平分配之间存在一定程度的客观依据,但是,权力划分方式的差异、数据统计口径的区别、问题观察角度的差别等

[①] 制度无以统合的概念转引自复旦大学唐亚林教授,详见唐亚林《中国式民主的内涵重构、话语叙事与发展方略》,《探索与争鸣》2014年第6期。

[②] Henry Teune, "Measurement in Comparative Research", *Comparative Political Studies*, Vol. 1, No. 1, 1968, pp. 123 – 138.

[③] Allen Buchanan, "Federalism, Secession and the Morality of Inclusion", *Arizona Law Review*, Vol. 37, No. 1, 1995, pp. 53 – 63.

[④] ［美］马丁·麦格:《族群社会学:美国及全球视角下的族群关系》,祖力亚提·司马义译,华夏出版社2007年版,第64、70、89页。

[⑤] Allen Buchanan, "Federalism, Secession and the Morality of Inclusion", *Arizona Law Review*, Vol. 37, No. 1, 1995, pp. 53 – 63.

都是难以量化的，因而需要更加可操作性的测量方式。

二 断裂型制度的测量

本书从权力获取、利益分享、权利机会三个层次归纳出两种族群制度组合，即弥合型制度和断裂型制度（见表2—3）。弥合型制度不仅在分离族群与中央政府之间存在共识，而且应该能够成为中央政府吸纳分离族群精英的重要手段，因而是弥合型的。断裂型制度表明分离族群与中央政府之间是存在分歧的，权力获取、利益分享、权利机会三者在任一维度上的缺失都会导致中央政府的族群政策是失效的，制度本身成为阻碍分离族群权力获取、利益分享和权利机会的因素，导致中央政府处理族群关系时能力低下，因而本身就是分裂型的。

表2—3　　　　　弥合型制度与断裂型制度的特征

诉求内容	诉求性质	弥合型制度的内容与特征	断裂型制度的内容与特征
权力获取	代表性问题	在中央政府有稳定比例代表；地方自治程度高	在中央政府中没有或缺少代表；地方自治程度低
		弥合中央、主体族群与少数族群的分裂，获得族群区域认可	分离族群与中央、主体族群分裂程度高，难以建构稳健关系
利益共享	分配性问题	分利型的央地关系	掠夺型的央地关系
		弥合族群区域的分裂，央地共享发展	族群区域分裂程度高，中央掠夺族群区域
权利机会	发展权问题	个人发展通道的顺畅	个人发展通道的阻滞
		弥合族群区域的分裂，有畅通的发展渠道	族群区域分裂程度高，没有畅通的发展渠道

国家的发展程度、民主程度与政治制度安排会显著地影响权力、利益和权利三个维度的组合。分离族群与中央政府之间一般都存在着中央与地方（地区分裂）、主体与少数（族群分裂）、中心与边缘（地区分裂）的分裂，甚至是宗教与宗教、宗教与世俗（宗教分裂）的分裂，只是这种分裂所表现出来的方式是各异的。同时，分离族群与主体族群之间一般都存在着族群、宗教、语言、文化等的矛盾，

从而导致发展机会的差异。发达国家、民主国家一般不存在禁止性分配，多是不对称性分配，而发展中国家、民主程度较低的国家则是两者并存。制度的三个操作化不是平行的，而是互相影响的。也就是说，这三者之间是存在一定的层次的，可能是脱节的，也可能是互相嵌入的。国家的发展阶段不同所要解决的问题是不同的，民主的发达国家在第一层次的代表性问题上是不突出的，冲突产生的原因主要是在利益共享与权利机会发展两个维度上（1960—1980年的加拿大、比利时），当然，也有例外的情况，1980—1995年的加拿大则是在联邦权力分配上存在着矛盾从而导致1995年的公投。威权的发展中国家在第一个层次到第三个层次之间几乎都存在着问题（1962—2006年的印尼、1972—2011年的苏丹）。

本书所讲的制度能力不足不是针对国家整体政治制度而言的，事实上，苏哈托时代的印尼是强力威权国家，比利时、加拿大的宪政制度是强而有效的，即使是苏丹的制度，也能够在错综复杂的政治环境中实现南北的军事调动、资源调配等。应该说，国家整体的制度能力是毋庸置疑的，所区别的是处理族群关系的民族政治制度，这种政治制度安排与选举制度、央地关系、政党制度等其他的制度之间存在着较强的联系。有关族群政治的政治制度安排对族群的分离主义倾向有着极强的塑造性，这一政治制度塑造的是族群分离的机会逻辑，通过这一政治制度的塑造，中央政府在处理与少数族群有关的议题时缺乏相应的制度能力，进而为少数族群提供分离机会。

（一）权力获取（power access）是否可能

就像少数动员理论所揭示的那样，族群政治是更普遍的和更根本的关于国家权力在族际分配的理论。[1] 权力获取问题的实质是权力分享（power-sharing），解决的是代表性问题。在中央政府层面的权

---

[1] Andreas Wimmer, Lars-Erik Cederman, Brian Min, "Ethnic Politics and Armed Conflict: A Configurational Analysis of a New Global Data Set", *American Sociological Review*, Vol. 74, No. 2, 2009, pp. 316 – 337.

力分立问题是族群在中央政府立法、行政、司法部门是否有适当比例代表；在本族群区域则是能否掌握族群地方的自治权，或者是央地的权力分配问题。也就是说，代表性问题关心的是分离族群与主体族群（中央政府）在权力分立与权力分配上是否是公平公正的。公平公正的权力分配与分享是维系族群间稳定的关键因素，即使是象征性地赋予人数极少的少数族群以"被动的代表性"，"这种象征具有非凡的因果效应——它能够激励群内成员去竞逐公共职位，并且让群体外成员与本群体成员平等相待"[①]。

诺里斯将分权分为行政分权（administration decentralization）、财政分权（fiscal decentralization）和政治分权（political decentralization），将民族国家分为单一制国家、混合型联合体（hybrid unions）国家、联邦制国家，并考察每一类国家的集权分权程度（见表2—4）。

表2—4　　　　　　　　　权力垂直分享安排的矩阵

		宪法类型		
	单一制	混合型联合体	联邦制	
行政、财政、政治分权的程度	集权	肯尼亚 津巴布韦	印度尼西亚 阿塞拜疆	马来西亚 比利时
	分权	挪威 丹麦	意大利	加拿大 瑞士

资料来源：Pippa Norris, *Driving Democracy: Do Power-Sharing Institutions Work?*, New York: Cambridge University Press, 2008, p. 165。

权力获取是用一个包含三个主要类别的次序规模去衡量，即是否单独地控制权力（垄断或者主导）、是否与其他族群分享权力（主要的伙伴还是次要的伙伴）、是否被排除在国家权力之外（无权

---

① ［美］拉塞尔·哈丁：《群体冲突的逻辑》，刘春荣、汤艳文译，上海世纪出版集团2013年版，第218页。

力的，受歧视的，或者自我排斥的）。① 鉴于少数族群几乎不可能垄断或主导中央权力，同时，被排斥在政治权力之外通常会导致分离，② 那么，少数族群如果不能参与分享权力，是无权力的、受到歧视的，就意味着群体在权力中没有代表或者没有影响力，就存在着事实上的权力获取不平等。

按照凯特和墨菲的研究，作为权力获取的政治呼吁有四个不同程度的等级，即议程设定、提供方案、做出决策和执行实施。议程设定意味着群体成员在现有的政治体制中有能力参与议程的创制，通常意味着将某一议题置于议程中，与此同时，将某一议题从已有议程中拿掉也反映了创制的权力影响力。例如，苏格兰事务大臣就是参与议程设定的典型代表，也就因而被视为权力共享的重要体现。提供现有议程中问题的解决方案（提供方案）意味着群体成员可以建议满足群体需要和信仰的替代方案，可以根据本族群、本地区的实际情况提出意见、建议，但并不能创制议程；做出决策和改善细节意味着群体成员可以参与官方决策细节的改进，并不能涉及核心的政策制定环节；而执行实施则只能体现在实施的变通上，涵盖了一系列的与决定有关的行动，次国家群体的成员可以根据本群体的实际情况就一般政策措施在本地区的适用性提出建议和意见。③

至于可以分享的权力，分离族群与中央政府之间、不同学者之间有着不同的认知。本书将可分享的权力主要定位于政治权力，考察代表性问题，主要考察分离族群与主体族群在横向上的中央政府行政、立法、司法机关的代表性问题，尤其是在涉及分离族群的事

---

① Manuel Vogt, Nils-Christian Bormann, Seraina Rüegger, Lars-Erik Cederman, Philipp Hunziker, Luc Girardin, "Integrating Data on Ethnicity, Geography, and Conflict: The Ethnic Power Relations Data Set Family", *Journal of Conflict Resolution*, Vol. 59, No. 7, 2015, pp. 1327 – 1342.

② Evan S. Lieberman, Prerna Singh, "The Institutional Origins of Ethnic Violence", *Comparative Politics*, Vol. 45, No. 1, 2012, pp. 1 – 24.

③ Helena Catt, Michael Murphy, *Sub-State Nationalism: A Comparative Analysis of Institutional Design*, London, New York: Routledge, 2002, pp. 5, 49 – 51.

务时是否有足够的话语权,同时,考察纵向上的分离族群的央地关系,尤其是自治权问题。那么,这种考察方式就不涉及总统制与议会制之争、单一制与联邦制之辩、多数代表制与比例代表制之困,只关注族群的代表权与话语权。

(二) 利益共享(interest-sharing)是否可能

利益共享解决的是分配性问题。利益共享事关经济利益能否在主体族群与少数族群之间公平地分配,尤其是以石油、天然气资源为代表的少数族群地区的资源开发的收益能否为本地族群所享有或得到公平的分享。

如果说权力获取解决的是政治权力分配与分立的问题,也就是利益表达与利益整合问题,那么,利益共享解决的是央地权力分立中的经济权力问题,也就是利益分配与利益补偿问题。"人们奋斗所争取的一切,都同他们的利益有关。"[①] 稳健的利益分享机制应该是分利型的,由中央政府(主体族群)与少数族群协商,根据单一制或联邦制的央地关系、少数族群规模大小等因素协商规定双方利益分配的比例,并针对特定的情况建立一定的补偿和返还机制。在这个意义上说,利益共享与否并非是由单一因素决定的,尤其是与国家形式并不存在着直接的因果关系。

按照中央政府(主体族群)与少数族群的利益分配关系,可以将是否利益共享分为掠夺型关系与分利型关系。掠夺型关系存在于压制型的政权体系中,中央政府(主体族群)将少数族群地区的自然资源视为少数族群可能分离的资本,主动忽视少数族群地区的利益,将少数族群地区资源开发权、管辖权、税收权等控制在手中,将攫取的资源收益用于主体族群发展,人为地造成资源分配的不合理。一般而言,掠夺型关系存在于民主政治不成熟的发展中国家,尤其是在权力分立缺乏制度化的国家,石油、天然气、钻石等自然资源的突然发现会越发引发中央政府(主体族

[①] 《马克思恩格斯全集》(第一卷),人民出版社 1956 年版,第 82 页。

群）的猜忌。分利型关系并非奥尔森所讲的利益集团的分利倾向，奥尔森所谓的分利倾向建立在平行的横向的利益集团之间，分利的结果是经济上的垄断与政治上的衰败，[①] 而分利型关系则是建立在纵向的中央（联邦）与地方（联邦单位）之间，是在央地权力分立制度化的前提下进行的央地利益格局调整，并追求在政治过程中的不断协调，力求找到双方最佳的利益交汇点。一般而言，分利型关系存在于民主政治相对成熟的国家，尤其是权力分立制度化的国家，油气资源的发现会在权力分立的空间内进行协商和谈判，达成少数族群满意的协议。

（三）权利机会（right-opportunity）是否可能

权利机会解决的是发展权问题，对不同的群体而言，发展权有着不同的含义。发展的权利机会是否可能，要将平等性规范保障原则与特殊性规范保障原则相结合，要考虑到发展权利机会在不同国家不同发展阶段的不同含义。

首先，发展权是发展机会的平等，而非结果的平等，衡量的是少数族群在发展过程中是否会受到肤色、语言、宗教、族群、区域、文化等条件的限制，尤其是可能存在的隐性条件对权利机会的制约。比如，只有会说英语的职员才能进入公司高层，使得母语是法语的职员遭遇职业"天花板"。公民身份是各个族群在民族国家中的最大公约数，因而公民身份的权利机会是一个族群首要的权利机会。与此同时，少数族群发展权的保障与实现还能促进少数族群国家认同的形成。因而，"放弃个人的地方特性和忠诚，接受民族国家的文化和更广范围内交流所用的语言，作为回报个人会得到工作或者至少是在社会向上流动的机会"[②]。

---

① ［美］曼库尔·奥尔森：《国家兴衰探源：经济增长、滞胀与社会僵化》，吕应中等译，吕应中校，商务印书馆 1999 年版。

② Ernest Gellner, *Muslim Society*, Cambridge: Cambridge University Press, 1981, p. 93. 转引自［德］李骏石《何故为敌：族群与宗教冲突论纲》，吴秀杰译，社会科学文献出版社 2017 年版，第 29 页。

其次，由于历史原因，少数族群地区发展比较落后，少数族群与主体族群除了公民身份的共同点之外，在发展程度、发展阶段、发展水平等方面都存在着差异，因而，考虑发展的权利机会要考虑到少数族群发展的滞后性问题。随着中央政府（主体族群）对少数族群地区发展的重视，逐渐地通过转移支付、政策扶持、结对援助等帮助少数族群地区发展，实现共建共享。

如何测量断裂型制度是界定制度有无统合性的重要指标。本节从权力获取、利益共享和权利机会三个层次考察了代表性问题、分配性问题和发展权问题，界定了在何种层次上何种问题能够成为族群分离的"借口"。这三个层次因国家的发展程度、政治民主化程度等呈现出不同的表现形态，因而有必要在案例选择时重视案例的代表性。

第四节　高度的政治组织能力：政治可能的逻辑

制度的断裂是政治社会结构的既有现象。那么，如何使得分离运动成为可能呢？这就需要从政治组织的角度去解释。以族群政党为代表的政治组织建构了认知认同与行动认同，以保证组织的凝聚力与穿透力，形成了一套分离的意识形态，使分离运动成为可能。

一　政治认同的选择性建构：倡导一种命运共同体意识的族群认同

认同政治是等级身份政治瓦解后的产物。正如前面所提到的那样，当历史走进了民族国家的时代，民族成为打破等级身份后的一种跨阶级的身份形式，它并非纵向的，而是横向的。也就是说，旧的等级身份成为问题时，就会转向新的民族认同，[1] 意味着政治现象

---

[1] ［美］罗伯特·戈定主编：《牛津比较政治学手册》，唐士其等译，人民出版社2016年版，第264页。

与身份认同相结合。①

族群认同至少存在着两种范式,即原生主义(primordialism)和建构主义(constructivism)。② 原生主义是先天论者,注重血缘、亲缘、文化等客观实在,族群被视为天然的产物,因而是稳定的、持续的、不易改变的,族群认同(民族认同)也就被视为自然性的社会认同。③ 这一理论有助于解释情感在族群冲突中的作用。④ 建构主义强调,族群精英注重在利益基础上建构出特定的认同,族群被视为人为制造的产物和想象的共同体,⑤ 因而是变动不居的、容易改变的。少数族群精英热衷于建构以本族群为中心的历史叙事,将族群置于国家之上,建构"去国家化"的知识体系。⑥ 这一理论有助于解释为什么一种新的意识形态会成为族群命运共同体的纽带。"先天因素并不是这些群体本身必然的'永久的'、'古老的'或'激情的',而是,(a) 人们有一个深层的心理机制来促进社会分类;(b) 对于那些我们称之为'族群'的标记来说,它们有其内在价值,构成了区分这些群体的界限;(c) 一些族群身份实际上是相当'古老'的,厚重的,或者是稳定的。但从其他方面来说,这些发现似乎是建构性的:(a) 群体认同并非内在地与情感有关;(b) 当环境发生变化时,身份不断的、固有的,且至关重要的发生着变化;(c) 身份和与之相关的含义

---

① [美]利昂·巴拉达特:《意识形态:起源和影响》,张慧芝、张露璐译,世界图书出版公司 2010 年版,第 60 页。

② Henry E. Hale, "Explaining Ethnicity", *Comparative Political Studies*, Vol. 37, No. 4, 2004, pp. 458 – 485.

③ 周光辉、刘向东:《全球化时代发展中国家的国家认同危机及治理》,《中国社会科学》2013 年第 9 期。

④ 熊易寒:《民主化与族群冲突的管理》,载陈明明主编《治理与制度创新》(复旦政治学评论第十二辑),上海人民出版社 2014 年版,第 89—110 页。

⑤ [美]本尼迪克特·安德森:《想象的共同体:民族主义的起源与散布》,吴叡人译,上海人民出版社 2011 年版。

⑥ 关凯:《历史书写中的民族主义与国家建构》,《新疆师范大学学报》(哲学社会科学版)2016 年第 3 期。

都是被精英和'识别的'个人高度操控的。"①

存在着三种认同的类型,即领土认同(territorial identity)、共同体认同(communal identities,种族、宗教、语言、区域、文化)和意识形态认同(ideological identities)。在这三种认同中,领土认同与共同体认同是相对可观的存在,意识形态认同比领土认同和共同体认同更有可塑性,因为意识形态成员不是建基于地理位置,也不是血统,而是自愿的政治选择。并且,意识形态认同可以克服或回避族群分裂,政治企业家(political entrepreneurs)可以据此成为不受限制的吸引参与者,可以叠加或(分层)在共同体和领土两个身份之上。② 现代认同政治的建构并非建基于某一种特定类型的认同,而是呈现出交织的形态,在族群领土固定、界限明晰的前提下,倡导一种命运共同体意识的政治认同建构了"相对他而自觉为我",显然是更加有利于认同建构的。

同时,社会运动并非连续体,政治认同的建构也不是一蹴而就的,而是在不断的互动过程中得以变迁和完善的。伯特·克兰德曼斯(Bert Klandermans)和西德尼·塔罗(Sdiney Tarrow)认为共同意识的建构过程可以分成三个层次:(1)形成一种公共话语和集体认同感;(2)劝说性沟通层次:社会运动组织、它们的对手、反社会运动组织等行动者的动员劝说;(3)集体行动具体活动中共同体意识的提升。③

---

① Henry E. Hale, "Explaining Ethnicity", *Comparative Political Studies*, Vol. 37, No. 4, 2004, pp. 458 – 485.

② Stephen M. Saideman, Beth K. Dougherty, Erin K. Jenne, "Dilemmas of Divorce: How Secessionist Identities Cut Both Ways", *Security Studies*, Vol. 14, No. 4, 2005, pp. 607 – 636.

③ Bert Klandermans, Sidney Tarrow, "Mobilization into Social Movements: Synthesizing European and American Approaches", in Bert Klandermans, Hanspeter Kriesie, Sidney Tarrow (eds.), *From Structure to Action: Comparing Social Movement Research Across Cultures, International Social Movements Research* (Vol. 1), Greenwich: Jai Press, 1988, pp. 1 – 38.

命运共同体意识的政治认同会选择性地建构认同内容与方式。"每一个民族分离主义运动中都伴随着对于原本只用于界定族裔身份识别的认同的政治性重构,一些不利于分离主义行动的认同内容会被舍弃和无视,一些明显表示差异和对立的内容和标志会被放大、强化,而一些原本根本就不存在的有助于分离的认同内容会被创造。"① 也就是说,认同的潜台词是排斥另一种身份,排斥的前提则是建构族群怨恨的认同心理。"娴熟的政治行动者经常被情感而不是正义的观念所吸引。这些情感包括贪婪、恐惧、自利、虔诚、党派政治立场、阶级、性别、族群、国籍、种族,等等。"② "我们"与"他者"的差异是相对的,利益是交织的,如何能够让族群变得与众不同,选择性地建构认同身份、质疑外来统治的合法性以产生内部殖民的认知就成为可以"操作"的事情了。"在社会抗争(冲突型集体行动)的文献中,有一种共识正在获得广泛的支持,即引发集体行动的是对现实的解释而非现实本身。"③ 何以在怨恨心理的基础上建构认同政治?或者说,"那种世代相传因此便非我莫属的说法何以得到响应、放大和扭曲以证明暴力和排外的正当性?"④ 同时,如何将集体意识转变为集体认同,这就是政治组织的中介功能与作用了。

二 政治组织能力的测量

政治组织化的力量强弱建构在认同的逻辑之中。政治组织能否建立与建立之后能否保持强有力的、深度的和广度的穿透力依赖于

---

① 张建军:《民族分离主义理论解析》,博士学位论文,西南民族大学,2011年,第111页。

② Wayne Normann, *Negotiating Nationalism: Nation-Building, Federalism, and Secession in the Multinational State*, New York: Oxford University Press, 2006, p. 14.

③ Bert Klandermans, "Grievance Interpretation and Success Expectations: The Social Construction of Protest", *Social Behavior*, Vol. 4, No. 2, 1989, pp. 113 – 125.

④ [加拿大]塔尼亚·李沐蕾:《民族净化、循环知识和原地主义的困境》,李存娜译,《国际社会科学杂志》2003年第3期。

群体认同的建构与强化,与此同时,组织目标的存在与持续是以怨恨对象的存在与歧视为依据的。对于政治组织而言,政治组织能力就是一系列的将潜在的分离运动的局势转变成积极的政治运动的能力,"主要有三个因素:分离运动的领导人明确地表达分离运动的诉求;民族主义的意识形态去动员社会和合法化分离运动的诉求,以及一套组织结构来动员社会,开展具体的分离运动行为"①。

(一)组织建设:分离活动家与族群政党

任何分离运动都离不开领导者。如果没有作为分离运动倡导者和实施者的族群精英作为关键推手的话,族群分离是不会发生的。在某种意义上说,分离精英就是分离活动家(secessionist entrepreneurs),是领袖。"集体行动……围绕着领袖协作起来,赋予领袖以行动能力。"② 通过族群术语以吸引选民,通过制造族群需求,以及通过强化族群内部沙文主义因素的影响力,政党仅仅通过反映族群分裂就得以加深和扩展它们。如此,人们经常听到这样的言论:政客们制造了族群冲突。③ "族群集体主义赋予了自己某种结构,构成了单独的或并行的集体行动者。族群组织和机构形塑了一个或多或少密集的网络,形成了新兴的族群领导人发挥核心作用的形态,尤其是通过塑造和构建某种可调适的集体认同。"④ 在族群政党领袖发挥作用的过程中,有无统一的领导核心决定了组织是否能够形成统一的力量。这里有必要区分三种情况:一是领导分离运动的只有一个组织,存在核心领导人;二是有多个组织领导分离运动,但共同

---

① Nadir M. al-Mahdy, *Explaining the Process Towards Political Separatism: The Two Cases of Southern Sudan's Separatist Conflicts*, Ph. D. Dissertation, Miami University, 1998, p. 51.

② [美]拉塞尔·哈丁:《群体冲突的逻辑》,刘春荣、汤艳文译,上海世纪出版集团 2013 年版,第 39 页。

③ Donald Horowitz, *Ethnic Groups in Conflict*, Berkeley, Los Angeles, London: University of California Press, 2000, p. 291.

④ Marco Martiniello, "Ethnic Leadership, Ethnic Communities' Political Powerlessness and the State in Belgium", *Ethnic and Racial Studies*, Vol. 16, No. 2, 1993, pp. 236–255.

服膺一个核心;三是有多个组织领导分离运动,但存在着多个核心。显然,多而杂的族群政党领导人的存在对族群政党领袖领导力的展示并不是有利的。

对于分离运动而言,组织建设的意义在于提供平台、筹募资源、建构认同、协调行动等。组织一般有公共的(communal)和关联的(associational)两种,前者主要指的是自然形成的,为先前的社会关系所塑造的,比如部落、村庄等;后者主要指的是人为建构的政治组织。分离组织主要是关联性的,"该组织拥有紧密的人际网络和文化、社会、宗教联系,嵌入在族群共同体中……族群积极分子使得既存的坚定的族群协会和网络的基础结构重新定向到政治追求"[1]。不同国家、不同阶段的分离运动组织形态各异、数量不一,族群(地区)政党、暴力武装(游击队、解放军、恐怖组织等)、政治社团(宗教组织等)是主要的组织形态,有无政治组织是分离运动能否形成和有无气候的重要指标。

对于民族国家而言,政治组织的主要形式是族群政党或准政党(quasi-party)、类政党(similar party)。[2] 在民主政治比较成熟的国家,政党是阶级斗争民主化的媒介,[3] 因而,族群政党是政治参与最主要的组织形式,以苏格兰民族党和魁北克人党(Parti Québécois)为代表的发达国家族群政党主要是以议会为平台,通过和平的方式开展分离斗争。在民主政治不够成熟的国家,"源于社会运动的政党

---

[1] Anthony Oberschall, *Conflict and Peace Building in Divided Societies: Responses to Ethnic Violence*, New York: Routledge, 2007, p. 6.

[2] 类政党指的是它们在法律程序上或手续上并不是正式政党,但它们的一些政治功能、组织特征、活动方式等与政党类似,能够在一定的政党体制框架内生存与活动,具有一定的政党特征。准政党是即将成为政党的组织,主要是以一般社团的形式存在却以政党方式活动的政治组织。参见金安平《简论政党政治中的"类政党"与"准政党"现象》,《北京行政学院学报》2016年第2期。由于类政党与准政党很容易转型为政党,因而,本书所指称的政治组织化即以族群政党统称。

[3] [美]西摩·马丁·李普塞特:《政治人——政治的社会基础》,张绍宗译,沈澄如、张华青校,上海世纪出版集团2011年版,第174页。

不一定符合标准的政党概念……可能根据政治分歧而组建政党……鼓励社会运动采取历史上没有的新的组织形式和政治议题"①。由于担心族群政党被禁，通常会采取具有一定政党形式的军事组织取代政党，以自由亚齐运动和苏丹人民解放运动为代表的发展中国家分离组织主要通过暴力武装的形式开展分离斗争。之所以称为准政党、类政党，是因为这些军事组织初步具有了政党的组织形态，是政党的前期形式，在和平协议签署以后纷纷转型成族群政党。因而，本书将以族群政党统称相关的族群组织。

霍洛维茨认为，非族群基础的政党是向心型的，而族群政党则是离心型的。在一般的政党体系中，存在着中间选民定理，两党会日渐相近。相反，由于族群政党的归属性，造成了以族群为基础的政党并非处于相同的竞争体系中，会竭力保护各自的位置，显得更加极端。②"族群政党的主要目标不是任何普遍主义的纲领或平台，而是在与其他群体的竞争中确保和保护族群物质、文化、政治利益……鉴于族群政党动员强有力的身份甚至文化生存的情感象征，他们倾向于被克里斯马型的领导人所主导或者围绕他组织起来。族群政党的选举逻辑是排他性的，来强化和动员它的族群基础，通常极端化诉求来制造族群机会和威胁……不管族群政党的支持者多么的广泛，之所以成为族群政党是因为其唯一的真正的诉求是群体的成员，它的唯一的铮铮的使命是提升群体成员的利益。"③ 因而，"族群政党是特殊主义的，排他主义者，通常通过极化政治诉求造成

---

① ［美］约翰·格伦:《源于社会运动的政党：后共产主义东欧的政党》，载［美］杰克·A.戈德斯通主编《国家、政党与社会运动》，章延杰译，上海世纪出版集团 2014 年版，第 121 页。

② Donald L. Horowitz, *Ethnic Groups in Conflict*, Berkeley, Los Angeles, London: University of California Press, 2000, p. 347.

③ Richard Gunther, Larry Diamond, "Types and Functions of Parties", in Larry Diamond, Richard Gunther (eds.), *Political Parties and Democracy*, Baltimore, London: Johns Hopkins University Press, 2001, p. 23.

社会分裂甚至崩溃"。①

（二）组织内聚力：族群政党穿透的深度与广度

社会运动需要共识动员（consensus mobilization）和行动动员（action mobilization）去凝聚共识和集体行动。② 那么，族群政党的形成就是共识动员的过程，组织穿透力的建构与组织活动的开展就是行动动员。

对于分离主义政党而言，维持组织的持续运作或许是最为重要的能力，这不仅取决于领导人的能力强弱（调节能力），而且更重要的是取决于资源的多少（持续能力）与支持度的高低（凝聚能力）。③ 组织资源包含了人员、资金、关系、信息、物质等，是组织可以直接控制和运用的，是决定组织能否持续发展的关键因素。对于分离主义政党而言，组织生存首要的是突破现有制度框架的约束，民主政治成熟的国家一般都会允许自由结社，族群政党有足够的生存空间，而对于发展中国家的准政党、类政党而言，如何在中央政府的围剿下获得一定的生存空间考验着领导人的智慧。其次，政党财政来源、组织结构、内部意志形成、政治纲领、议题设置、民意动员、选民需求、社会环境变化等都是政党生存所必需的④。再次，虽然外部支持在绝大多数情况下并非族群分离发生的原因，但是，对于族群政党的生存发展而言，外部力量的支持尤其是来自亲缘族群的支持却是不容忽视的因素。

---

① Richard Gunther, Larry Diamond, "Types and Functions of Parties", in Larry Diamond, Richard Gunther (eds.), *Political Parties and Democracy*, Baltimore, London: Johns Hopkins University Press, 2001, p. 24.

② Bert Klandermans, "Mobilization and Participation: Social-Psychological Expansions of Resource Mobilization Theory", *American Sociological Review*, Vol. 49, No. 3, pp. 583 – 600.

③ 熊易寒：《民主化与族群冲突的管理》，载陈明明主编《治理与制度创新》（复旦政治学评论第十二辑），上海人民出版社2014年版，第89—110页。

④ 伍慧萍、姜域：《西方小规模政党的生存现状与成功条件：以德国为例》，《当代世界与社会主义》2015年第1期。

对于族群政党而言，谋划战略、诉诸怨恨、煽动不满等都是获取族群成员支持以维系其生存发展的关键因素，也就是族群的凝聚力。选择性激励和恐惧型强制成为族群精英团结和动员族群成员的左右手。"几乎所有的社会运动在很大程度上依赖非运动的网络（比如，朋友、同学、邻居以及同事）作为招募会员、获得资源以及道德支持的来源；社会运动积极分子之间形成团结和互相帮助；在幕后进行大规模的招募、组织、劝说，联盟的形成、游说以及制定战略，所有这些构成了复杂公共事件的基础。"① 虽然族群政党在动员族群成员时有着天然的优势，但这并不意味着族群政党会取得必然的胜利，否则所有的分离运动都会取得成功了。事实上，族群政党的凝聚力是需要维系和增强的，考察族群政党凝聚力的重要指标是支持度，这也是族群政党在关键节点（critical juncture）宣布分离、策划独立的资本。"内聚力增强连带着三种改变：对领导者更尊敬，把自己族群的价值观更加理想化，更愿意惩罚自己人之中的离经叛道者。"②

（三）组织活动：叙事能力与关键作为

首先，精英团体的叙事能力。族群分离的前提是获得足够的族群成员支持，要使得族群成员认识到自我与他者的不同，宣传自身的被边缘化以渲染仇恨，包括内部殖民主义的叙事，建构一套新的意识形态，设定政治议程。一套有说服力的分离主义叙事应该是以怨恨为基础的，渲染主体族群的内部殖民主义，获得族群成员的支持和外部的同情。边缘化的、被压迫的形象与占据中心的新殖民主义者形成了强烈的对比，以此建构弱者的地位和悲剧的角色，这一系列的叙事努力是为了获得本族群成员的认可与支持，获取外部的

---

① [美] 查尔斯·蒂利：《后记：社会运动研究者的议程》，载 [美] 杰克·A. 戈德斯通主编《国家、政党与社会运动》，章延杰译，上海世纪出版集团 2014 年版，第 225 页。

② [美] 丹尼尔·希罗、克拉克·麦考利：《为什么不杀光？种族大屠杀的反思》，薛绚译，生活·读书·新知三联书店 2012 年版，第 67 页。

同情与支持，将中央政府（主体族群）视为外来人、新殖民主义者和压迫者。

其次，关键节点的政治活动。社会运动并非连续体，族群政党政治活动的开展与政治机会结构密切相关。塔罗以意大利的抗争为例，讨论了政治机会结构与抗议周期（protest cycle）的关联，认为抗议活动呈现出抛物线的形态，因为政治机会结构的周期呈现出不同时期的闭合状态。① 塔罗的研究表明了政治机会结构是在政治结构中不同时间节点呈现出的机会窗口，能否把握、如何把握这些窗口成为影响族群政党能否发展壮大与获得支持的重要因素。就族群政党关键节点的政治活动而言，公投时机、叛乱时机、谈判时机等是最为重要的。政治活动与活动能力在民主国家和威权国家的表现形态是不一样的。政治环境塑造了分离运动的形式与手段，在不同的制度下，民主国家与专制国家的选择是不同的。不同的政治机会结构会塑造不同的抗议形式，甚至在同一个国家内部，由于各个时期不同的政治机会结构，分离运动呈现的形式、方式、策略等都是不同的。大体而言，在民主国家，是选举及其得票率；在非民主国家，则是暴力冲突与战争胜负。当分裂的族群因为议题的差异态度而选择介入政治的时候，民主国家倾向于利用现有制度通过议会选举和政党政治介入，表现为和平的方式，而如果缺乏这一渠道，则只能诉诸暴力武装，表现为内战。然而，无论是选举还是内战，族群政党都面临着与中央政府的谈判，因而谈判能力的高低也决定着政治活动能力的高低。

在政治组织能力的测量中，挂名会员（paper member）和"搭便车"（free rider）问题一直是集体行动的困境，是困扰组织能否强有力的问题。在奥尔森看来，群体规模是"搭便车"现象产生的主

---

① Sidney Tarrow, *Democracy and Disorder: Protest and Politics in Italy, 1965–1975*, Oxford: Clarndon Press, 1989.

要原因,① 作为集体行动组织的族群政党也难以避免。然而,集体行动在很大程度上是一个保证问题(assurance problem),② 这种保证并非说一定要参与,事实上,在分离运动中,不支持、中立更多的就是对分离运动的默许、认可。诚如哈丁所言,社会中的策略性互动有三种基本的类型:冲突、协作和合作。群体认同的核心策略问题只不过是个协作问题。因此,只要不是旗帜鲜明的冲突与反对,亦无须齐心协力的合作与配合,政治组织凝聚族群意识与建构殖民认知的努力就是有效的。在这一理论的视角下,"分离运动倾向于尽可能地包容:任何人只要支持群体或领土的独立就是其支持者或追随者,而不管他或她的政治观点或道德观念。为了保持他们的包容性,分离运动经常性的建基于个人或群体的非正式网络。然而,这里的非正式性并不应该被等同于组织软弱或缺乏对追随者的控制。在其他民族主义运动中的案例中,对成员或支持者的控制是通过个人和意识形态的感召力来实现的。分离运动领导人通常是受人尊敬的和让人服从的长者,他(她)对民族命运有着卓越的,或许甚至是非理性的洞见。正是他们个人领导能力和意识形态洞见的成就使得他们获得追随者的尊重和服从"③。

政治组织化的族群政党是分离运动的组织者和发动者,依靠这一组织平台,政治活动家可以组织起共识动员和行动动员,建构一种基于命运共同体意识的族群认同,强化族群的政治意识和政治能力,以此界定分离运动的议程。在分离运动的进程中,组织也相应地提升了内聚力,以在关键的时机开展分离活动。

---

① [美]曼瑟尔·奥尔森:《集体行动的逻辑》,陈郁等译,上海世纪出版集团2011年版。
② Carlisle Ford Runge, "Institutions and the Free Rider: The Assurance Problem in Collective Action", *Journal of Politics*, Vol. 46, No. 1, 1984, pp. 154 – 181.
③ Aleksandar Pavković, Peter Radan, *Creating New States: Theory and Practice of Secession*, Aldershot: Ashgate Publishing Limited, 2007, p. 44.

第五节　研究方法：比较历史分析

比较的方法是当前社会科学研究中的重要研究方法，甚至是主流方法。一般认为，比较政治的研究没有主导性的理论，它只是一种方法，并且日趋务实，成为现象解释和理论验证的手段。[①]

作为政治学研究的方法论核心，比较分析有助于加深我们对政治现象的理解和政治程序运转、政治制度变革的理解。[②] 在整个社会科学研究中，除了定量研究之外，作为知识生产发动机的比较研究成为自觉的方法。"没有比较的思维是不可能的，没有比较研究的社会科学也是不可想象的。"[③] 在这个意义上，萨托利认为，"比较是内含的，科学方法本身就是内在比较的"[④]。

比较历史分析是在宏大的历史视野中寻找出一定的片段以"建立、检验和提炼有关民族国家一类的事件或结构整体的宏观单位的因果假设机制"[⑤]，并在此机制的基础上寻求对整个类型的事件进行解释。按照西达·斯考切波（Theda Skocpol）和玛格丽特·萨默斯（Margaret Somers）的说法，比较历史分析作为一种研究方法和设计，是平行的（parallel）比较、对比导向（contrast-oriented）的比较，以及宏观分析（macro-analytic）的比较，可以达致

[①] 陈峰、康怡：《比较政治学如何研究——范例和启示》，载李路曲主编《比较政治学研究》第10辑，中央编译出版社2016年版，第9—39页。

[②] ［美］加布里埃尔·阿尔蒙德等：《当代比较政治学：世界视野》，杨红伟等译，上海人民出版社2010年版，第35页。

[③] 张小劲、景跃进：《比较政治学导论》，中国人民大学出版社2008年版，第15页。

[④] Giovanni Sartori, "Comparing and Miscomparing", *Journal of Theoretical Politics*, Vol. 3, No. 3, 1991, pp. 243–257.

[⑤] ［美］西达·斯考切波：《国家与社会革命：对法国、俄国和中国的比较分析》，何俊志、王学东译，上海世纪出版集团2007年版，第37页。

三个目标：一是个案比较控制变量、解释因果；二是多案比较发现共通的概念和模式；三是数个案例比较建立解释框架，解释不同社会中发生的相同过程。① 可以认为，"比较历史分析的优势就在于能够把原因变量和结果变量之间的因果机制阐释清楚，清晰展示因果机制"②。因而，比较历史分析的第一步就是控制变量，控制应该被视为比较研究最重要的原因。③ 对变量的控制是比较历史分析的首要规则，"没有规则，就不可能有机制；没有机制，就没有解释"④。

比较历史分析在比较之外，更为关注对案例的节点的选择和片段的选取。这就涉及对历史的讲述和对事件的描述。一般而言，比较历史分析关注因果关系以确定解释机制、重视实践过程以深描相关案例，针对小样本的系统比较和情境化比较确定范式。⑤ 实践过程和情境化比较关注的是历史片段的历时性分析和共时性比较。在这个意义上，如何按照理论预设讲好历史故事，集中于探讨事件发生的原因是什么，对产生结果的原因进行回溯与追踪，可能更为重要。按照人类学、社会学的方法，对历史事件的深入描述可能更为接近于深描（thick description）。也正因为如此，比较历史分析关注案例的分析。类似于分离运动是随着时间（over time）和在时间中（in time）展开的，因而能够在时间中进行比较系统的深描，以全面地了解具体的因果联系。⑥

---

① Theda Skocpol, Margaret Somers, "The Uses of Comparative History in Macrosocial Inquiry", *Comparative Studies in Society and History*, Vol. 22, No. 2, 1980, pp. 174–197.
② 高奇琦主编：《比较政治》，高等教育出版社 2016 年版，第 154 页。
③ Giovanni Sartori, "Comparing and Miscomparing", *Journal of Theoretical Politics*, Vol. 3, No. 3, 1991, pp. 243–257.
④ Mario Bunge, "How Does It Work? The Search for Explanatory Mechanisms", *Philosophy of the Social Sciences*, Vol. 34, No. 2, 2004, pp. 182–210.
⑤ James Mahoney, Dietrich Rueschemeyer, *Comparative Historical Analysis in the Social Sciences*, New York: Cambridge University Press, 2003.
⑥ 高奇琦主编：《比较政治》，高等教育出版社 2016 年版，第 37 页。

一般而言，比较历史分析对变量的控制和因果关系的寻找遵循三种比较方法：一是求同法（method of agreement），即共同现象的共同原因；二是求异法（method of difference）；三是共变法（method of concomitant variations）。比较历史分析使用前两种方法以考察变量关系，然而，由于可供选择的相同案例是极少的，而相异案例确实比比皆是，因此，寻找关键相似性（crucial similarity）的求同法在比较历史分析中具有很广的适用性。

当然，对比较历史分析的推崇并不能掩盖比较历史分析本身的缺陷。首先，阿伦·利普哈特（Arend Lijphart）所认为的"太多的变量，太少的案例（many variables, small N）"[①]的问题始终难以解决。无论是求同法还是求异法，抑或是共变法，始终都面临着变量太多的情况，每个案例的产生都是一系列变量综合作用的结果，很多变量还是某个案例所独有的。同时，要想使得案例可比较，就必须对概念进行严格的界定，而这无疑会导致案例的稀缺。当然，这一问题不是没有办法解决。利普哈特提出了四种解决方式：（1）尽可能多地增加案例的数量；（2）减少分析的映射空间（property-space）；[②]（3）将比较分析的关注点放在可比较的案例上；（4）将比较分析的关注点放在关键变量上。[③] 相较而言，在对概念严格界定的基础上，我们难以增加案例数量，也很难减少分

[①] Arend Lijphart, "Comparative Politics and the Comparative Method", *The American Political Science Review*, Vol. 65, No. 3, 1971, pp. 682–693.

[②] 映射空间指的是，如果不能增大案例样本，那么也许有可能把表示本质上类似的基本属性的两个或更多的变量组合为一个变量。

[③] Arend Lijphart, "Comparative Politics and the Comparative Method", *The American Political Science Review*, Vol. 65, No. 3, 1971, pp. 682–693; Arend Lijphart, "The Comparable-Cases Strategy in Comparative Research", *Comparative Political Studies*, Vol. 8, No. 2, 1975, pp. 158–177. 关于 property-space 的翻译来自孙龙等人翻译的《民主转型与巩固的问题：南欧、南美和后共产主义欧洲》。参见［美］胡安·J. 林茨、阿尔弗莱德·斯蒂潘《民主转型与巩固的问题：南欧、南美和后共产主义欧洲》，孙龙等译，浙江人民出版社2008年版，第38页。

析的映射空间，那么，对案例可比性和关键变量的关注或许更为有效。

其次，戴维·阿普特（David Apter）认为，"政治比较分析的困难包括有限的变量效用和不当的核心概念"[1]。阿普特所讲的有限的变量效用与不当的核心概念在很大程度上与利普哈特所讲的太多的变量是相关联的。正是因为变量太多，我们很难准确地确定哪个变量是最重要的，变量的效用如何；也正是因为变量太多，我们也就很难找到核心的概念去描述如此多的案例的因果机制。解决上述两个问题的关键在于对可比案例的深入了解。

回到本书所要讨论的分离运动。威默认为，"我们如何理解不同族群在当代社会的政治生活中所扮演的角色？只有比较分析可以回答这个问题"[2]。应该说，虽然我们不能否认定量研究、案例研究或定性比较分析等方法在族群冲突研究中的作用，但是，在严格界定分离运动的基础上，较少的案例以及对案例因果机制的寻找更适合使用比较历史分析。分离危机只是族群冲突的一种，且分离运动内部包含着暴力与和平两种方式，这两种方式的对比是强烈的，在数据上表现出截然不同的差异，因而，或许对于族群战争的研究更加适用于定量研究。本书即是在选取三个正面案例与一个负面案例作为样本的基础上，考察为何有的国家出现了分离危机而有的则没有，有的国家内部某一族群出现了分离运动而其他的则没有；为何分离运动在不同的国家会呈现出不同的形态；为何这些分离运动在一段时期内存在而另一段时期内则没有。如此，则需要对不同历史时期、不同国家特定的历史片段进行比较分析和事件描述，比较特定片段的历史情节，追踪特定片段的历史过程，寻找因果机制。同时，本书的研究计划是对族群、宗

---

[1] David E. Apter, "A Comparative Method for the Study of Politics", *American Journal of Sociology*, Vol. 64, No. 3, 1958, pp. 221–237.

[2] Andreas Wimmer, "Who Owns the State? Understanding Ethnic Conflict in Post-Colonial Societies", *Nations and Nationalism*, Vol. 3, No. 4, 1997, pp. 631–665.

教、语言、洲际等相异的四个案例进行比较研究,以寻求最大相异基础上的相似解释机制。也就是说,本书是在求同法的基础上进行案例的比较历史分析。

需要说明的是,本书的研究不是具有预测性的,也就是说,并非决定式的,并非存在这两个条件就一定会发生分离运动,只是在大概率上是可以如此推断的。"预测分离就像是预测赌徒的策略,即使很熟悉他们的倾向,了解他们的规则,以及知晓他们所拥有的纸牌,仍然不能预测比赛的结果。更不用说在先前比赛的基础上可以预测不同赌徒在不同时间和地点会发生什么。"[1] 另外,由于理论的试验性,要求我们在不断的知识扩充中修正理论,验证假设。[2] 因此,本书的理论假设不可能是完善的,总是要在理论更新与材料挖掘的基础上不断完善。

第六节 案例选择:为什么是亚齐(印尼)、魁北克(加拿大)、南苏丹(苏丹)与瑞士?

本书案例的选取遵循的是比较历史分析的一般方法。由于严格意义上的分离运动并不是很多,成功的分离运动则更少。因而,首先,本书对可选案例进行类型学的划分,将分离运动划分为成功的与不成功的两类。据统计,1945—2015 年间新独立的但不属于去殖民化的国家主要有塞内加尔(1960)、新加坡(1965)、孟加拉国(1971)、原苏联加盟共和国(15 个国家,均于 1991 年独立)、原南斯拉夫[斯洛文尼亚(1991)、克罗地亚(1991)、波黑(1992)、

---

[1] John R. Wood, "Secession: A Comparative Analytical Framework", *Canadian Journal of Political Science*, Vol. 14, No. 1, 1981, pp. 107–134.

[2] [美]加布里埃尔·阿尔蒙德等:《当代比较政治学:世界视野》,杨红伟等译,上海人民出版社 2010 年版,第 37 页。

马其顿（1993）、塞尔维亚（2006）、黑山（2006）]、捷克（1993）、斯洛伐克（1993）、厄立特里亚（1993）、东帝汶（2002）、南苏丹（2011）等。① 除去新加坡（母国排斥）、苏联的加盟共和国②、捷克和斯洛伐克（捷克斯洛伐克和平解体）、东帝汶（被占领后独立）等，在本书所谈意义上的经由分离运动产生的国家只有孟加拉国、厄立特里亚、南苏丹等极少数国家。因而，本书中，正面案例的选择兼顾成功的与不成功的分离运动，前者选择一例，后者选择两例。

其次，案例的选择主要是考虑在最大相异的基础上探求相同政治因素，本书的案例选择大致遵循这一原则。为了力求最大相异，在国家结构上，要有单一制与联邦制；在政治体制上，要有君主制与共和制；在民主发展程度上，要有民主国家与威权国家；在宗教因素上，要有基督教、伊斯兰教等不同教派；在国家发展程度上，要有发达国家与发展中国家（包括最不发达国家）；在区域选择上，要考虑洲际平衡。综合上述原则，我们选择了亚齐（印度尼西亚）、魁北克（加拿大）、南苏丹（苏丹）三个正面案例。在这三个案例中，亚齐与魁北克分别是暴力与和平方式，且都未能成功，南苏丹与前两者相比，其最大的不同在于获得了成功，于 2011 年成功建国，是为数不多的成功案例。也就是说，三个正面案例在分离运动的国家规模、区域地理、宗教信仰、经济发展、政治体制、人口基数、族群语言、成败与否、方式如何等方面截然不同，构成了最大相异。

---

① 这里的国家是独立后获得了国际社会的承认，标志是加入联合国。白俄罗斯与乌克兰除外，它们原本就是联合国成员国。东帝汶之前的国家介绍，参见朱毓朝《国际法和国际政治中的分离主义》，《国际政治科学》2005 年第 2 期。

② 苏联的情况比较特殊。一是，苏联的宪法明确规定了加盟共和国有退出的权利，这也是苏联解体的法律依据之一；二是，爱沙尼亚、拉脱维亚、立陶宛三国是在第二次世界大战中被苏联强行并入的，最初的加盟共和国外高加索联邦后来分裂为多个加盟共和国；三是，最先宣布从苏联独立的是乌克兰，其后，其他加盟共和国纷纷效仿。鉴于此，本书不打算将苏联纳入考察范围。

亚齐考察的是自由亚齐运动，时间跨度是 1962 年至 2006 年。1962 年，亚齐获得表面上的自治地位，随着苏哈托的上台，印尼进入"新秩序"（New Order）时期，亚齐再次失去自治地位，中央集权化程度不断加深。亚齐此前获得的宗教自治权也并未得到真正的实施。20 世纪 70 年代，随着亚齐油气资源的开采，亚齐与印尼中央政府的矛盾更加激化，印尼成为亚齐的"新殖民者"，终于在 1976 年爆发了自由亚齐运动。自由亚齐运动主张恢复亚齐王国的荣光，主张暴力斗争，建立完全独立的政教合一的国家。2006 年 7 月，印尼通过了《亚齐自治法》（Law on the Governance of Aceh），自由亚齐运动转型为亚齐的地区执政党。魁北克考察的是静默革命开始到 2006 年国会通过"魁北克人是统一的加拿大中的一个 nation"的动议。静默革命是由具有魁北克法裔民族主义意识的自由党人发起的，改变了魁北克社会结构，产生了所谓的"新中产阶级"，为魁北克人党的崛起和魁北克主权意识的兴起奠定了充分的条件。魁北克人党的成立使得魁北克分离运动有了分离活动家，领导了 1980 年和 1995 年两次独立公投，虽然均以失败告终，但两次公投的原因却是不尽相同的。1998 年，加拿大《明晰法案》和"魁北克人是统一的加拿大中的一个 nation"的动议的通过，标志着加拿大所谓的"非对称联邦主义"的诞生，此后，即使是魁北克人党执政，魁北克分离的呼声日渐衰落。南苏丹考察的是南苏丹分离运动，时间跨度从 1972 年至 2011 年。1972 年《亚的斯亚贝巴协议》签署之后，北方中央政府完全控制南方，南方服从中央政府的统一领导，实施自治。然而，南北双方只是获得了暂时的妥协与和平。此后，南苏丹自治的消逝、南北石油资源不公平的分配、南方的伊斯兰化激起了南苏丹的不满，苏丹人民解放运动/军加强组织建设，整合了南苏丹的各种政治势力，实现了从非洲主义到苏丹主义的意识形态转型，建构了新殖民主义的叙事，造就了南北苏丹长期的文明冲突。正是断裂型制度的安排、强力政党的组织推动和伊斯兰文明与非洲文明的冲突，导致南方问题愈演愈烈，最终南苏丹于 2011 年举行独立公投，脱离苏丹，建立南苏丹共和国。

再次，一项完整的社会科学研究不能缺少负面案例。从理论普遍意义的角度，本书考察了作为负面案例的瑞士。在我们的解释机制之下，围绕着权力划分、利益共享与权利机会展开的政治制度如果呈现出断裂型的特征，精英利益难以调和，且分离族群政治组织能力较强的话，那么，该族群出现分离运动的可能性是非常大的。瑞士之所以一直没有分离运动，其原因在于，瑞士的政治制度呈现出弥合型的特征，权力、利益与发展权利在联邦与州、各州之间、各族群之间、各语区之间、各宗教之间合理的分配，横向分割的社会结构弱化了瑞士高度分裂的地域、族群与语区单元体，同时，委员会制的政党联盟体制、利益集团的高度发达、直接民主的政治参与体制使得瑞士的政党在政治生活中的地位不高，作用不大，因而其组织分离运动的集体行动成本比较高。正是弥合型的政治制度与虚弱的政党能力使得瑞士在高度分裂的情况下保持了长期的稳定与民主。

上述四个国家是具有代表性的全球或地区大国。印度尼西亚是东盟的创始成员国，东南亚最大的经济体和 G20 成员国，是世界人口第四大国，也是穆斯林人数最多的国家。加拿大是世界面积第二大国家，是高度发达的资本主义国家，是八国集团和 G20 的成员国。苏丹在南苏丹建国前是世界面积第十大国家与非洲面积最大的国家，也是非洲具有影响力的大国，连接了北非阿拉伯国家与撒哈拉以南非洲国家。瑞士虽然国土面积较小，人口较少，但是，瑞士高度发达，同时，由于瑞士是人道主义红十字会的发源地，也是现代金融银行业的发源地，更是多个国际组织的所在地，这使得瑞士成为世界的中心，因而也就成为世界上最重要的国家之一。有关这四个国家（地区）的详细情况见表 2—5。

表2—5　　　　　　　　　案例国家/地区概况

洲别	国家	结构形式	发展阶段	国家宗教	案例地区	案例族群	案例宗教	领导组织	分离活动	目前政治地位	是否与恐怖主义有关联
亚洲	印度尼西亚	单一制	发展中国家	伊斯兰教（逊尼派）	亚齐	亚齐人	伊斯兰教（逊尼派）	自由亚齐运动	领导亚齐进行武装斗争，内战	根据《亚齐自治法》自治	无
非洲	苏丹	单一制	最不发达国家	伊斯兰教/基督教	南苏丹	尼罗特、尼罗哈姆、班图和努巴四大族群	原始部落宗教、基督教	苏丹人民解放运动/军	暴力武装，内战	主权国家	无
美洲	加拿大	联邦制	发达国家	天主教，基督新教	魁北克	魁北克人（法裔）	天主教	魁北克人党	1980年、1995年两次公投	省（自治）	无
欧洲	瑞士	联邦制	发达国家	天主教/新教							

在对案例国家的整体概览之后，本书选取了少数族群在危险中（Minorities at Risk，MAR）有关魁北克、亚齐、南苏丹这三个分离地区的分离运动的关键变量，以进一步解释说明相关案例。

表2—6　　少数族群在危险中（MAR）案例与关键变量（n=270）

国家	区域/族群	1980—1995年间叛乱级别	聚落形态	家园	持续时间	资源	族群轮廓
加拿大	魁北克	0	3	1	3	1	3
印度尼西亚	亚齐	5	3	1	3	1	3
苏丹	南苏丹	7	3	1	3	1	3

注：1980—1995年间叛乱级别：0表示没有反抗，7表示旷日持久的内战。其他数字表明叛乱在这两极之间。

聚落形态（Settpat）描述的是族群的聚落形态：0表示散居的（dispersed），1表示城市的

(urban)，3 表示聚居的少数（concentrated minority），4 表示聚居的多数（concentrated majority）。

家园（Homeland）是指，该族群是否将他们聚居的区域视为故土，0 表示否，1 表示是。

持续时间（Duration）表示族群在给定区域定居的时间：0 表示从 1945 年开始定居，1 表示定居开始于 1880—1995 年间，3 表示定居始于 1880 年前。

资源（Resource）表示该族群聚居地资源的丰富程度：0 表示该区域没有自然或人造资源，1 表示拥有。

族群轮廓（Ethnic Profile）表示构成该国的族群数量：0 表示该国只有散居族群；1 表示该国族群是均质的，或者包含了一个聚居的族群和散居的少数族群；2 表示该国有两个聚居的族群，有或没有散居的少数族群；3 表示该国包含了三个或以上聚居的族群，有或没有散居的少数族群。

资料来源：Monica Duffy Toft，*The Geography of Ethnic Violence：Identity，Interests，and the Indivisibility of Territory*，Princeton：Princeton University Press，2003，pp. 153－163。MAR 原本包含了 275 个案例，每个族群至少有十万人口，或人口至少占该国的 1%。所有在数据库中的族群经受了歧视性政策和/或被动员去保护或推进他们的利益。笔者在认同上述假定的基础上，排除了五个案例：瑞典的外国工人；印度的在册部落（scheduled tribes，被排除是因为这两者是经济群体，与土地没有关联）；北欧的萨米人（Saami，被排除是因为萨米人不是在特定国家，而是在区域）；巴拉圭的原住民；克罗地亚的罗马人（被排除是因为缺失编码）。

从表 2—6 可以看出，魁北克、亚齐、南苏丹所在的国家加拿大、印度尼西亚、苏丹都是多元族群的国家，至少包含了三个或以上的聚居的族群。在这种多元族群国家，分离族群的聚落形态是聚居的少数族群，都视他们聚居的区域为故土，且该聚居区域的资源是丰富的。按照之前的定义，这三个国家的族群是聚居于故土的少数族群，且该地区资源丰富，都存在以和平或暴力的方式试图脱离现有国家成立新的国家的政治诉求（其中，南苏丹成功地于 2011 年建国），符合分离运动的定义。

考察这三个族群（区域），它们在 1980—1995 年间的叛乱级别涵盖了从和平的政治社会运动到旷日持久的内战的趋势。魁北克以议会选举和公投为主（虽然有极个别暴力恐怖组织，但难以改变整体的和平态势）；南苏丹以旷日持久的内战的形式为主，南北战争持续了近 30 年（第二次内战从 1983 年一直持续到 2011 年），最终导致了南苏丹公投；介于两者之间的以断断续续的内战形式为主的自由亚齐运动长达40年之久（1976—2006年）。可以说，三个案例的冲突程度构成了阶梯式的变化，呈现出了较大的差异性。

第七节　本书章节安排

本书的章节安排是遵循比较历史分析的一般范式展开的，即理论部分、案例部分与政策启示。本书共分为七章，其中，第一部分包含第一章和第二章，第一章是对分离这一概念进行操作化和分析性的理解，界定其基本的概念范畴，以区别于相近的概念。第二章在综述现有理论解释的基础上，提出了替代性的解释，分别阐释了制度无以统合权力、利益、权利与政治组织化的双重逻辑如何导致分离运动的发生。案例部分包含四章，第三、四、五章从正面角度考察了印度尼西亚的亚齐、加拿大的魁北克、苏丹的南苏丹三个案例，从本书提出的解释机制出发，对亚齐、魁北克、南苏丹为何进行分离运动做出了解释。第六章从理论普遍意义的角度，考察了作为负面案例的瑞士。第七章是政策启示，在前述章节的基础上，从民族工程学的视角提出了相关的政策建议，以期望能够对遏制族群分离主义有所裨益，走向更好的族群融合，以更好地进行民族国家建构。

第 三 章

亚齐分离运动（1962—2006 年）

印度尼西亚共和国，简称印尼，位于东南亚，横跨赤道，在印度洋与太平洋之间，由一万七千多个岛屿组成，是世界上最大的群岛之国，也因此有着"千岛之国""赤道翡翠"之称。印度尼西亚是二十国集团成员国，是东南亚最大的经济体，也是东南亚国家联盟的创始会员国，首都雅加达是东盟总部所在地，2018 年人口 2.68 亿，是世界上第四大人口国家，也是人口最多的伊斯兰教国家。2018 年 GDP 1.04 万亿美元，是中低等收入国家。① 作为一个群岛国家，印度尼西亚的人口大量集中于苏门答腊岛、加里曼丹岛等大的岛屿，为数众多的岛屿无人居住。作为一个多族群的国家，印尼有 100 多个民族，其中爪哇人占 45%，马都拉族占 7.5%，马来族占 7.5%，巽他族占 14%，其他占 26%，② 也正因为如此，印尼的民族语言有 200 多种，官方语言是印尼语。

作为地理名词与政治实体相重合的印度尼西亚概念可以追溯到荷兰殖民时期。在印度尼西亚从地理概念到政治实体的过程中，亚齐因其独特的历史背景扮演了重要的角色，也因此成为印尼民族国

---

① 有关印度尼西亚的数据请参见世界银行，http：//data.worldbank.org.cn/country/indonesia？view=chart，2020 年 3 月 14 日。

② 以上可参见韦红主编《印度尼西亚国情报告 (2015)》，社会科学文献出版社 2015 年版，第 3—14 页。

家建构的不稳定因素。因为这样的历史遗产，独立后的印度尼西亚因不合理制度安排导致了亚齐的不满与愤恨，自由亚齐运动的诞生满足了亚齐人民追求建国的可能，这一分离运动持续了近半个世纪，贯穿了印度尼西亚独立后的历史。本章考察的即是自由亚齐运动的分离运动历史，以及印度尼西亚民主转型后自由亚齐运动的走向。

第一节　亚齐问题

一　印度尼西亚的历史与民族国家建构

Indonesia 一词的来源有两种说法，一说是1850年人类学家罗根（Logan）率先指涉印尼种族，一说为德国人种学家约丹（Jordan）将 Indos（印度人）与 Nesos（群岛）相结合演化而来。[①] 然而，不论怎么说，印度尼西亚作为一个名词的出现是晚近的事。作为地理疆界概念的印度尼西亚则要追溯到欧洲殖民时代。"印尼政治地理疆界的形成却是荷兰殖民者与英国、西班牙、葡萄牙、澳洲等国家殖民谈判的结果。"[②] 1511年，葡萄牙人为了香料入侵马鲁古群岛，印度尼西亚开始遭到外界殖民。随后，西班牙、荷兰等相继入侵，并最终于1800年由荷兰正式殖民印尼。在短暂地被英国取代后，荷兰于1816年逐渐恢复对印尼的殖民统治，而最后被纳入殖民范围的亚齐则要迟至1903年才被征服，至此，荷兰完全殖民印尼，现代意义上的印度尼西亚的雏形被荷兰殖民者所界定。

在印度尼西亚被殖民的历史中，印尼人民不分族群和信仰，都积极地参与反荷、反英等反抗殖民统治的浪潮中，比较有代表性的是1825—1830年的爪哇人民大起义、1873—1903年的亚齐战争等。

[①] 陈鸿瑜：《印度尼西亚史》，"国立"编译馆，1998年，第361页。
[②] 戴万平：《后苏哈托时期印尼地方自治回顾与评析》，载肖新煌、邱炫元主编《印尼的政治、族群、宗教与艺术》，"中央研究院"人文社会科学研究中心，2014年，第59页。

亚齐最后成为被征服的领土以及长达三十年的反抗经历是自由亚齐运动的重要遗产。

  一系列反殖民斗争的失利使得印尼认识到了组织、宗教的作用。1908年5月，印尼成立了至善社，这是全印尼第一个有组织的政治组织。随后，伊斯兰教协会、印尼共产党、伊斯兰教士联合会等相继成立。及至1927年，苏加诺成立了印尼民族联盟，后改称为印尼民族党，领导印尼的民族斗争。至此，印尼的民族抗争进入了新的阶段。次年，已经为印尼国家主义者和民族主义者所接受的"印度尼西亚"这一词语被赋予了政治意涵。1928年10月，第二届全印尼青年大会在巴达维亚（即现雅加达）集会，郑重宣告全印尼不分种族、不分宗教、不分语言，共同效忠于统一的和同一的印度尼西亚：（1）吾等印度尼西亚之子孙自认有一个祖国，即印度尼西亚；（2）吾等印度尼西亚之子孙自认为有一个民族，即印度尼西亚民族；（3）吾等印度尼西亚之子孙自认为有一个统一的语言，即印度尼西亚语。① 同年12月，以苏加诺为首的印尼民族党联合至善社、伊斯兰教联盟等全国性的团体与苏门答腊同盟、泗水研究会等地方性团体共同组建了印度尼西亚民族政治联盟，团结一切力量争取民族独立。此后，苏加诺于1929年、1933年两次被捕，印尼的民族斗争受到沉重打击。其于1930年在接受审讯时的辩护词《印度尼西亚的控诉》成为印尼殖民时期反抗殖民斗争和争取独立自由的重要宣言书。第二次世界大战爆发后，荷属印尼被日本占领，印尼沦为日本的殖民地。在1942—1945年的日治时期，以苏加诺为代表的部分印尼民族主义者曾幻想借助日本的力量实现民族独立，但是，事实上却只能是幻想和空想。无论是荷兰还是日本，其本质只是殖民者和殖民政策的变更，而不是殖民本质的变更。1945年6月，印度尼西亚独立筹备调查委员会大会举行，苏加诺在此次大会上提出了他关于建国设想的"建国五基"，即"潘查希拉"（Pancasila）的演讲，主张

---

① 陈鸿瑜：《印度尼西亚史》，"国立"编译馆1998年版，第361—362页。

印尼民族主义、人道主义、协商和代表制下的民主，实现正义与繁荣，信仰神道。应该说，作为印尼立国之基和指导思想的"潘查希拉"是扎根于爪哇文化的，作为印尼统治阶层的爪哇人的思维方式和风俗习惯决定了"潘查希拉"的表述与表征。①

此次演讲后不久，1945 年 8 月 17 日，苏加诺宣布印尼独立，并与哈达签署了《独立宣言》，建立印度尼西亚共和国，出任总统。《独立宣言》明确提出："我们——印度尼西亚的人民，现在宣布印度尼西亚的独立。相关的权力转移和其他的事务，将在有秩序和尽快的情况下完成。以印度尼西亚人民之名：苏加诺/哈达。"② 独立宣言的发布标志着印尼"八月革命"的到来。让印尼人民难以接受的是，接受日军投降的英军很快登陆了印尼的雅加达、爪哇等地，在印度尼西亚的反抗之下，英军于 1945 年 10 月撤出，荷兰卷土重来。此后，和谈与战争交替，最终，1949 年 8 月在海牙召开的圆桌会议上，荷兰同意将印尼主权于 1949 年 12 月 27 日交于印度尼西亚共和国与荷兰殖民者建立的 15 个傀儡政权所共同组成的"印度尼西亚联邦共和国"。在主权移交完成后，"八月革命"结束，苏加诺当选总统，印尼历史进入新的阶段。

取得完全独立后，印度尼西亚进入了苏加诺"有指导的民主"（Guided Democracy）与苏哈托"新秩序"的统治时期，长达半个世纪，直至 1998 年苏哈托下台后，印尼民主化开启。其后，印尼历经哈比比、瓦希德和梅加瓦蒂时期，直到 2004 年选举产生第一位民选总统苏西洛，印尼艰难地完成了民主转型。

二 亚齐问题：从"爱国楷模"到"乱臣贼子"

亚齐，全名叫南格鲁亚齐达鲁萨兰省（Prov. Nanggloo Aceh Da-

---

① 朱刚琴：《潘查希拉的提出及其文化根源》，《东南亚研究》2008 年第 2 期。
② 转引自李美贤《印尼简史》，"国立"暨南国际大学东南亚研究中心，2003 年，第 125 页。

rulsalam），位于苏门答腊的西北部，面积约6万平方公里，首府班达亚齐。亚齐是多个土著族群的聚居地，人口528万余人（2018年数据），其中，亚齐族是主体民族。

在历史上，亚齐一直是个独立国家，有过辉煌灿烂的历史。亚齐近代历史的开端始于1873年荷兰的入侵。在整个印尼逐渐沦为殖民地的过程中，亚齐利用殖民地国家的矛盾，保持了一段时间的独立。荷兰在最终获得对印尼的殖民宗主地位后，开始逐步蚕食亚齐，并最终在1873年正式入侵亚齐。然而，亚齐的顽强抵抗使得荷兰的殖民计划始终未能如愿，在长达三十年的抗争之后，亚齐最终于1903年被荷兰占领，成为印尼最后一个被荷兰征服的地区。亚齐沦为荷兰殖民地后，现代印尼的地理雏形基本完成。

被占领后的亚齐逐渐分化，荷兰殖民者利用亚齐社会的阶级和宗教矛盾，使部分宗教人士妥协，成为荷兰殖民的代理人。然而，整个20世纪上半叶印尼的政治主题是争取民族独立，在这一过程中，亚齐成为印尼争取民族独立的坚定支持者，无论是反抗荷兰殖民者还是日本侵略者，亚齐对现代印尼的政治认同亦是在亚齐与印尼共同争取民族独立的过程中建立起来的。日本投降后，荷兰殖民者卷土重来，印尼争取民族独立的八月革命随即爆发。在民族独立的历史进程中，亚齐率先宣布支持新独立的印尼，服从苏加诺总统的领导，援助飞机与黄金等物资支持印尼的抗争，成为印尼共和国的创始者之一，也因此被苏加诺总统称为"印尼独立斗争的基石"和地方楷模。也正是因为独立过程中亚齐的作用，八月革命后的印尼赋予亚齐自治省特别地位。然而，这一特别地位并未持续很久，苏加诺实行的"有指导的民主"主张单一制的国家结构形式，不仅取消了亚齐的自治地位，而且将亚齐并入了北苏门答腊省，彻底背弃了之前的诺言。

除此之外，苏加诺颁布了立基于爪哇文化的"潘查希拉"，不立国教，这与亚齐对纯正伊斯兰教的信仰产生了矛盾。在亚齐看来，绝大多数人信仰伊斯兰教的印尼应该是一个伊斯兰教国家，而不是世俗国家。1945 年 6 月 22 日颁布的《雅加达宪章》(*Jakarta Charter*) 曾经规定过"信徒实施伊斯兰教规",然而,这一规定始终未能进入宪法,而这与主张实施沙里亚法的亚齐省产生了矛盾。1953 年,亚齐爆发了由达乌德·贝鲁领导的叛乱,加入了"伊斯兰教国运动"(Darul Islam),主张在印尼和亚齐建立政教合一的国家,主张恢复亚齐自治地位,给予亚齐宗教、教育等方面的自主权。至此,"爱国楷模"彻底变成了所谓的"乱臣贼子",亚齐问题成为困扰印尼独立后国家建设的重大事件,影响了印尼政局七十多年。

世俗与宗教之争、核心岛屿与外岛之争(爪哇与亚齐)、主体民族与少数族裔之争(爪哇人与亚齐人)等成为亚齐与印尼政治生活的主题。这些矛盾成为亚齐叛乱的原因。随着苏加诺的军事镇压,印尼与亚齐展开了数次谈判,并于 1959 年赋予亚齐特别区(Special Region)的地位,给予亚齐宗教、文化方面的自主权。此后,亚齐的抗争逐渐消逝但零星存在,直到 1962 年贝鲁投降后才得以结束。

然而,1962 年后的亚齐并未获得实质上的自治,随着苏哈托的上台,印尼进入"新秩序"(New Order)时期,亚齐再次失去自治地位,中央集权化程度不断加深。亚齐此前获得的宗教自治权也并未得到真正的实施。20 世纪 70 年代,随着亚齐油气资源的开采,亚齐与印尼中央政府的矛盾更加激化,印尼成为亚齐的"新殖民者",终于在 1976 年爆发了自由亚齐运动。与此前抗争不同的是,自由亚齐运动主张恢复亚齐王国的荣光,主张暴力斗争,建立完全独立的政教合一国家。自由亚齐运动持续了近 30 年,成为印尼政治中的重要议题。

三 亚齐分离运动的已有解释

已有的关于自由亚齐运动的解释主要集中在政治竞争、内部殖民主义、行动者、多因素集合等视角。就政治竞争的视角而言,露丝·麦克威（Ruth McVey）认为，自由亚齐运动的发生是地方领导人与爪哇中央集权的精英们争夺权力的结果。[1] 就内部殖民主义的视角而言，亚齐人将他们自己视为文化和宗教歧视、爪哇新殖民主义和经济剥削的受害者。[2] 就行动者的视角而言，自由亚齐运动的发生是因为它的明确的分离主义的意识形态、其反抗爪哇人的好战的说辞、武装抵抗的策略。[3] 就多因素集合的视角而言，安吉拉·拉巴萨（Angel Rabasa）和约翰·黑斯曼（John Haseman）总结了自由亚齐运动产生的五个原因，主要集中在亚齐的族群认同、爪哇的偏袒性的移民政策、亚齐油气资源利益的不合理分配、亚齐穆斯林的宗教信仰和政府镇压自由亚齐运动时的滥用武力和痛苦记忆。[4] 大卫·布朗（David Brown）则从亚齐的族群凝聚力、曾经作为独立王国的历史、极端的伊斯兰教忠诚、与中心区域相对隔离的便利条件，以及中央政府内部经济殖民等角度考察了自由亚齐运动的兴起。[5] 拉里·尼克希（Larry Niksch）认为亚齐分离主义的发生是四个因素的结合：一是亚齐自15世纪到20世纪初有截然不同的作为独立王国的历史；二是废省和从未实施的自治使得亚齐存在着对历届印尼政府政策的不满；三是印尼军队对亚齐人权的侵犯；四是亚齐的财富80%—90%被输往了爪哇。[6] 迈克尔·罗斯（Michael Ross）提出了

---

[1] Ruth McVey, "Separatism and Paradoxes of the Nation-State in Perspective", in Lim Joo-Jock and S. Vani (eds.), *Armed Separatism in Southeast Asia*, Singapore: Institute of Southeast Asian Studies, 1984.

[2] Mette Lindorf Nielsen, "Questioning Aceh's Inevitability: A Story of Failed National Integration?", *Global Politics Network*, 2002, pp. 2 – 44.

[3] Geoffrey Robinson, "Rawan Is as Rawan Does: The Origins of Disorder in New Order Aceh", *Indonesia*, No. 66, 1998, pp. 126 – 157.

[4] Angel Rabasa, John Haseman, *The Military and Democracy in Indonesia: Challenges, Politics, and Power*, RAND Corporation, 2002, pp. 99 – 100.

[5] David Brown, *The State and Ethnic Politics in Southeast Asia*, London: Routledge, 1994, p. 136.

[6] Larry Niksch, *Indonesian Separatist Movement in Aceh*, CRS Report for Congress, September 25, 2002.

印尼内战的解释机制，认为以哈桑·迪罗为代表的有魅力的领导人及公众的不满是自由亚齐运动发展的基础，东帝汶建国的示范效应和军事管制期间政府信誉的下降等因素的结合使得印尼政府几乎不可能通过地方自治来安抚亚齐人民，最终走向了旷日持久的内战。[1]

以上解释都具有一定的解释力，但却不够系统。本章试图基于两个维度去解释这一持续半个多世纪的政治危机。一是政治机会结构方面，由于印尼中央政府对亚齐权力获取、利益共享与权利机会平等方面的限制和控制，中央政府的亚齐制度呈现出断裂性，亚齐有怨恨与不满，将爪哇视为新殖民主义者，亚齐获得了分离的政治机会；二是，自由亚齐运动是亚齐分离运动的领导者、鼓吹者，利用亚齐的历史和爪哇的新殖民主义构建了怨恨与不满的冲突历史，建构了亚齐的政治认同，外部的同情与支持帮助自由亚齐运动不断发展壮大，建构了亚齐分离运动的可能。政治机会结构与政治行动者的结合促使自由亚齐运动的发生，并持续了40年之久。除此之外，本章试图从历时性的角度对比2006年后亚齐政治格局的发展与走势，评估其未来政治发展态势以及与中央政府的关系。

第二节　印尼的断裂型制度安排

自由亚齐运动的历史横贯了印尼独立后的历史，从"有指导的民主"到"新秩序"，再到民主化时期。在每一段历史中，印尼中央政府的政策措施忽视了亚齐的政治、经济和文化诉求，爪哇化的

---

[1] Michael L. Ross, "Resources and Rebellion in Aceh, Indonesia", in Paul Collier, Nicholas Sambanis (eds.), *Understand Civil War: Evidence and Analysis, Volume 2: Europe, Central Asia, and Other Regions*, The World Bank, 2005, pp. 35–58.

中央集权制度束缚和取消了亚齐的自治权，不合理的省权变更加剧了亚齐的不满，油气资源开发中的劳工问题、环境污染问题、利益分配问题，世俗化的"潘查希拉"政策束缚了亚齐宗教激进主义沙里亚法的应用，军方的人权犯罪更是激起了亚齐人民的反抗，这一系列的断裂型制度的安排对于一个发展中的威权国家而言无疑是致命的。

一 亚齐自治权的取消与爪哇化的中央集权

1959年，苏哈托恢复1945年宪法，推行所谓的"有指导的民主"，将权力收归中央，地方自治形同虚设。1962年，印尼中央政府与亚齐达成了协议，赋予亚齐特别行政区的地位，确保亚齐的自治。然而，随后的一系列制度政策的实施表明了这一所谓的自治只是"商店橱窗里的装饰品"[1]，而以爪哇化为目标的中央集权制度更是彻底将亚齐推向了叛变的深渊。

对于新兴的发展中国家来说，实施中央集权在促进民族国家的建构、社会经济文化的发展、维护中央统一权威等方面会有着较为明显的成效。然而，这一成效使得地方自治的空间被压缩，使得地方政府只是作为中央政府在地方的代理人而已，这对于原本独立的亚齐而言是难以接受的。按照1974年第5号令，省长由总统根据内政部提交的名单进行选择，这在事实上取消了亚齐的自治权。"随着中央在政治、经济、军事方面的权力高度集中，亚齐的特别自治地位变得日益褪色。"[2] 不仅是自治权的消逝，地方自治的取消导致了原本依附于地方自治的文化自主、宗教自由等政策渐次消逝，乃至被取消。按照希罗基和卡夫的研究，主要通过以下四个机制增加了分离的可能："一是，它促进了族群怨恨，产生不满情绪；二是，它

---

[1] ［澳大利亚］史蒂文·德拉克雷：《印度尼西亚史》，郭子林译，商务印书馆2009年版，第135页。

[2] Jacques Bertrand, *Nationalism and Ethnic Conflict in Indonesia*, New York: Cambridge University Press, 2004, p.168.

削弱了中央政府做出可信承诺的能力，减少了和解的政治策略的可行性；三是，收回自治并不必然抑制族群通过自治获得和发展的集体行动能力，领导损失、代际更替和同化是相对缓慢的过程。四是，搭便车问题是广泛承认的，失去自治的群体内搭便车成本可能会高于协力追求分离的群体，这就导致了失去自治的群体有了更加强有力的分离基础。"[1]

自治权的取消事实上增加了亚齐分离的可能性。这不仅是在理论上的，而且也是事实上的。对于亚齐的伊斯兰政党而言，"在亚齐，雅加达政府的封闭特性没有给当地伊斯兰政党以足够的权力去推进其议程，虽然在大多数情况下赢得了地方选举"。[2] 因而，亚齐的政党不接受被解散和取消执政权的结果，逐渐从体制内转向了体制外，寻求通过体制外的渠道开展政治斗争乃至武装斗争的可能性。这也就在一定意义上解释了自由亚齐运动开展分离运动后本地政党与精英几乎不曾反对的原因。

对于亚齐这样一个实施伊斯兰教法的穆斯林地区而言，高度的自治权意味着文化的保有存续和宗教的信仰自由。然而，印尼中央政府的中央集权并非一般意义上的中央控制，而是一种带有爪哇化色彩的中央集权制度。这一制度是以印尼的核心控制者爪哇为蓝本的，将爪哇的政治与行政推向全国，按照爪哇的政治与行政结构建立当地的施政结构，这就是一种中央集权化的同化政策。苏加诺的"有指导的民主"与苏哈托的"新秩序"认为地方自治是印尼民族建构的重要障碍，差异巨大的各地文化是民族统一的重要阻滞，建立一种具有共同意识的民族文化必然需要在中央集权的背景下开展，而占据统治地位的爪哇人的政治与文化形态显然是最为适宜的。因而，在这种思想的影响下，印尼中央政府开

---

[1] David S. Siroky and John Cuffe, "Lost Autonomy, Nationalism and Separatism", *Comparative Political Studies*, Vol. 48, No. 1, 2015, pp. 3–34.

[2] Stefano Casertano, *Our Land, Our Oil! Natural Resources, Local Nationalism, and Violent Secession*, Wiesbaden: Springer, 2013, p. 272.

始排斥亚齐的文化、宗教与风俗，将世俗化的乡镇街区制度移植到亚齐，废除亚齐伊斯兰色彩浓厚的"教区教长"制度，任命世俗化的领导人担任领导职位。① 在新秩序之下，军队逐渐成为国家政治生活中的主宰者，大批军官开始充斥各级领导层。不止于此，为了稀释亚齐人的宗教信仰与文化以及人口比例，中央政府有计划地组织了数次移民，将爪哇人等外地人移民到亚齐，这不仅挤占了亚齐人的工作机会，也在人口族群上削弱了亚齐人的宗教文化影响力。

二 利益分配不均：油气资源开发与收益的不公平划分

20世纪70年代初，亚齐发现了石油和天然气。亚齐从经济增长滞后的省份发展成为经济增长领先的省份。石油、天然气资源的开发给外国公司提供了大量的投资机会，给本地居民带来了可能的收入和工作机会，为印尼提供了重要的出口创汇和税收，但也同时带来了中央政府的干涉。中央政府的干涉包括了以下几个方面：一是将亚齐省的油气资源开发权收归中央，不再允许亚齐省单独与外国公司开展合作，统一由中央政府决定。在印尼政府与外国公司签订的开采合同中，亚齐的利益被忽视甚至无视，亚齐所占利益的份额远远达不到亚齐的预期。阿隆（Arun）油气田占据了印尼1/3的液化天然气（LNG）的产量，将印尼打造成当时世界上最大的液化天然气出口国之一。这一油气田是由美孚公司（Mobil）与印尼国有石油公司、一家日本公司三方合作，合同是在给予苏哈托家族回扣的条件下获得的。与一般油气田不同的是，印尼士兵负责保护公司安全，公司支付5000余名士兵的工资。然而，不可避免的是，进驻军人对亚齐的平民犯下了杀戮、殴打、强奸等罪行。② 二是亚齐的资源

---

① 马燕冰：《印尼亚齐问题的由来及其发展前景》，《国际资料信息》2000年第4期。

② 同上。

开发分配不公。据估计，在过去的 30 年里，亚齐省的天然气每年向雅加达输送高达 21 亿美元的利益，但只有 1.6% 回到了该省。① 仅自由亚齐运动爆发的 1976 年，印尼 GDP 的 19.4% 依赖自然资源的出口，然而，亚齐自然资源中收入的 80%—90% 流入了爪哇，② 返还给亚齐就所剩无几。因而，亚齐将爪哇人视为新的殖民主义者和"窃贼"。虽然并不像自由亚齐运动所宣扬的那样，如果亚齐油气资源开发将会使得亚齐与文莱一样富有，但亚齐资源开发给亚齐带来财富确是不争的事实。

油气资源的开发带来的不仅是利益分配不均，在油气资源开发的过程中，在劳动用工、环境污染等问题上出现的资源开发的不公平也是较为明显的。亚齐油气资源的开发对于一直被边缘化的亚齐而言无疑是快速发展的重要契机，然而，印尼中央政府的"内部殖民主义"改变了这一进程。在油气公司开发亚齐油气资源的过程中，印尼中央政府对亚齐进行了严格的监管，将油气资源开发权收归中央政府所有，在油气工人的雇佣上，印尼中央政府大量移民亚齐，尤其是将爪哇人移民亚齐，成为油气开发工人。大量有技术和知识的外地人的到来确实提升了亚齐油气资源开发的效率，然而，对底层工人职位的占据却也是毋庸置疑的事实，尤其是他们占据着高级岗位，排挤打压亚齐本地人的生存与发展，亚齐成为中央政府攫取的对象。表 3—1 展示了 1975 年到 1990 年间进入亚齐的移民数量。从数量上看，进入亚齐的移民始终数以万计，在 1985 年后达到了将近 20 万的顶峰。这些外来移民的到来剥夺了亚齐人的工作机会，超过 70% 的亚齐人仍然从事农业生产，即使是在油气资源开发最多的

---

① *The Straits Times*, 27 March, 1999. 转引自 Miriam Coronel Ferrer, "Framework for Autonomy in Southeast Asia's Plural Societies", Institute of Defence and Strategic Studies, Singapore, May 2001, p. 13 (http: //www3. ntu. edu. sg/rsis/publications/WorkingPapers/WP13. pdf, 访问日期：2019 年 4 月 5 日）。

② Larry Niksch, *Indonesia Separatist Movement in Aceh*, CRS Report for Congress, Sep. 25, 2002.

十年，外地人占据了技术岗位和领导职位，亚齐人看不到生活水平提高的可能。①

表 3—1　　　　　1975—1990 年间进入亚齐的移民数量

年份	1975—1980	1980—1985	1985—1990
人数（个）	51205	37692	194699

资料来源：Jacques Bertrand, *Nationalism and Ethnic Conflict in Indonesia*, New York: Cambridge University Press, 2004, p. 93。

　　盛产油气的亚齐本应该成为富庶之地，然而，亚齐却成为印尼极度贫困的代表。难以想象的是，1991 年的一篇报道显示，北亚齐的洛克肖马韦（Lhokseumawe）是亚齐第二大城市，捕鱼为生的村庄中 60% 的农民生活在贫困线以下，接近饥饿状态。② 除了人为造成贫困之外，因油气开采导致的环境污染也是引起亚齐人不满的重要原因。外来移民和印尼中央政府、外国公司来到亚齐攫取资源，却将污染留给了当地民众。1989 年自由亚齐运动的再次崛起则是非亚齐人的涌入、油气资源开采带来的环境污染、资源利益分配不均等因素结合的结果。③

三　生存与发展权的威胁：宗教不宽容与人权危机

　　对于亚齐而言，工作机会的被剥夺只是油气资源开发与收益的不公平分配的表现，在某种意义上也是生存与发展权被侵犯的一个标志。对亚齐人而言，世俗化、爪哇化与军事占领期间带来的宗教与人权的侵犯或许是更为值得重视的。

---

① Tim Kell, *The Roots of Acehnese Rebellion, 1989 – 1992*, Ithaca: Cornell Modern Indonesia Project, Southeast Asia Program, Cornell University, 1995, p. 22.
② Ibid., p. 17.
③ Ibid., pp. 16 – 28.

以政治伊斯兰（Political Islam）立省的亚齐在世俗化的印尼显得格格不入。在印尼立国之初，围绕着印尼的伊斯兰化还是世俗化曾经发生过非常激烈的争执，最终以苏加诺为首的世俗派占据了上风，推出了"潘查希拉"的世俗化伊斯兰政策。这一政策后来成为印尼的立国之基。然而，这并不意味着印尼国内的宗教激进主义就此销声匿迹了。事实上，在印尼立国后不久，爪哇岛的穆斯林就发动了伊斯兰国（Darul Islam）运动，作为宗教激进主义者的亚齐积极响应。虽然亚齐的伊斯兰运动最终失败了，但是，亚齐作为宗教激进主义伊斯兰的基因却并未被消除，亚齐失去的更多的是实施宗教激进主义信仰的自由，被迫在统一的"潘查希拉"政策之下实施世俗化的伊斯兰信仰。"对于亚齐人来说，是亚齐人就是穆斯林。我们从出生到死亡都生活在宗教中。我们不需要一个标签或证据来向全世界证明我们是穆斯林。我们不需要法律强迫自己去实践宗教。即使在压迫下，我们也一直在实践着我们的宗教。伊斯兰教从未在亚齐沦陷，因此没有必要为之战斗，它与以前一样强大。对亚齐人来说，是我们的自由，而不是我们的宗教在衰落，这就是为什么亚齐人在战斗的原因。事实上，我们的宗教要求我们为自由而战，而不是为了能够实践我们的宗教我们才需要自由。"[1]

对于亚齐来说，失去的是所谓纯粹化的宗教激进主义的伊斯兰教信仰自由。一是印尼禁止亚齐实施伊斯兰教法律（沙里亚法，syariah），要亚齐按照"潘查希拉"的原则进行法律上的调整，统一执行印尼的法律法规。二是随着亚齐油气资源的开发，外来移民的进入带来了世俗化的伊斯兰信仰，不再尊重亚齐的沙里亚法。尤其是外来移民带来的赌博、饮酒、卖淫等行为引起了亚齐的不满，污染了亚齐的精神生态。这种对宗教的不宽容导致了亚齐对

---

[1] Damien Kingsbury, "The Free Aceh Movement: Islam and Democratisation", *Journal of Contemporary Asia*, Vol. 37, No. 2, 2007, pp. 166 – 189.

印尼的不满，认为印尼限制了亚齐的宗教信仰自由，威胁了其生存与发展权。

在苏哈托的新秩序政策下，有两个领域的政策和实践对此后的冲突产生了影响：一是对自然资源的开发和对利益的分配，二是对武装力量的原则和实践。① 对油气资源的开发导致亚齐成为"被挤奶的牛群"，而印尼对军队的滥用导致了亚齐出现严重的人权问题，这也是自由亚齐运动在被不断地打击之后反而能够逐渐壮大的重要原因。

在自由亚齐运动宣布开展分离运动之始，中央政府的政策就是暴力镇压，派遣军队进行军事打击。随着印尼军队的推进，暴力犯罪就在持续增加。在1976—1979年第一阶段的活动中，自由亚齐运动由于刚刚成立、未能得到有效的支援，很快就被迫转入丛林进行游击战。1977年8月至1980年8月，30人未经正当程序就被枪杀，嫌疑犯被逮捕和折磨，游击队队员的妻子和孩子被当作人质。② 更为严重的人权侵犯来自军事管制期间。1989年，自由亚齐运动再次崛起，这一次的崛起是经过精心准备的，有着坚实的民众基础和外国同情。为了打击自由亚齐运动，印尼政府宣布在亚齐实施军事管制，实施了所谓的"休克疗法"（shock therapy），对亚齐地区实施了将近十年的军事管制，屠杀、强奸、虐囚、摧毁学校和医院等成为侵犯人权的常态，③ 目的是摧毁自由亚齐运动的抵抗意志和民众基础。据统计，"在戒严9年期间发生的军事冲突中，有1300人死亡，940人失踪，终身残废489人，1244间房屋被焚毁，287间房屋被破坏，

---

① Geoffrey Robinson, "Rawan Is as Rawan Does: The Origins of Disorder in New Order Aceh", *Indonesia*, No. 66, 1998, pp. 126 – 157.

② Michael L. Ross, "Resources and Rebellion in Aceh, Indonesia", in Paul Collier, Nicholas Sambanis (eds.), *Understanding Civil War: Evidence and Analysis, Volume 2: Europe, Central Asia, and Other Regions*, Washington: The World Bank, 2005, pp. 35 – 58.

③ "*Shock Therapy*" *Restoring Order in Aceh, 1989 – 1993*, Amnesty International, Aug 02, 1993（http://www.angelfire.com/indie/acheh/Shock.htm，访问日期：2018年10月30日）。

被劫掠财物损失将近 70 亿盾"①。不仅如此,军事管制结束之后,至少有 7000 宗侵犯人权的案件被记录在案,至少 12 处乱葬岗被发现。在 1990—1998 年间,军事镇压造成 16375 个孩子成为孤儿。② 这一系列侵犯人权事件的发生激起了亚齐人民的反抗,自由亚齐运动获得了更多的国际同情和亚齐人民的支援,自由亚齐运动发展成前所未有的规模,成为群众性的运动。

第三节 自由亚齐运动:组织建设、军事斗争与新殖民主义

1976 年,哈桑·迪罗从美国返回亚齐,创建了亚齐—苏门答腊民族解放阵线(Aceh-Sumatra National Liberation Front),在印尼通称为自由亚齐运动(英语拼写为"Free Aceh Movement",印尼语拼写为"Gerakan Aceh Merdeka",简称 GAM)。自由亚齐运动成立之后,按照《独立宣言》——苏门答腊独立宣言的表述,其最终目标是亚齐—苏门答腊作为一个民族的生存,被爪哇定居者没收和分割的家园的继续存在,被爪哇殖民主义者及其帝国主义支持者所掠夺的经济和自然资源的保存。同时,引起全世界的关注,亚齐—苏门答腊的问题不是爪哇新殖民主义者所宣称的分离主义,而是亚齐—苏门答腊人民民族自决权的问题,以及从荷属东印度群岛(印度尼西亚)去殖民地化的问题,源于这一去殖民地化并非合法的和恰当的,并不符合《联合国宪章》的宗旨和目的,也不符合《给予殖民地国家和人民独立宣言》,因此,现在必须重新讨论荷属东印度群岛或印尼

---

① 宇文锁:《亚齐分离主义势力抬头》,《南洋·星洲联合早报》(新加坡)1999 年 8 月 13 日。

② John McBeth, "An Army in Retreat", *Far Eastern Economic Review*, November 19, 1998.

的去殖民地化问题了。①

在这一目标的指引下,哈桑·迪罗与自由亚齐运动开展了长达30年的独立运动。在接近30年的分离运动中,在哈桑·迪罗的领导下,自由亚齐运动通过发表独立宣言,建构一种以伊斯兰教为基础的认同政治,将印尼的统治视为新的殖民主义,并通过武装力量建设、获得国际同情与支持等方式开展了三轮武装斗争。在这一漫长的内战中,自由亚齐运动始终以建立独立的亚齐伊斯兰教国家为目标,在印尼中央政府民主化进程、政权更迭的过程中,借助第三方和谈等方式与印尼中央政府进行抗争。

一 自由亚齐运动:哈桑·迪罗与"未完成的日记"

在聚焦自由亚齐运动的组织建设与军事斗争之前,有必要了解一下哈桑·迪罗。哈桑·迪罗出生于1925年8月,据说是亚齐战争时抗击荷兰侵略的民族英雄东古·齐克·迪罗(Chik di Tiro)的后人。齐克·迪罗在亚齐战争中表现出色,带领亚齐人民勇敢地抵抗荷兰的侵略,成为那个时代家喻户晓的民族英雄,后被苏哈托授予国家英雄(National Hero of Indonesia)的称号。作为有着光荣革命传统的民族英雄的后人,哈桑·迪罗充分利用了这一遗产,唤起了亚齐人的民族觉醒。1953年,当亚齐地区反抗印尼中央政府的叛乱时,当时的哈桑·迪罗正在美国求学,同时兼职处理印尼驻联合国的使团工作。由于哈桑·迪罗的出身,他自封为亚齐伊斯兰国驻联合国的大使,帮助亚齐获得国际同情和支持。在亚齐叛乱失败后,哈桑·迪罗继续在美国的求学与工作,但他始终关心亚齐的境况。1976年,哈桑·迪罗返回亚齐,创建了自由亚齐运动,领导亚齐的武装斗争,致力于亚齐的独立和伊斯兰化。1979年,自由亚齐运动的第一阶段宣告失败,哈桑·迪罗远走斯

---

① Hasan di Tiro, *The Legal Status of Acheh-Sumatra under International Law*, National Liberation Front of Acheh-Sumatra, 1980, p. 12.

德哥尔摩,但仍然遥控指挥自由亚齐运动。在其后的谈判中,哈桑·迪罗与印尼中央政府达成协议,自由亚齐运动成为地区执政党,亚齐特区地位获得认可,哈桑·迪罗亦于2008年回到印尼,于2010年去世。纵观哈桑·迪罗的一生,亚齐独立是他不懈的追求和毕生的目标,1976年后的哈桑·迪罗的人生与自由亚齐运动发展变迁是密切相连的。虽然哈桑·迪罗毕生致力于亚齐的独立值得尊敬,但正如他自己的著作标题所展示的那样,这将是一部"未完成的日记"(Unfinished Diary)。

(一)独立宣言:从历史到现实

虽然亚齐独立是一部"未完成的日记",也基本上是不可能完成的日记,然而,这一"日记"从哈桑·迪罗出生就在写,写作的高峰则是1976年创立了自由亚齐运动。1976年12月4日,自由亚齐运动发布了《独立宣言》,全文如下。

《独立宣言》——苏门答腊独立宣言

世界各国人民:

我们,苏门答腊亚齐的人民,行使我们的自决权,保护我们在祖辈之地上的历史性权利,在此宣布我们从雅加达政府和爪哇岛的外国人的所有政治控制中自由、独立。

我们的祖国,苏门答腊岛的亚齐,自从世界开始以来,一直是一个自由和独立的主权国家。1873年3月26日,荷兰对亚齐宣战,成为第一个试图殖民我们的外国势力。同一天,在爪哇的雇佣军的帮助下,荷兰入侵了我们的领土。这次入侵的后果在世界各地的当时报纸的头版都得到了适当的记录。1873年4月22日,《泰晤士报》写道,"在现代殖民历史上,东印度群岛发生了一件引人注目的事件。一股相当大的欧洲力量被亚齐当地的军队击败并控制住了……亚齐人取得了决定性的胜利。他们的敌人不仅被击败,而且被迫撤退"。1873年5月6日,《纽约时报》写道,"在苏门答腊岛北部的亚齐发生了一场血战。荷兰人发动了全面进攻，现在我们有了战争结果的细节。这次战争发生了严重的屠杀。荷兰将军被杀，他的军队陷入了灾难性的后果。事实上，它似乎已经被彻底摧毁了"。这一事件引起了全世界的广泛关注。美国总统尤利西斯·格兰特在荷兰和亚齐之间的这场战争中发表了他著名的中立宣言。

1873年圣诞节那天，荷兰第二次入侵亚齐，从而开始了哈珀杂志所称的"一百年战争的今天"，人类历史上最血腥的和最长的殖民战争。在此期间，我们一半的人民献出了生命来捍卫我们的主权国家。在第二次世界大战开始的时候，它仍然在斗争。这一宣言的签署者中，有八人的祖先死于保卫我们的主权国家的长期战争中，所有的统治者和最高指挥官都来自独立的苏门答腊亚齐主权国家。

然而，第二次世界大战后，荷兰东印度群岛被认为是清算的——如果它的领土被完整保存下来，一个帝国就不会被清算——我们的祖国，苏门答腊亚齐并没有被归还给我们。取而代之的是，我们的祖国是由前殖民列强草率统一的，后被荷兰人移交给爪哇人——他们的前雇佣军。爪哇人对我们来说是陌生的和外国人。我们与他们没有任何历史、政治、文化、经济或地理关系。当荷兰征服的果实完好无损地保存下来后，就像对爪哇人一样，结果不可避免地会建立起一个爪哇殖民帝国，在我们苏门答腊的祖国上取代荷兰人。但是，殖民主义，不管是白人、荷兰人，还是亚洲的爪哇人，都不会被苏门答腊亚齐人所接受。

这是一个世纪以来最令人震惊的政治骗局：荷兰殖民者把我们祖国的主权移交给新的爪哇殖民主义者，一个叫做"印尼"的"新国家"。但"印尼"是一个骗局：掩盖爪哇殖民主义的幌子。自从世界开始，世界上就没有这样一个民族，更不用说这样一个国家了。在马来群岛上，根据民族学、文献学、文化人类学、社会学或其他任何科学发现的定义，不存在这样一个种族。"印尼"仅仅是一个新的标签，完全是外国的术语，与我们的历史、语言、文化或利益无关；这是一个新的标签，是荷兰人用来取代卑劣的"荷属东印度群岛"的一个新标签，目的是联合治理他们的非法所得（ill-gotten），遍布各地的殖民地；而爪哇新殖民主义者则知道，即便对马来群岛的历史一无所知，从毫无戒心的世界中获得欺骗性的承认是有用的。如果荷兰殖民主义是错误的，那么以它为基础的爪哇殖民主义就不可能是正确的。国际法最基本的原则是：不法行为不产生权利（Ex injuria jus non oritur）。权利不能来源于错误！

然而，爪哇人正试图延续殖民主义，这是所有西方殖民国家都放弃的，也是世界所谴责的。在过去的三十年里，苏门答腊亚齐省的人们亲眼目睹了我们的祖国如何被爪哇新殖民主义者剥削，并被推向了毁灭性的境地：他们偷走了我们的财产；他们剥夺了我们的生计；他们滥用了我们孩子的教育；他们驱逐了我们的领导人；他们让我们的人民陷入了暴政、贫困和被忽视的枷锁：我们的人民的寿命预期是34岁，而且正在减少——与之相比，世界人均寿命是70岁，且还在增加！苏门答腊亚齐省，每年为爪哇新殖民主义者创造了超过150亿美元的收入，全部用于爪哇和爪哇人。

如果他们留在自己的国家，如果他们没有试图统治我们，我们，苏门答腊亚齐的人民，就不会和爪哇人争吵。从现在开始，生命值得活下去的唯一方式是我们打算成为我们自己家的主人；制定我们认为合适的自己的法律；我们有能力成为我们自己的自由和独立的保证；正如我们的祖先一直那样，与世界各国人民平等相待。总而言之，要成为我们祖辈之地的主宰！

我们的事业是正义的！我们的土地被万能的上帝赋予了丰富的财富。我们不觊觎外国领土。我们打算成为全世界人类福利的一个有价值的贡献者。我们向世界各国人民和各国政府伸出友谊之手。

以苏门答腊亚齐的主权人民的名义。

东姑哈桑·M. 迪罗
苏门答腊亚齐的民族解放阵线主席，国家元首

亚齐，苏门答腊，1976年12月4日。①

纵观自由亚齐运动的独立宣言，大致可以发现亚齐的反抗策略。

第一，亚齐人民是有着光荣斗争历史的。在反抗荷兰侵略的过程中，亚齐人民同仇敌忾，用生命捍卫了亚齐的独立和主权。因而，在反抗印尼的斗争中，亚齐人民仍然是能够延续光荣传统的。

第二，第二次世界大战后，荷兰将亚齐的主权转交给印尼是错误的。亚齐与荷兰之间存在殖民地与宗主国的关系，但是，亚齐与印尼原先并不是统一的整体，拼凑出新的印尼只会在亚齐与印尼之间制造不稳定因素。

第三，爪哇化和世俗化的印尼在亚齐推行的是新的殖民主义，亚齐只是从旧的荷兰殖民主义者被转移给新的印尼殖民主义者。印尼在亚齐犯下了罄竹难书的罪行，都是新殖民主义的典型罪状。

由是观之，自由亚齐运动的分离运动是经过长时间准备的，提出了一套新殖民主义的策略问题，提出了主权移交的不合法问题，提出了亚齐人历史与现实的认同问题。可以这么认为，《独立宣言》不仅是自由亚齐运动的斗争宣言书，宣告了亚齐分离运动的诞生，也是自由亚齐运动的斗争策略和行动指南。

（二）组织建设与军事斗争

按照东西方中心（East-West Center）的报告，自由亚齐运动是

---

① Hasan di Tiro, *The Legal Status of Acheh—Sumatra under International Law*, National Liberation Front of Acheh-Sumatra, 1980, pp. 14–15.

一个民治政府与军事机构的结合。① 这一观点可以从自由亚齐运动的五个独特的攻击目标上体现：政治结构（主要是中央在亚齐的当地政府）、教育系统（中央政府要为部分教师的死亡和学校的摧毁负责任）、经济（在获得油气收益的同时攻击油气设施）、爪哇人（新殖民主义者）、安全力量（占领者的印尼军队）。②

自由亚齐运动创立之初，是一个纯粹的军事组织，以开展武装暴力活动的方式组织政治军事斗争。然而，"自由亚齐运动的目的是使亚齐不可治理，为了使印尼对保有这一区域付出最大的代价"③，因而，自由亚齐运动着手在亚齐组建了所谓的政府部门。自由亚齐运动的组织结构分为流亡的上层领导人和以亚齐为基地的中层领导、军队和成员，④ 核心成员都是受过高等教育的。⑤ 在亚齐，外交、财政、教育、贸易等部门一应俱全，俨然是一个独立的国家。⑥ 流亡在外的领导人负责遥控指挥，争取国际同情与支持，更多的是以舆论与意识形态影响亚齐政局走向，中层则具体负责亚齐的军事行动和政府施政，获得民众同情与支持。这不仅是一种政治作为，也是一种政治姿态，意味着自由亚齐运动是有能力填补中央政府的空缺和治理亚齐的。

自由亚齐运动的分离运动是以武装暴力的形式开展的，因而，除了组织的建设之外，自由亚齐运动还付诸军事斗争的实践。按照目前学界的研究，自由亚齐运动的武装斗争大致分为三个阶段。如表3—2所示。

---

① Kirsten E. Schulze, "The Free Aceh Movement (GAM): Anatomy of a Separatist Organization", *Policy Studies 2*, Washington: East-West Center, 2004, pp. 10 – 11.

② Ibid., pp. 34 – 41.

③ Ibid., p. 34.

④ Ibid., p. 10.

⑤ Ibid., p. 4.

⑥ 有关亚齐组织结构的详细信息，参见 Kirsten E. Schulze, "The Free Aceh Movement (GAM): Anatomy of a Separatist Organization", *Policy Studies* 2, Washington: East-West Center, 2004, p. 10。

表 3—2　　　　　　　自由亚齐运动（GAM）的三个阶段

组织	年份	活跃成员	伤亡
GAM I	1976—1979	25—200	>100
GAM II	1989—1991	200—750	1991—1992：2000—10000
GAM III	1999—2005	15000—27000	1999：393
			2000：1041
			2001：1700
			2002：1230

资料来源：Michael L. Ross, "Resources and Rebellion in Aceh, Indonesia", in Paul Collier, Nicholas Sambanis (eds.), *Understanding Civil War*: *Evidence and Analysis*, *Volume 2*: *Europe*, *Central Asia*, *and Other Regions*, Washington: The World Bank, 2005, pp. 35 – 58。

第一阶段从 1976 年到 1979 年。对于草创时期的自由亚齐运动而言，武装暴力的规模是很小的，活跃成员不超过 200 人。这一时期的规模较小与哈桑·迪罗刚刚返回亚齐有关，他的政策主张并没有得到很好的宣传，更多的亚齐人呈现出的是观望的态度。面对这样一支独立势力，印尼中央政府并没有纵容，派遣军事部队赴亚齐镇压。自由亚齐运动在内无基础、外无支援的情况下很快败下阵来。第一阶段的任务失败后，哈桑·迪罗逃到了斯德哥尔摩，继续遥控指挥已经呈现出颓势的自由亚齐运动。在政府的打击之下，自由亚齐运动的成员逃到丛林中继续开展游击战争。在 1979—1989 年间，自由亚齐运动顽强地存活了下来，这与亚齐人民的帮助是分不开的，同时，哈桑·迪罗将部分士兵送往利比亚、菲律宾等国家接受革命意识形态教育与军事训练，在国际上大肆宣传爪哇的殖民主义政策以获得国际同情和支持。从后续的历史发展来看，哈桑·迪罗的这些政策显然是成功的。

第二阶段从 1989 年到 1991 年。这一阶段，受训于利比亚、菲律宾等地的士兵返回亚齐，他们从利比亚、菲律宾、伊朗等国家获得了大量走私的和捐赠的武器，自由亚齐运动获得了国际同情和支持，以被殖民者的悲惨姿态出现在国际政治舞台上。尤为重要的是，经过长时间的宣传和组织，自由亚齐运动在亚齐获得了一定的基础。然而，面对重新崛起的分离势力，中央政府于1990年设立了军事占领区（Daerah Operasi Militer，DOM），一直持续到1998年8月。在此期间，中央政府的军队犯下了大量侵犯人权的事件，得不到支援的自由亚齐运动几乎遭到毁灭性的打击。然而，军事占领区的设置与侵犯人权事件的发生在损害政府军队形象的同时也间接地帮助亚齐获得了国际同情。

第三阶段从1999年到2005年。1998年5月，执政32年的苏哈托被迫下台，哈比比继任总统，印尼开始了民主化转型。1998年8月，将近10年的军事管制被终止。在军事管制期间，自由亚齐运动并没有消亡，反而获得了国际、国内的一致同情，这为后来的发展奠定了基础。事实上，自1998年以来，自由亚齐运动对印尼国家构成前所未有的挑战，已经不仅仅是亚齐省域范围内的政治军事事件了，亚齐与雅加达的紧张关系一直存在。[①] 1999年后，自由亚齐运动的势力发展到15000人到27000人，远超过此前的规模，成员从最初的知识分子、商人等发展到普通亚齐人和前警察、军人等武装组织人员。除了日益扩大的民意基础所导致的战争规模的扩大之外，和平游行、集会、示威、请愿等活动成为争取亚齐独立的另一条战线，成为自由亚齐运动军事斗争的有力补充，自由亚齐运动发展为一种大规模的群众性运动。民主化以前的印尼主要是采取军事行动，忽视了亚齐人较为关心的利益分配、个人发展等问题，民主化后的印尼开始倾向于与亚齐和谈，伴随着军事斗争的继续，双方的和谈也逐步迈开了脚步。在历经多次谈判后，双方最终在2005年达成了和平协议，自由亚齐运动最终走向转型。

一个有意思的话题是，为什么人数并不多的自由亚齐运动能够在亚齐继续存在并不断发展壮大呢？除了前面提到的政治基础、外

---

① Kirsten E. Schulze, "The Free Aceh Movement (GAM): Anatomy of a Separatist Organization", *Policy Studies 2*, Washington: East-West Center, 2004, p. 1.

部支援、领导能力等因素之外，亚齐省的地理位置也是一个重要的因素。亚齐53%的土地是"陡坡"（坡度超过25%），36%是"非常陡峭的"（坡度超过45%）。[1] 多山的地形可以为自由亚齐运动的军事力量提供一个安全的避风港。当然，这只是一种合理的解释而已。

一系列的军事与组织建设并不是说自由亚齐运动的所作所为都是正义的。事实上，作为武装暴力的分离主义者，自由亚齐运动所采取的手段不外乎是拉拢与胁迫，还出现了绑架伤害教师和普通爪哇人、对亚齐人和相关的外资企业乱征苛捐杂税的情况，甚至与恐怖主义活动有关联。比如，自由亚齐运动有三个主要的收入来源：税收，外国捐赠，犯罪、毒品、绑架所得。[2] 显然，这是一个集政府统治与军事暴力为一体的政治军事组织。服务于亚齐独立目的的自由亚齐运动的政治与军事斗争的性质是复杂的，或许我们唯一的结论是分离运动的破坏性是值得重视的。

二 重建一种基于伊斯兰教的亚齐人认同

如何将亚齐人组织起来是自由亚齐运动面临的重要问题和难题。对于自由亚齐运动而言，何为亚齐人关系到什么样的成员可以被信任和利用，关系到什么样的策略可以被付诸实施，也关系到如何与中央政府进行谈判、获得外界的支援等问题。

按照东西方中心的定义，一个人是否属于亚齐人主要是看其是否在亚齐聚居日久以及更为重要的是，是否是穆斯林。一个亚齐人被定义为"一个人的家族已经定居于亚齐超过几代人了，是穆斯林，是亚齐九个少数族群（Aceh, Alas, Gayo, Singkil, Tamiang, Kluet,

---

[1] Dawood Dayan, Sjafrizal, "Aceh: The LNG Boom and Enclave Development", in Hal Hill (ed.), *Unity and Diversity: Regional Economic Development in Indonesia Since 1970*, Singapore: Oxford University Press, 1989, pp. 107 - 123.

[2] Kirsten E. Schulze, "The Free Aceh Movement (GAM): Anatomy of a Separatist Organization", *Policy Studies 2*, Washington: East-West Center, 2004, pp. 24 - 29.

Anek Jamee、Bulolehee、and Simeuleu）中的一员"①。在这里，亚齐人不单单是狭义上的亚齐族群人，而是包含了整个亚齐地区的多个少数族群，提出了所谓的"亚齐民族"的概念。这样的定义扩展了亚齐人的范围，便于亚齐在开展政治军事斗争中获得更多的支持和较少的反对。更为重要的是，这样的定义更加强调了伊斯兰教对亚齐人认同的作用，"在与亚齐人，特别是自由亚齐运动成员和非政府组织活动人士的讨论中，他们说，不是一个人的外表，而是他们的内心使得他们成为一个亚齐人"。② 尤其是在印尼中央政府爪哇化、世俗化的政策之后，伊斯兰教对于重建亚齐人的信仰与认同的作用更加显著。自由亚齐运动以伊斯兰教与亚齐历史的结合体创制了自由亚齐运动的旗帜，使用基于伊斯兰教教义的 The Hikayat Perang Sabil（HPS）作为说辞，以神圣战争作为面貌，意在引导亚齐人将印尼人视为殖民主义者。③

700 年左右，伊斯兰教在亚齐开始传播，后途经亚齐传播至整个印尼。作为伊斯兰教传播到东南亚的重要支点，亚齐获得了"麦加走廊"（Serambi Mekkah）的称号。时至今日，伊斯兰教仍然是亚齐的主体宗教，穆斯林人口占到了 98% 以上，且多以政治伊斯兰信仰而著称，试图建设一个宗教激进主义的伊斯兰国家。因而，无论是独立的亚齐王国还是隶属于印尼，亚齐作为一个伊斯兰教国家的梦想从未消失。对于亚齐而言，爪哇化与世俗化是对亚齐文化的侵略和文化的殖民，尤其是对于亚齐这样一个"伊斯兰教国家"而言。"受伊斯兰影响的国家（Islamic-influenced）和伊斯兰国家（Islamic-

---

① Kirsten E. Schulze, "The Free Aceh Movement (GAM): Anatomy of a Separatist Organization", *Policy Studies 2*, Washington: East-West Center, 2004, p. 7.

② Damien Kingsbury, "The Free Aceh Movement: Islam and Democratisation", *Journal of Contemporary Asia*, Vol. 37, No. 2, 2007, pp. 166–189.

③ Teuku I. Alfian, "Aceh and the Holy War", in Reid Anthony (eds.), *Verandah of Violence: The Background to the Aceh Problem*, Singapore: Singapore University Press, 2006, pp. 117–119.

determined）之间的区别被理解为一种与带有伊斯兰价值观（受影响的国家）和一个基于沙里亚法（回教法、伊斯兰教法）（一个坚定的国家）的国家之间的区别。"① 亚齐人是沙里亚教义的信徒，因而亚齐的伊斯兰教信仰是内化于心的，是他们生活的一部分，因而也就与印尼的世俗化政策是格格不入的。因而，这种与印尼主体世俗化伊斯兰教并不相容的政治伊斯兰教文化与亚齐民族主义的结合表现出了离散型的民族主义面孔，成为具有"离心倾向的宗教政治"②。有着自己独特的文化信仰的亚齐主张建立虔诚的伊斯兰国家的愿望与印尼世俗化的主张是矛盾的，因而，亚齐极力反对"潘查希拉"的世俗化政策。"当其他地区争论伊斯兰教是否应该统治国家时，在亚齐伊斯兰教早已占统治地位了。"③ 对于亚齐而言，政治伊斯兰是它的目标，而政治的伊斯兰教信仰是亚齐人认同的根本。1976 年的亚齐省 226 万人口几乎都是穆斯林，正是因为伊斯兰教的认同，为数众多的少数族群并没有成为分离运动的障碍，④ 反而，他们加入了自由亚齐运动，成为分离运动的有力推动者，事实上，据报道，亚齐多个少数族群加入了自由亚齐运动。

不仅如此，印尼中央政府的爪哇化政策也是亚齐人认同逝去的重要原因。按照印尼中央政府的政策，爪哇人是国家的统治主体，以爪哇为蓝本的统治秩序应该被扩展到全国。正是在这一思想的引导下，印尼在亚齐发现油气资源后开始大规模地移民亚齐，试图以爪哇的统治秩序来替代亚齐的行政，以爪哇人替代亚齐人的工作，以世俗化的伊斯兰教信仰来替代政治伊斯兰。虽然印尼的爪哇化政

---

① Damien Kingsbury, "The Free Aceh Movement: Islam and Democratisation", *Journal of Contemporary Asia*, Vol. 37, No. 2, 2007, pp. 166 – 189.

② 陈衍德：《再论东南亚的民族文化与民族主义》，《东南亚研究》2004 年第 5 期。

③ ［澳大利亚］梅·加·李克来弗斯：《印度尼西亚历史》，周南京译，商务印书馆 1993 年版，第 198—199 页。

④ Dwight Y. King, M. Ryaas Rasjid, "The Golkar Landslide in the 1987 Indonesian Elections: The Case of Aceh", *Asian Survey*, Vol. 28, No. 9, 1988, pp. 916 – 925.

策是以爪哇化的政治与行政为前提的，但是，掌握国家政治与行政主导话语权的爪哇是"潘查希拉"的提出者，是世俗化的坚定支持者，因而爪哇化本质上仍然是世俗化的"潘查希拉"政策。正是在这样的背景下，独立以来的印尼逐步蚕食了亚齐人的民族认同。对此，哈桑·迪罗认为，正是因为爪哇—印尼人的殖民统治，亚齐人已经忘却了自己的身份，对于自己是印尼人还是亚齐人的认同陷入了困境，因而首要的任务是建构民族自觉，唤醒民族记忆，组织和发动人民。① 因而，基于伊斯兰教信仰的亚齐认同在反对爪哇化和世俗化的过程中被建立起来，当然，这也得益于亚齐本身的伊斯兰教传统，从后续的亚齐政治军事斗争来看，自由亚齐运动的亚齐人认同政策是成功的、有效的。

当然，值得注意的是，哈桑·迪罗并没有"依靠"伊斯兰教，以避免疏远潜在的外国支持者。② 亚齐与印尼其他地方最为显著的区别可能就是对待伊斯兰教的态度问题了。亚齐是一种不折不扣的宗教激进主义，而印尼更多的是一种世俗主义，"潘查希拉"的提出就在某种意义上标志着世俗化已成为印尼和伊斯兰教的改革目标和发展归宿。哈桑·迪罗深知伊斯兰运动的宗教色彩过于浓厚，宗教激进主义运动会被国际社会和其他伊斯兰国家看作一种威胁，一种温和的伊斯兰运动和以伊斯兰教为认同基础的政治运动在某种程度上是可以被接受的，也是有利于获得外国同情和支持的。

三 从荷兰到印尼：旧殖民主义者到新殖民主义者的变更

按照亚齐独立宣言的表述，独立后的印尼取代荷兰成为亚齐新的宗主国，从荷兰到印尼的变化只是宗主国的变更，只是旧殖民主

---

① Hasan di Tiro, *The Price of Freedom: The Unfinished Diary of Tengku Hasan dl Tiro*, National Liberation Front Acheh Sumatra, 1981, p. 343.

② Michael L. Ross, "Resources and Rebellion in Aceh, Indonesia", in Paul Collier, Nicholas Sambanis (eds.), *Understanding Civil War: Evidence and Analysis, Volume 2: Europe, Central Asia, and Other Regions*, Washington: The World Bank, 2005, pp. 35–58.

义者到新殖民主义者的变更。① 在这一变更中，亚齐被完全忽视了，这种主权的移交并没有得到亚齐人民的认可，同时，也是根本不符合国际法的。为此，哈桑·迪罗在《国际法视角下亚齐—苏门答腊的法律地位》（"The Legal Status of Acheh-Sumatra under International Law"）一文中详细表达了这一观点。

（a）殖民地或非自治领土上的主权不属于殖民主义的权力，也不属于管理当局，而是属于该殖民地或领土人民的——联合国第 1514 - xv 号决议；

（b）殖民领土的主权不能被殖民主义势力转让给其他殖民主义国家；

（c）所有权力必须由殖民地政府归还各领土的原始居民——在这种情况下，荷兰必须将所有权力归还给亚齐人民，而不是爪哇印度尼西亚——联合国第 1514 - xv 号决议；

（d）所有国家都有义务结束殖民主义，制止任何人使用武力对付争取独立的人民——联合国第 2625 - xxv 号决议；

（e）殖民地人民与殖民主义者做斗争的权利，而殖民主义被认为是一种国际罪行——联合国第 2621 - xxv 号决议；

（f）禁止使用武力对付那些寻求自决的人——联合国第 3314 - xxix 号决议；

（g）每个殖民领土都有来自其他殖民地领土的独立法律地位，每个殖民地都有独立的权利；这一单独的法律地位不能被殖民主义决定，如荷兰在印度尼西亚所做的——联合国第 2625 - xxv 决议；

（h）最后，根据《联合国宪章》第 1 条第 2、55 款，《世界人民权利宣言》第 5、6、11 条；《世界人权宣言》；在《经

---

① Hasan di Tiro, *The Legal Status of Acheh-Sumatra under International Law*, National Liberation Front of Acheh-Sumatra, 1980, p. 15.

济、社会和文化权利国际公约》中;《公民权利和政治权利国际公约》,所有人民都有自决和独立的权利。①

即使按照去殖民地化的相关法律,按照 1960 年 12 月 14 日的联合国大会第 1514 号 XV 决议,殖民地国家和人民都应获得独立。

因此,哈桑·迪罗认为,在 1949 年荷兰和印度尼西亚之间的"主权"转让条约上,特别是将亚齐—苏门答腊的"主权"转移给印度尼西亚方面有五个反对意见。

(a) 与联合国非殖民化政策的条约明显不相容;
(b) 与亚齐—苏门答腊人自决的权利条约相违背;
(c) 该条约是由两个国家(荷兰和印度尼西亚)签署的,它们没有对亚齐—苏门答腊领土行使主权的权利;
(d) 然而,尽管如此,双方却在没有与亚齐—苏门答腊人民协商的情况下就对其主权进行了处理,并没有在联合国大会和国际法的规定下,在非殖民化的情况下对其进行处理;
(e) 因此,该条约在国际法的有关规定下无效。②

因而,按照哈桑·迪罗的看法,1819 年的亚齐与英国的条约,以及 1824 年的《英荷条约》(Anglo-Dutch Treaty)等确认了亚齐的独立地位,荷兰占领亚齐是作为宗主国的荷兰对作为殖民地的亚齐的殖民行为。第二次世界大战结束后的亚齐应该按照去殖民地化运动的要求,从宗主国荷兰解放出来,恢复独立地位和主权。然而,荷兰与印尼强行将亚齐并入印尼,这显然是不符合国际法的,两国之间签署的条约对第三方的亚齐并没有约束力。因而,自由亚齐运

---

① Hasan di Tiro, *The Legal Status of Acheh-Sumatra under International Law*, National Liberation Front of Acheh-Sumatra, 1980, p. 6.
② Ibid., p. 11.

动是在完成未完成的去殖民地化运动，结束新的殖民主义统治，这一运动是正义的和被尊重的。

正是在这样的意识形态之下，自由亚齐运动试图将亚齐问题国际化，不仅寻求于国外的同情、支持和支援，还诉诸联合国等多边框架，试图引导他国和国际组织关注亚齐的独立合法化问题、内部殖民主义问题。在这其中，比较有影响的是2000年的"亚齐人民争取和平大会"。大会呼吁联合国和国际社会向印尼施压，共同解决亚齐的人权问题。同时，大会呼吁废除1949年12月海牙会议上通过的将亚齐主权移交给印尼的错误决定。[①]

除了殖民主义者身份的转变之外，取消亚齐的自治权和爪哇化等行为也是一种新的殖民主义，是权力分配的不公正、不合理。在政治上的殖民之外，以亚齐所经受的经济与文化的殖民更是激起亚齐反抗的直接原因。关于这一点我们在前文中已有详细叙述，此处不再赘述。

第四节 亚齐自治、自由亚齐运动转型与印尼未来

亚齐在印尼的统治下争取独立的历史可以追溯到印尼立国之始。1962年，随着伊斯兰国运动的最终消逝，亚齐似乎进入了新的历史发展时期。然而，正是此后一系列不合理、不公正的制度、政策安排导致了中央政府在亚齐的信誉度触底，亚齐爆发了分离运动。随着2005年和平协议的签署，自由亚齐运动最终放下武器，转型成亚齐的地区政党。在自由亚齐运动斗争的过程中，印尼的民主化于1998年开启，成为亚齐与印尼和谈的重要契机。伴随着亚齐自治的推进和自由亚齐运动的转型，自由亚齐运动最终走入了历史。

---

① 梁敏和：《印尼亚齐问题发展趋势》，《当代亚太》2001年第7期。

一　印尼的民主转型以及和谈的推进

1998年，面对东南亚金融危机的打击和国内风起云涌的集会游行，执掌印尼政权长达三十年之久的苏哈托宣布辞职。苏哈托的下台标志着印尼独立后苏加诺和苏哈托独裁政权的终结，开启了民主化进程。此后，历届印尼政府均实行了民主化改革，印尼已经稳步地迈入了民主时期。① 民主化历经哈比比、瓦希德、梅加瓦蒂，标志性举措包括确立了三权分立的总统共和制，明确了总统任期制；规定了地方自治；立法机构是人民协商会议（人协），由人民代表会议（国会）和地方代表理事会共同组成，负责对宪法的颁布、制定和修改，并监督总统。2004年是印尼极为重要和关键的一年，这一年印尼先后完成了国会选举（4月5日）、总统首轮选举（7月5日）、总统二轮选举（9月20日，因首轮选举无人过半数），这是印尼历史上首次民选总统，被视为印尼民主转型与巩固的关键标志。②

民主化后，印尼总统更迭频繁，在1998年到2004年，历经四任总统，直到2004年苏西洛上台才得以稳定。即使在这样的局势下，中央政府与亚齐的谈判始终在进行，且基本前提是坚决反对亚齐独立，在这之下的所有议题都被允许。然而，"虽然印尼政府认为这一对话是对其以前依赖安全措施来管理该省暴力的一种替代方法，但自由亚齐运动认为这是它争取独立的另一种工具"③。因而，这样的谈判从一开始就注定不会顺利。

1999年，致力于民族和解的瓦希德总统上台，开始与自由亚齐

---

① 有关苏哈托之后，尤其是民主化以来历届政府的具体的亚齐政策，参见 Michelle Ann Miller, *Rebellion and Reform in Indonesia: Jakarta's Security and Autonomy Policies in Aceh*, London, New York: Routledge, 2009。

② Taufik Abdullah:《苏哈托下台后的印尼：对于一段激烈过程的再审视》，谢尚伯译，载肖新煌、邱炫元主编《印尼的政治、族群、宗教与艺术》，"中央研究院"人文社会科学研究中心，2014年，第27—29页。

③ Kirsten E. Schulze, "The Free Aceh Movement (GAM): Anatomy of a Separatist Organization", *Policy Studies 2*, Washington: East-West Center, 2004, p.44.

运动接触，甚至为此成立了亚齐问题特别委员会。2000 年 5 月 12 日，双方达成了《人道主义暂停》(*Humanitarian Pause*)。在谈判未能取得如期进展的情况下，瓦希德总统转变观念，对亚齐采取坚决措施，并宣布自由亚齐运动为分离主义组织。瓦希德总统的政策并未取得如期效果，其本人被弹劾下台，苏加诺总统的女儿梅加瓦蒂继任为总统。梅加瓦蒂总统借助国际调解机构"亨利·杜南中心"等外界的力量进行与自由亚齐运动的谈判，并于 2002 年 12 月 9 日达成《停止敌对行动协议》(The Cessation of Hostilities Agreement, COHA)。然而，随着 2003 年 5 月 18 日东京谈判的破裂，梅加瓦蒂三军进发亚齐，开展清剿行动，并希望在 6 个月内消灭自由亚齐运动，同时，开展为期一年的戒严令。针对外界关于行动透明的呼吁，印尼军方在亚齐设立了新闻中心，并提出"透明战争"口号。不仅如此，为了在国际社会孤立亚齐，梅加瓦蒂访问了与亚齐有联系的利比亚、泰国等国家，要求它们切断与亚齐的联系，并要求瑞典正视亚齐问题，放弃给予哈桑·迪罗等人的庇护。当战争进行到 2004 年 12 月时，举世瞩目的印度洋地震和海啸发生了。虽然可以肯定的是，随着印尼中央政府与亚齐谈判的推进，亚齐问题会得到最终解决，然而，未曾想到亚齐问题会以一种戏剧性的方式结束，即 2004 年的印度洋海啸。印度洋海啸的发生加速了这一问题的解决。处于海啸中心的亚齐遭到重创，成为受灾最为严重的地区。对于在丛林从事游击战争的自由亚齐运动的成员而言，他们的家园遭到了前所未有的破坏，家人或死亡或受到创伤。海啸的发生使亚齐率先主动停火，与此同时，印尼中央政府进行人道主义援助，双方有了进一步和谈的契机。2005 年，在芬兰和"亨利·杜南中心"等的调停下，双方谈判立场逐步接近，尤其是自由亚齐运动逐渐抛弃了独立的立场。经过数轮谈判，双方在 2005 年 7 月达成协议，并于当年 8 月 15 日在赫尔辛基签署了和平协议，亚齐放弃独立主张并解除武装，印尼特赦亚齐的政治犯，撤回军队与警察。此后，双方履行了承诺，并用法律形式固定了协议相关内容，至此，困扰印尼三十年之久的亚齐问题得以最终解决。

二 亚齐特殊自治地位的确立与印尼的未来

然而，海啸的发生纯属自然灾害和意外事件，真正解决亚齐问题的还是印尼民主化转型后政府政策的调整和制度的更替，以及自由亚齐运动的自我转型。自1998年开始，印尼中央政府逐步实行政治改革，确立了亚齐的自治地位，保障了亚齐特区的权力获取、利益共享与权利机会：（1）改革国会，设立地方代表理事会，与人民代表会议组成了人民协商会议（MPR），即国会。地方代表理事会专门处理中央地方关系，每个省分配四个议席，可以提出法案、修改法案、审议预算等，而且议员以个人身份非政党身份选举。[1] 印度尼西亚的宪法规定：印度尼西亚的人民协商会议是印尼的国会，是由普选产生的人民代表会议代表和地方代表理事会的代表组成，地方代表理事会的议员由各省普选产生，各省的人数相同，每年开会一次，向国会提交关于地方自治、中央和地方关系、地区建立、扩张、合并，自然资源和其他经济资源的管理及中央和地方财政平衡的法案，参与上述议案的讨论，监督上述议案的实施。[2] （2）实行地方自治，保障亚齐的特殊自治要求。印尼改变了高度中央集权的体制，赋予了地方自治，设立地方议会，规定地方首长由地方选举产生。为了获得亚齐的支持，印尼于2006年7月通过了《亚齐自治法》（*Law on the Governance of Aceh*）。该法明确了亚齐在拥有一般自治地位的基础上所能享有的特殊自治待遇。例如，印尼政府和外国政府

---

[1] 戴万平：《后苏哈托时期印尼地方自治回顾与评析》，载肖新煌、邱炫元主编《印尼的政治、族群、宗教与艺术》，"中央研究院"人文社会科学研究中心，2014年，第69—71页。

[2] 有关印度尼西亚宪法的相关规定，请参见朱福惠、王建学主编《世界各国宪法文本汇编·亚洲卷》，厦门大学出版社2012年版，第912—918页；《世界各国宪法》编辑委员会编译《世界各国宪法·亚洲卷》，中国检察出版社2012年版，第895—900页。

订立与亚齐利益有关的条约，以及印尼国会通过与亚齐有关的决议时，事先需取得亚齐立法机构同意；亚齐有权使用本地区的旗帜、标志以及歌曲；中央指派亚齐总警长及总检察长，须获得亚齐特区政府首长同意。也就是说，除了外交、国防、金融、司法及宗教信仰自由权利之外，其他权力都归亚齐所有。① （3）油气利益共享，明确了亚齐所能享有的油气等自然资源利益比例。印尼制定了《财政划分法》《亚齐自治法》，修订了《中央地方财政平衡法》，明确了中央地方所能享有的自然资源利益的比例，而对于亚齐则更加加以倾斜。根据相关法律，亚齐获准掌控本土及周边海域70%的天然资源收益；印尼政府将以透明化方式安排中央与地方收入之分配。② （4）在权利机会发展空间方面，中央政府除了划拨经费予以支持之外，对亚齐本地的伊斯兰化予以尊重和支持。比如，允许亚齐实施伊斯兰法，成立伊斯兰法庭，尊重当地的文化习俗；亚齐正副省长均需熟读《古兰经》。同时，成立人权法庭及和解与真相委员会，调查内战期间的侵犯人权事件，致力于安抚当地民众。

与此同时，根据协议，自由亚齐运动不再要求亚齐独立，接触全部武装并上缴武器，自由亚齐运动解散了其"亚齐国民军"，政府则特赦了自由亚齐运动的成员。此后，根据2006年的《亚齐自治法》，自由亚齐运动转型成为族群地方政党，实现了"从叛乱者到管理者和立法者"③ 的转变，参加亚齐的地方选举，实现了通过合法途径参与亚齐的政治生活的目标。自由亚齐运动的转型标志着亚齐独立诉求的改变，接受了在服从中央政府统一领导下的地方自治安

---

① 戴万平：《后苏哈托时期印尼地方自治回顾与评析》，载肖新煌、邱炫元主编《印尼的政治、族群、宗教与艺术》，"中央研究院"人文社会科学研究中心，2014年，第73—74页。

② 同上。

③ Stange Gunnar, Roman Patock, "From Rebels to Rulers and Legislators: The Political Transformation of the Free Aceh Movement (GAM) in Indonesia", *Journal of Current Southeast Asian Affairs*, Vol. 29, No. 1, 2010, pp. 95–120.

排。2006 年 12 月，前自由亚齐运动领导人伊尔万迪·尤素夫（Irwandi Yusuf）和穆罕默德·纳扎尔（Muhammad Nazar）在选举中当选为省长和副省长。此后，亚齐选举均正常举行且获得中央认可。

亚齐特别区自治地位的确立是印尼处理族群关系的又一创新，也是民主化的成果之一，保证了领土的完整。印尼宪法规定，有关印度尼西亚共和国的单一制国家形式的条款是不能修改的，[①] 但这并不意味着亚齐的高度自治会损害印尼的单一制。事实上，除了亚齐特区之外，印尼还存在大雅加达首都特区、日惹特区。这种"单一制国家内的联邦制"是一种"印尼制造"的解决方案（只能在印尼实施）……印度尼西亚民主仍然在扎根，有限制的区域自治的形式将是政府的首选。在这一背景下，区域自治是一种灵活的工具，可以以不同的方式安抚、解除武装，并削弱区域。[②] 从某种意义上来说，这也是印尼"多元统一"（Unity in Diversity）的国家格言的体现，为印尼处理境内其他地区族群问题树立了典范。

在印尼的历史上，曾经长时间忽略族群问题。1930 年，荷兰殖民者在人口普查中首次就印尼的族群情况进行了统计，然而，直到 2000 年才再次就族群问题进行调查。长时间的忽略既有人为的原因，也与印尼群岛过多、语言不通等客观情况有关联。2000 年的普查显示，印度尼西亚有 1072 个独立的族群。面对如此多的族群，印尼中央政府在借鉴亚齐问题处理方式的基础上，确认了地方自治的原则，并于 2006 年和 2008 年先后修改了《国籍法》、颁布了《消除种族歧视法》，在法律上取消了种族歧视。

曾经困扰印尼的亚齐和东帝汶问题都获得了最终的解决，但并

[①] 有关印度尼西亚宪法的相关规定，参见朱福惠、王建学主编《世界各国宪法文本汇编·亚洲卷》，厦门大学出版社 2012 年版，第 912—918 页；《世界各国宪法》编辑委员会编译《世界各国宪法·亚洲卷》，中国检察出版社 2012 年版，第 895—900 页。

[②] Gabriele Ferrazzi, "Using the 'F' Word: Federalism in Indonesia's Decentralization Discourse", *Publius*, Vol. 30, No. 2, 2000, pp. 63–85.

不意味着印尼族群问题的彻底解决。事实上，除了亚齐和东帝汶之外，如今的印尼仍然面临着西苏拉威西、巴布亚等地区的族群分离主义问题。作为一个多族群、多宗教，且高度岛屿化的国家，印尼的族群政治涵盖了三个方面：宗教面向的族群政治、地域面向的族群政治、种族面向的族群政治，[1] 而不幸的是，多数族群问题都同时满足了这三个特征，使得印尼的族群问题显得较为突出，甚至有成为"族群化政体"（ethnicized polity）的倾向。因而，可以这么认为，"族群性没有从印尼的政治版图完全消失。相反，它现在几乎随处可见，政治上比在民主转型之前更为重要"[2]。如今，印尼政治制度的变更导致族群权力获取、利益共享与权利机会上获得了明显的进步，而民主化后族群的政治影响力也在逐步上升，印尼未来的发展与族群息息相关。

---

[1] 戴万平：《印尼族群政治研究：东教、地域与种族》，博士学位论文，2003年，中山大学（高雄），第26—28页。

[2] Edward Aspinall, "Democratization and Ethnic Politics in Indonesia: Nine Theses", *Journal of East Asian Studies*, Vol. 11, No. 2, 2011, pp. 289–319.

第 四 章

魁北克分离运动（1960—2006 年）

加拿大位于北美洲，横跨太平洋和大西洋，北抵北极圈，面积达998.467万平方公里，是世界上第二大国家，2018年人口总数为3706万人，是一个典型的地广人稀的国家。2018年，加拿大国内生产总值达1.71万亿美元，是高度发达的资本主义国家。[①] 作为前大英帝国的殖民地，加拿大实行君主立宪制，是英联邦国家，同时，由于境内魁北克是前法国殖民地，因而实行英语和法语双语制，奉行联邦制。在国际政治舞台上，加拿大是联合国的创始会员国之一，是七国集团、二十国集团、北约组织、法语国家组织等国际组织的重要成员。

现代加拿大的历史是从欧洲殖民者进入加拿大开始的。英、法两国长期殖民加拿大，并在加拿大留下了难以磨灭的印记。正是因为这样的殖民历史，导致作为法裔的魁北克与其他地区的英裔产生了历史隔阂，这种隔阂在加拿大断裂型制度的安排下进一步加剧，静默革命导致的意外后果是魁北克民族主义意识的觉醒，在此过程中诞生的魁北克人党彻底颠覆了魁北克政局，成为分离运动的领导者，并开展了两次独立公投。本章讨论的即是这两次原因并不相似的分离运动为何会发生以及魁北克的未来政局走向。

---

① 有关加拿大的数据请参见世界银行（http：//data.worldbank.org.cn/country/canada？view＝chart，访问日期：2020年3月14日）。

第一节　魁北克与魁北克问题

一　加拿大：殖民历史与民族国家的建构

追溯加拿大的历史，作为印第安人和因纽特人祖居地的加拿大是在16世纪才被欧洲人发现的，后逐渐沦为英、法的殖民地。具体而言，法国殖民圣劳伦斯湾的魁北克地区，其余皆为英国殖民地。然而，1756—1763年的英法"七年战争"法国战败，《巴黎和约》(Treaty of Paris, 1763) 使得整个加拿大被纳入了大英帝国的版图。至此，加拿大完全沦为英国殖民地，为了区别北美十三州的旧臣民们，英国人将加拿大的臣民称为新臣民。但作为一个统一的地理和政治称谓的"加拿大"一词却要迟至1791年才首次被英国官方使用。

现代加拿大与美国的边界是1846年的《俄勒冈条约》(Oregon Treaty) 最终确定的，英、美双方约定以北纬49度为界。条约的签订使得一个现代加拿大的地理疆界得以确定和成形。也正在此时，加拿大最早的民族主义者开始探索建立"一个从海洋到海洋的英属北美联合体"。这一概念是基于加拿大横跨两洋的现实与联邦制的设想而提出来的。1864年，魁北克立宪会议提出的联邦制构想虽然未能取得加拿大各个地方议会的一致批准，但仍然被送往英国议会，并最终被批准为《英属北美法》(British North America Act)[①]，加拿大自治领 (Dominion of Canada) 得以成立，一个现代意义上的

[①] 该法是加拿大宪法的雏形，此后，加拿大宪法不断得到补充，至1982年《权利和自由宪章》得到通过后，加拿大宪法最终得以定型和完善。有关加拿大宪法的相关规定，参见《世界各国宪法》编辑委员会编译《世界各国宪法·美洲卷》，中国检察出版社2012年版，第590—614页。

准民族国家①最终诞生。此时的加拿大自治领领土范围限于安大略省、魁北克省、新斯科舍省、新不伦瑞克省，是为建国四省，在这其中，原来统一的魁北克在经历上加拿大（Upper Canada）与下加拿大（Low Canada）的划分与1841年再次合并成为加拿大省（Province of Canada）的波折后，最终被分为安大略省（上加拿大）和魁北克省（下加拿大），以此缓和英裔和法裔的紧张关系。② 之后，不断有新的省份建立并加入联邦，随着其他各省陆续加入，最终于1999年形成了十个省、三个地区的现代加拿大版图。

在殖民时期和民族国家建构时期，加拿大的族群结构发生了较大的变化，作为世居民族的印第安人和因纽特人逐渐被英裔和法裔等外来移民所取代，最终形成了现代加拿大的三大族群类别，即土著民族、英裔和法裔两大宗主国民族、其他少数民族。加拿大的少数族群政策经历了从同化到二元再到多元的转变，即实现了从"熔炉"到"马赛克"的转变，承认和尊重多元文化。然而，英裔和法裔仍然占据着绝对的优势地位，事实上形成了以英裔和法裔为主的多元"马赛克"模式。"由英法裔人作为决策集团、其他族群作为移民集团和土著人作为'条约集团'而形成的一个立体的社会阶层。"③ 正是在这一背景下，法裔和英裔的矛盾始终伴随着加拿大民族国家的建构，魁北克问题成为困扰加拿大的历史遗留问题和现实发展问题，甚至可以说，整个第二次世界大战后的加拿大历史都是在调和两大"建国民族"（founding peoples）的矛盾。

---

① 殖民以来的加拿大历史可以被划分为三个时期，即英属殖民地时期（1763—1867年）、自治领时期（1867—1931年）和现代时期（1931年至今）。1931年12月11日，英国议会通过的《威斯敏斯特法案》正式确立了大英帝国与各自治领是英联邦内部平等的关系，各自治领内政外交自主，加拿大完成了现代意义上的民族国家建构。虽然直至1982年加拿大才最终收回了宪法修改权，但是，这更多地被视为民族国家建构的象征性举措。因而，自治领的建立被视为准民族国家的建构。

② 储建国：《当代各种政治体制——加拿大》，兰州大学出版社1998年版，第3—11页。

③ 刘军：《加拿大》，社会科学文献出版社2010年版，第42—45页。

二 魁北克问题：殖民时期与加拿大民族国家建构

魁北克省位于加拿大东北部，建国四省之一，面积为 166 万平方公里，是加拿大第一大省，仅次于努纳武特地区的第二大一级行政区，人口超过 800 万，作为北美的法国文化的中心，80% 以上的人口为法裔。"魁北克"一词在印第安语中的意思是河颈，也就是河流变窄的地方。① 位于圣劳伦斯河与圣查尔斯河汇合处的魁北克市是魁北克省的首府，其最大城市是有着"国际会议之都"美誉的蒙特利尔，也是世界性的法语中心。

在法国殖民者到来之前，魁北克是印第安人的居住地。1603 年，法国的一支探险队进入圣劳伦斯河，并于 1608 年在魁北克城建立居民点，宣布魁北克为法国殖民地，自此，魁北克进入了法国殖民时期，被称为加拿大，是新法兰西最为发达的一部分。在法国殖民期间，天主教、封建领主制、殖民政府是新法兰西的三大支柱。② 在魁北克被法国殖民期间，法国国王采取了一系列保护性的措施，让天主教和法裔得以在新法兰西扎根，奠定了魁北克的法国基因和传统。1756 年，英国与法国爆发了"七年战争"，在 1759 年的战役中，英军击败了法军，占领了魁北克，并在 1763 年的《巴黎条约》中正式得以确认。1763 年 10 月，英国颁布《皇室公告》(The British Royal Proclamation)，将加拿大（新法兰西的一部分）改称为魁北克省，魁北克进入英国殖民时期。《皇室公告》试图在魁北克采用英国制度以取代法国制度，传播英国国教，同化魁北克。然而，该法案遭到了魁北克的激烈反对，英国议会被迫于 1774 年通过了《魁北克法案》(Quebec Act)，确保了法语文化不受威胁，允许保留法国的制度体系，保障天主教的自由。该法案虽然在一定程度上缓和了魁北克与英国的矛盾，然而，魁北克内部的英裔与法裔之间的矛盾却是难以消解的。尤其是

---

① 刘军：《加拿大》，社会科学文献出版社 2010 年版，第 12—13 页。
② 同上书，第 77 页。

在美国独立战争期间,大量的"忠英派"(united empire loyalists)涌入魁北克,这些以英裔为主的难民加强了说英语族群的力量,削弱了法裔的影响力,《魁北克法案》越来越难以执行。为了分而治之,英国于1791年以渥太华河为界将魁北克拆分为英裔为主的上加拿大和法裔为主的下加拿大,后来上加拿大逐渐发展成为安大略省,下加拿大逐渐发展成为魁北克省。英语族裔与法语族裔的二元性被树立起来。1837年,下加拿大爆发了反对英国殖民者的抗争,迫使英国于1840年采纳了"德拉姆报告"(Durham's Report),将两者重新整合为加拿大省。19世纪60年代,英国北美殖民地召开了多次会议,讨论北美殖民地组成自治领的倡议。经过多次商讨之后,北美殖民地向英国议会提交了相关报告,英国议会于1867年通过了《不列颠北美法案》(British North America Acts)。将加拿大省分成安大略省和魁北克省,并与另外两个英属殖民地新不伦瑞克和新斯科舍合并为加拿大自治领,现代意义上的加拿大民族国家得以诞生,确立了加拿大的联邦体系和地方自治。此后,其他殖民地相继加入自治领。可以说,"在1763—1867年的100年间,英国殖民当局处心积虑,不断在'同化'与'安抚'、'分化'与'合并'的政策之间摇摆,却未能从根本上消除英裔、法裔居民之间的民族矛盾,反而增长了魁北克法裔人民的民族意识,强化了他们与英裔民族的隔阂与冲突"[①]。

自治领的建立并不意味着魁北克受歧视的日子逝去了。事实上,在说英语的大环境中,占人口少数的法裔不得不学好英语以便与英裔交流,更有甚者,即使是在人口占据绝对多数的魁北克省,即使存在所谓的双语原则,由于英裔占据着高层位置,法裔也不得不使用英语与之交流,而英裔则不用使用法语与法裔交流。这一情况一直持续到了静默革命时期。因此,可以说,法裔与英裔的分裂是如此的突出,且与区域相连,以至于在加拿大的语境中讨论其他的分

---

① 蓝仁哲:《加拿大文化论》,重庆出版社2008年版,第132页。

裂形式都是没有意义的。①

三　魁北克分离运动的现有解释

现有的关于魁北克分离运动的解释主要是从社会结构变迁、内部殖民主义、政治心理学等视角。就社会结构变迁的视角而言，静默革命所带来的社会结构变迁，尤其是随着社会阶级结构变迁和阶层流动所诞生的"新中产阶级"是魁北克分离主义的主要力量。如，麦克罗伯茨（McRoberts）认为战后魁北克以静默革命为代表的城市化、工业化和教育世俗化等社会革命改变了法裔的社会地位，造就了新的中产阶级，也正是他们成为继续推进魁北克社会变革的中坚力量和魁北克分离运动的主力军。② 就内部殖民主义的视角而言，米尔纳（Milner）和霍金斯（Hodgins）认为，魁北克的分离运动与其他发展中国家的去殖民化运动类似，去殖民地化运动反对的是外部殖民，而分离运动反对的则是内部殖民。③ 科尔曼（Coleman）认为，魁北克 60 年代后期的分离主义运动主要是为了扩大自治权，挽救在强势英语文化下不断被侵蚀的法语文化。④ 就政治心理学视角而言，作为魁北克人的迪翁在坚持他的政治心理学分析视角的前提下，就魁北克的个案分析时认为，正是魁北克人对联合的恐惧的程度和对分离的自信的程度都较高，才造就了魁北克的分离主义。反之，如果二者都不高，或者处于一高一低的状态，

---

① Richard S. Katz, "Are Cleavages Frozen in the English-speaking Democracies?", in Lauri Karvoen, Stein Kuhnle (eds.), *Party Systems and Voter Alignments Revisited*, London: Routledge, 2001, pp. 65 – 92.

② Kenneth McRoberts, *Quebec: Social Change and Political Crisis*, Toronto: McClelland and Stewart Inc., 1988.

③ Henry Milner, Sheilagh Hodgins, *The Decolonizaition of Quebec*, Toronto: McClelland and Stewart Inc., 1973.

④ William D. Coleman, *The Independence Movement in Quebec 1945 – 1980*, Toronto: University of Toronto Press, 1984, pp. 18 – 19.

基本不太可能分离。① 在此之外，亦有学者从既定背景下政治力量博弈的视角提出了新的解释，认为社会革命造就的新法裔中产阶级激进派与魁北克分离主义（民族主义）成为政党竞争的主要工具，魁北克与联邦政府之间的博弈酿成了分离运动。②

上述的分析视角都不乏一定的解释力。然而，就更严格的意义来说，魁北克的两次分离运动的原因并不是一致的，虽然在表面上分离运动的形式无异，但是，社会历史发展阶段的差异和领导力量的内部变迁使得两次分离运动的产生原因并不是通约的。由是，本书将从冲突性制度中个体发展差异、权力分配不公与领导力量的不同组织几方面对魁北克分离运动提出新的解释。

第二节　1980年公投：不彻底的静默革命与魁北克人党

一　不彻底的静默革命与新中产阶级：法裔与英裔权利机会的不平等

（一）静默革命：从文化地区主义上升为政治民族主义

1960年前的魁北克是一个较为封闭的天主教地区，联邦政府的权力触角深入省权，教会的威望较为兴盛，英裔主导着魁北克省的政治与经济进程。1960年，魁北克自由党在选举中获胜，党魁让·勒萨热（Jean Lesage）成为魁北克省省长，开始了一场影响深远的改革。让·勒萨热以"成为自己家园的主人"和"事情必须改变"

---

① Stéphane Dion, "Why is Secession Difficult in Weil-Established Democracies? Lessons from Quebec", *British Journal of Political Science*, Vol. 26, No. 2, 1996, pp. 269–283.
② 王建波：《改革与分离：瑞内·莱维斯克与魁北克人党（1968—1985）》，博士学位论文，山东大学，2010年。

为口号，① 在魁北克省掀起了一场从文化到政治的全方位改革，出台了一系列发展魁北克法裔的措施，涉及政治、经济、教育、社会等多个方面，从一开始就被赋予了革命的意义，被《环球邮报》(The Globe and Mail)的记者称为静默革命（quite revolution）。"这个词在一定意义上首先表示着加拿大英裔人士对魁北克省深刻变革的某种恐慌，所以将其称为'革命'，同时又包含着英裔人士的某些期待，希望它是平静的。"②

静默革命的目标大致分为三个方面：一是法裔掌握魁北克经济发展的关键部门；二是改革宗教与教育的关系，重视年轻法裔加拿大人的教育和生活；三是改革联邦与省的分权体制，扩大省权。③ 大致而言，这三个目标具体对应着经济、社会、政治三个方面。具体而言，在经济上，发展魁北克民族经济，摆脱对联邦和国外的依赖，重点扶持法裔经济，运用政府手段去扶持、帮助弱势的法裔企业，提升法裔在企业中的地位。在社会上，自由党政府的社会改革主要集中于教育和语言方面。在教育方面，政府成立了教育调查皇家委员会，重建教育部，颁布了《教育大宪章》法案，将原本依附于教会的教育置于政府领导下，开展教育世俗化、民主化进程。针对法语问题，静默革命始终坚持法裔在加拿大的二元主体地位，提升法语的政治地位与法裔的政治地位。在政治上，魁北克力图从扩大省权着手，与联邦就财税、养老等进行谈判和协商，争取有利的局面。以此，魁北克增加了其在联邦内的独立性，使得其看起来更像是一个独立的族裔，而不是一个省。在改革中，魁北克将议会改为更加法国化的国民议会，实行一院制。这种对自身特殊性的强调使得魁

---

① Aleksandar Pavković, Peter Radan, *Creating New States: Theory and Practice of Secession*, Aldershot: Ashgate Publishing Limited, 2007, p. 81.

② 王助：《魁北克人党与魁北克主权独立运动》，载北京大学加拿大研究中心编《加拿大研究·2》，民族出版社 2006 年版，第 373—389 页。

③ 王云弟、刘广臻：《枫林之国的复兴：加拿大百年强国历程》，黑龙江人民出版社 1998 年版，第 244 页。

北克开始注重扩大法裔在政府中的存在，扩展法语的适用范围，强调魁北克人在世界舞台上的存在。作为前法国的殖民地，魁北克与法国有着天然的联系，正是在这个基础上，魁北克充分利用了法国的平台作用。早在1882年，埃克托尔·法布尔（Hector Fabre）就被任命为魁北克驻法国的代理人，以后又获得联邦政府的批准，成为加拿大驻巴黎的代理人。这是作为次国家的魁北克开始尝试主权外交的努力。1961年，魁北克之家在巴黎成立，后更名为魁北克驻巴黎总代表团，推动了戴高乐1967年访问魁北克的行程。此后，魁北克在全球多个国家和地区设有外交机构。

处于变革之中的魁北克地区在20世纪60年代开始的静默革命中得到彻底的解放，从传统的与世隔绝的乡村农业社会向现代化的城市工业社会的急剧变革，诞生了以法裔社会中新型的以知识为资本的"新中产阶层"。这场冠以"革命"之名称的以法语、法裔的生存为目标的改革走向了以政治主权为目标的魁北克新的民族主义，[①] 使魁北克经历了新的觉醒，新的思想、活力和希望一起迸发。[②]

静默革命实现了从泛法裔民族主义情绪和言论转向一种具有实质意义的分离活动。[③] 原本静默革命只是为了提高法裔的政治与经济地位，而在改革中崛起的魁北克民族主义者彻底将法裔加拿大人或者讲法语的人变成了魁北克人，更加强调法语与英语的社会边界（boundaries of society），强调法裔与英裔等其他族群的地域与族群区隔，"传统的以文化为中心的法裔民族主义也就逐渐发展成为以魁北克为中心的'魁北克民族主义'"，实现了"从文化地区

---

① 蓝仁哲：《加拿大文化论》，重庆出版社2008年版，第134—136页。
② 宋家珩：《枫叶国度：加拿大的过去与现在》，山东大学出版社1989年版，第263页。
③ 周少青：《加拿大民族国家构建中的国家认同问题》，《民族研究》2017年第2期。

主义上升为政治民族主义"的转变。① 这样的一种情感可以在下面这首名叫《我的国家》（法文"Mon Pays"）的诗歌中得到一定的体现。

  我的国家不是国家，它是冬天；
  我的花园不是花园，它是平原；
  我的道路不是道路，它是白雪；
  我的合唱不是合唱，它是狂风；
  我的房子不是房子，它是寒冷；
  我的国家不是国家，它是冬天。②

（二）法语的弱势地位与法语的"反攻"

  语言是一个族群最为突出的标志和特征。语言是一个民族建构自我的问题，是否、何时和为什么使用某种语言关系到民族如何建构自我。③ 在加拿大，作为官方语言的英语与法语是最为重要的两种语言，作为法裔的魁北克人所使用的法语是法裔的"社会黏合剂"和"共同纽带"，"增加了社会内部群体之间的关系紧张，因为成形的文化形态被提离它们的特殊脉络，被扩展为普遍联盟，被政治化"④。因而，这种以语言界定群体身份的方式将法语置于法裔生存的高度，"语言逐渐成为局部植根于跨阶级社区的统一观念，指向能彼此理解的'我

---

① 杨恕：《世界分裂主义论》，时事出版社2008年版，第141页。
② 词曲由魏格纳尔特（Vigneault）1966年创作，转引自 Wayne Normann, *Negotiating Nationalism: Nation-Building, Federalism, and Secession in the Multinational State*, New York: Oxford University Press, 2006, p.28。书中引用的段落是："Mon pays ce n'est pas un pays, c'est l'hiver; Mon jardin ce n'est pas un jardin, c'est la plaine; Mon chemin ce n'est pas un chemin, c'est la neige; Mon refrain ce n'est pas un refrain, c'est rafale; Ma maison ce n'est pas ma maison, c'est froidure; Mon pays ce n'est pas un pays, c'est l'hiver."
③ ［美］克利福德·格尔茨：《文化的解释》，纳日碧力戈等译，王铭铭校，上海人民出版社1999年版，第274页。
④ 同上书，第278页。

们'与'外国人'不能听懂的征服者的鲜明写照"①。

在静默革命中,魁北克从法语的弱势地位着手,力图结束法语的弱势地位,取得与英语同等的实质性的官方语言地位。虽然同是加拿大的两大创始民族,法裔及其法语一直比较弱势,这不仅体现在英裔占多数的省通过废除法语学校、停止资助法语学校、限制法语适用范围等方式排挤法语的存在,更体现在法裔占多数的魁北克省。根据1961年的统计,有12284762名加拿大人说英语,3489866名加拿大人说法语,有2231172人操两种语言,另有232447人既不说英语也不说法语。而溯其母语,英语和法语分别为10660534人和5123151人。② 讲法语的人与母语是法语的人之间的差额说明,操两种语言的人多半来自法语集团。也就是说,操法语的法裔要想获得提升,就要去努力适应英语为主的环境,用英语去学习、工作等。不仅如此,作为一个移民国家,魁北克接受了大量的移民群体,而移民群体的英语化缩小了法裔人口的比例,冲击了法语文化。20世纪60年代加入魁北克的90%的法裔人口都投入了英裔的怀抱。法语地位岌岌可危,移民魁北克的他省人或外国人,无须学习法语即可在魁北克生存。据1977年的统计,这些新移民中有63%的人不懂法语,母语非英语或法语的人群占了魁北克很大的比例,1931年为6%,1961年为8.6%,1971年为10.4%。③ 移民群体的英语化使得魁北克的法裔文化遭到冲击,更加加深了原有的不对等地位。

在改革中,联邦总理皮尔逊和特鲁多对魁北克的诉求予以重视,并在联邦政府层面成立了多个协调机构,致力于法语的复兴与法裔的权益保障。1963年,时任总理莱斯特·皮尔逊(Lester Pearson)

---

① [英] 迈克尔·曼:《社会权力的来源(第二卷)——阶级和民族国家的兴起(1760—1914)上》,陈海宏等译,上海世纪出版集团2015年版,第269页。

② Jack L. Granatstein, *Canada, 1957 - 1967: The Years of Uncertainty and Innovation*, Toronto: McClelland & Stewart, 1986, p. 246.

③ 罗贤佑、曹枫:《难以平息的魁北克问题》,载姜芃主编《加拿大:社会与进步》,中国社会科学出版社1996年版,第63—77页。

成立了双语和二元文化皇家委员会。1969 年，来自魁北克的皮埃尔·特鲁多（Pierre Trudeau）总理任内通过了《官方语言法》（Official Language Act），规定法语与英语同为官方语言，提倡法裔接受法语教育。按照加拿大联邦政府的设计与魁北克政府的改革，法语的地位与法裔的权益是能够在宪法框架内得以实现的。然而，一系列事件的发生改变了改革的轨迹。

魁北克静默革命在 1970 年的十月危机（October Crisis）中遭遇了重创。十月危机是致力于魁北克独立的极端主义分子的魁北克解放阵线（Quebec Liberation Front，通常用法语缩写简称为 FLQ）所制造的一起暴力恐怖事件。十月危机的爆发使得联邦政府重新审视原先的二元文化政策。1971 年，特鲁多宣布将双语二元文化政策调整为双语框架内的多元文化政策，并在次年成立了多元文化部，后又成立多元文化咨询委员会等机构。这一政策的变更引来了法裔的强烈不满和反对。法裔之所以对双元文化有情感，主要是因为双元文化暗含的是法裔作为创始民族的地位，改为多元文化则意味着法裔被降格为与土著人群、爱尔兰裔、犹太裔等少数族群一样的地位，使法语降格为多种文化语言中的一种，而不是之前的两大建国民族的语言之一。[1] 1972 年，对于魁北克地区的研究报告发现：（1）一直以来法语人居经济劣势；（2）英语人不愿提供工作平等机会；（3）在经济上法语人必须使用英语；（4）移民大都选择英语学校；（5）英语人的法语能力很差；（6）大学对改变法语人的低发展无能为力。[2] 在此后的改革中，魁北克政府于 1974 年提出了《22 法案》（Bill 22），建立了自己的官方语言制度，规定法语是魁北克省的唯一官方语言。1976 年，魁北克的英裔航空人员因为不满工作中的双语制度而举行了罢工，此举激怒了法裔。在罢工事件中，魁北克人党的政纲获得

---

[1] 高鉴国：《加拿大多元文化政策评析》，《世界民族》1999 年第 4 期。
[2] 转引自李宪荣《加拿大的英法双语政策》，载施正锋主编《各国语言政策：多元文化与族群平等》，前卫出版社 2002 年版，第 13 页。

了广泛的支持。同年，魁北克举行了议会选举，魁北克人党一举获胜，上台执政。这一刚成立几年的党派的上台执政震撼了加拿大。上台之初的魁北克人党趁势通过了《101法案》，即《法语宪章》，明确了法语作为魁北克省唯一官方语言的地位，要求扩大法语的使用范围，规定政府、企业、教育、新闻传播等必须使用法语，而能够使用英语办公和教学的范围被大幅压缩。为了贯彻落实法语的唯一官方语言地位，政府推行了法语化五年计划，用总收入的0.5%进行补助，增加了2%的就业率，[1] 甚至成立了专门的语言警察队。这一法案是魁北克争取法语地位的最重要成就之一，不仅成功地排挤了英语，保护了法裔的语言和文化权益，而且以语言重新凝聚了法裔，因而这一法案被称为"民族建构的机制"。[2]

（三）法裔的弱势地位

按照加拿大学者约翰·波特（John Poter）的研究，加拿大的英法宪章群体、后来抵达的欧洲群体、土著三个层次的人群构成了加拿大的垂直马赛克。然而，同处于垂直马赛克高层的英法裔却存在着不平等。以魁北克的工业化为例，波特通过数据分析了魁北克的工业化不是魁北克法裔资本家完成的，而是由外来的讲英语的群体完成的。在魁北克省，人数的多少并不与经济、文化上的地位相称。[3] 在静默革命之初，相较于英裔，魁北克的法裔存在以下六个弱势，即工人工资比其他省少；失业率比其他省高；大部分商业被英格兰人控制，因而强制法裔工人讲英语；医疗卫生差，许多新生儿

---

[1] F. Vaillancourt, "La Charte de la Langue Francaise du Quebec: un essai d'analyse", *Canadian Public Policy*, Vol. 4, No. 3, 1978, pp. 248 – 308. 转引自 Neil B. Ridler, "Cultural Identity and Public Policy: An Economic Analysis", *Journal of Cultural Economics*, Vol. 10, No. 2, 1986, pp. 45 – 56。

[2] A. d'Anglejan, "Language Planning in Quebec: An Historical Overview and Future Trends", in Richard Y. Bourhis (eds.), *Conflict and Language Planning in Quebec*, Avon: Multilingual Matters, 1984.

[3] John Poter, *The Vertical Mosaic: An Analysis of Social Class and Power in Canada*, Buffalo: University of Toronto Press, 1965.

死亡；退休的魁北克人没有得到足够的费用维持生活；法裔一般都当工人，没有当公司老板。①

魁北克法裔的弱势地位由来已久。自20世纪"30年代至60年代人均年收入比全国水平低15个百分点左右，失业率则高25个百分点左右，税收率高10—15个百分点，而且魁北克的大公司基本为非法裔人所控制"②。及至静默革命，这种局面仍然没有改变。受过教育的法裔倾向于选择医生、律师等自由职业，或者是被天主教控制的教育系统，而在反映经济发展水平的金融、企业等领域任职的比例远低于人口比例，但法裔农民、产业工人等低端劳动力的人口比例却远高于英裔。甚至，加拿大国家铁路公司（Canadian National Railway）宣称没有一个法裔加拿大人有资格胜任公司的管理者。在波特的垂直马赛克模式中，魁北克的专业和管理的职业类别里，英裔占30%以上，法裔则不足15%，工资上的差别是，法裔比英裔少20%，在魁北克却扩大到了35%。③ 因而，法裔的弱势地位主要体现在职业与收入上。

在魁北克，作为工业经济的上层是英裔外来者，而本地的法裔则只能屈居下层，处于不对等的状态。④ 魁北克的经济事务多由英裔加拿大人和美国人的资本控制，法裔很少有机会在工业部门中担任高级职位。魁北克最大的105家私人公司中，法裔董事占多数的只有14家，剩下的91家公司中只有9%的法裔董事。⑤ 20世纪60年代后期，在全部的165家年产值一亿加元以上的企业中，法裔只有25家，同时，出口型资源企业、现代轻工业、资本市场和机构都是英裔控制

---

① 转引自阮西湖《加拿大民族志》，民族出版社2004年版，第142页。

② 储建国：《当代各种政治体制——加拿大》，兰州大学出版社1998年版，第85页。

③ John Poter, *The Vertical Mosaic: An Analysis of Social Class and Power in Canada*, Buffalo: University of Toronto Press, 1965.

④ 姜凡：《加拿大民主与政制》，社会科学文献出版社1993年版，第136页。

⑤ 洪邮生：《加拿大——追寻主权和民族特性》，四川人民出版社2003年版，第409页。

着，法裔只能在低产值工业中占有优势。① 表 4—1 反映了 1951 年、1961 年、1971 年三年中，英裔与法裔之间职业地位的差异。

表4—1　英裔和法裔之间职业地位的差异（1951 年、1961 年、1971 年）

族群	男性			女性		
	1951 年	1961 年	1971 年	1951 年	1961 年	1971 年
英裔	+.09	+.11	+.07	+.11	+.12	+.07
法裔	-.11	-.10	-.04	-.11	-.07	-.01

注："+"（如，+.09）表示该族群相对于其他族群处于优势地位；"-"（如，-.11）表示相对于其他族群处于劣势地位。1951（Domination Bureau of Statistics 1953：Table 12），1961（Domination Bureau of Statistics 1953：Table 21），1971（Statistics Canada：Table 4）。

资料来源：转引自 Ronald Hinch, *Debates in Canadian Society*, Nelson Canada：A Division of Thomson Canada Ltd.，1992，p.55。

从表 4—1 中可以看出的是，无论是男性还是女性，法裔相对于英裔等其他族群在职业地位上处于完全的劣势地位，但是，随着改革的进行，法裔的职业地位的劣势程度在逐渐缓解，尤以女性的地位缓解程度进步较快。然而，不可忽视的是，即使是经过十年的改革，及至 1971 年，这种劣势地位仍然是存在的，且是全方位的。

不仅如此，法裔的弱势还在出生率与移民问题上得到了体现。1956—1961 年，法裔魁北克妇女的生育率是 4.2‰，但是到 1966—1971 年就降到了 2.3‰。② 魁北克曾经力图实施"摇篮的复仇"，致力于提高法裔的出生率，然而，在 20 世纪 50 年代末到 70 年代初这

---

① Kenneth McRoberts, *Quebec：Social Change and Political Crisis*, Toronto：McClelland and Stewart Inc.，1988，p.71.

② Jean-Philippe Warren, "The History of Quebec in the Perspective of the French Language", in Pierre Larrivée (eds.), *Linguistic Conflict and Language Laws*, New York：Palgrave Macmillan, 2003, pp.126, 127.

段时间，魁北克从加拿大出生率最高的地方变成了最低的地方。① 不仅出生率影响了法裔的崛起，外来移民对法裔人口比例的稀释更加强化了法裔的弱势地位，尤其是外来移民的英语化更是沉重打击了法裔。

正是因为法裔的弱势地位，魁北克自由党领导的静默革命与魁北克人党的执政相继提出了一系列支持法裔发展的政策举措，取得了一定的效果，但是，也在一定程度上激起了法裔的独立情绪。比如，法裔占联邦公务员总人数的百分比从1965年的21%上升到1987年的28%—29%。② 经过改革，英裔和法裔的收入差距从1970年的45%缩小到了1985年的16%，魁北克公司中的法裔管理人员的比例从1959年的31%上升到了1977年的38%，并在1988年跃升至58%，法语与英语之外的其他语言后裔的孩子接受法语教育的比例从1980年的39%上升到1990年的75%，商业出版中法语的比例从70年代的85%上升到90年代的90%。③ 随着魁北克人党执政的推进，致力于魁北克法裔企业的政策逐步实施，增强了法裔在经济活动中的话语权。尤为值得注意的是，原先的魁北克商业集团因为害怕独立后与加拿大其他省份的经济联系被切断而拒绝支持独立，然而，随着全球化的推进与魁北克经济发展计划的推进，魁北克与其他国家的贸易往来日渐密切，一个独立的魁北克或许更加符合其利益，因而商业利益集团倾向于独立。④

---

① ［加拿大］罗伯特·博斯维尔：《加拿大史》，裴乃循等译，中国大百科全书出版社2012年版，第378页。

② Christopher Edward Taucar, *Canada Federalism and Quebec Sovereignty*, New York: Peter Lang Publishing Inc., 2000, p. 110.

③ Conseil de la languefrancjaise, *Indicateurs de la situation linguistique au Quebec*, Quebec: Publications du Quebec, 1992. 转引自 Michael Keating, *Nations Against the State: The New Politics of Nationalism in Quebec, Catalonia and Scotland*, New York: ST. Martin's Press, 1996, pp. 87 – 89。

④ Hudson Meadwell, "The Politics of Nationalism in Quebec", *World Politics*, Vol. 45, No. 2, 1993, pp. 203 – 241.

二 魁北克人党：勒内·莱维斯克、组织建设与政治活动

静默革命是魁北克自由党执政下的社会变革运动，一直延续到魁北克人党上台。在 20 世纪 60—70 年代，魁北克的政治气候发生了前所未有的变化。在改革中崛起的法裔新中产阶级激进派过多地强调魁北克省的独立性和特殊性，用"攻击性的民族主义话语取代了本质上的防御主义和保守民族主义，导致了对主权魁北克的追求"。这一诉求的发生是在工业化、城市化和消费社会的兴起中产生的，"工人阶级的巩固，新的小资产阶级的崛起，以及新的魁北克资本主义构成了这种变化的最重要的因素"[1]。

魁北克主权运动由来已久，然而，从一种文化主义发展到政治主义的主权运动是第二次世界大战后才逐渐兴起的，尤其是在静默革命中逐步发展起来。在这一时期，魁北克解放阵线、魁北克人党，以及最先的两个重要的政党民族独立大会（The Assembly for National Independence, RIN）和民族集会（the National Rally, RN）[2] 等政党的产生是魁北克民族主义走向政治化的重要标志。其中，魁北克人党的组建标志着魁北克分离运动进入了实质性阶段和新的历史阶段，魁北克人党成为魁北克分离运动的领导团体，此后的魁北克分离运动一直处于魁北克人党的领导下。

（一）莱维斯克："失败的分离主义领袖，成功的改革主义政治家"[3]

谈及 1980 年的魁北克公投就不能不提到魁北克人党的创立者和领导人勒内·莱维斯克（René Lévesque）。1922 年，莱维斯克出生在加拿大唯一的英法双语省——新布伦瑞克（New Brunswick）省，同时也是

---

[1] Berch Berberoglu, *The National Question: Nationalism, Ethnic Conflict, and Self-determination in the 20th Century*, Philadelphia: Temple University Press, 1995, p. 207.

[2] Ibid., pp. 207, 209.

[3] 王建波：《改革与分裂：瑞内·莱维斯克与魁北克人党（1968—1985）》，博士学位论文，山东大学，2010 年，第 120 页。

除魁北克之外最大的法裔聚居区。莱维斯克成长于魁北克省，在大学尚未完成时即肄业成为电视台的播音员与撰稿人，并在第二次世界大战中前往欧洲成为一名战地记者。战后，莱维斯克回到魁北克，继续他的记者生涯，并逐渐在政治新闻中崭露头角。作为一个记者出身的政治家，其对政治的兴趣影响了他的政治生涯。1960年，莱维斯克成为魁北克议会中的自由党议员，并逐渐成为勒萨热政府的水力资源与公共工程部部长（Minister of Hydroelectric Resources and Public Works）、自然资源部部长（Minister of Natural Resources）、家庭与福利部部长（Minister of Family and Welfare）。1966年，魁北克省举行议会选举。在选举中，原先执政的魁北克自由党被民族联盟（Union Nationale）打败，致力于魁北克自治的丹尼尔·约翰逊（Daniel Johnson）成为省长。尽管莱维斯克保住了自己的席位，但他关于魁北克与联邦政府的"主权—联系"主张并未得到自由党高层的赏识，魁北克自由党发生了分裂，莱维斯克脱离了自由党，并于次年组建了主权—联系运动（Mouvement Souveraineté-Association），提出了"主权—联合"（sovereignty-association）的概念，致力于魁北克的独立。主权—联系运动逐渐联合了民族联盟等其他政治团体，于1968年正式成立了魁北克人党。

在莱维斯克担任魁北克人党党魁和魁北克省省长期间，大力实施改革，增强法裔在政治与经济生活中的地位，着力保护法语文化。在这一时期，魁北克的社会经济发展甚至创造了所谓的"魁北克模式"（Quebec Model）。致力于魁北克分离的莱维斯克在重大政治事件中始终以魁北克的利益为考量，赢得了广泛的尊重。可以说，莱维斯克使得分离主义成为令人尊敬的事业。[1]

（二）魁北克人党：逐步实施的公投

1. 从暴力恐怖到和平公投

魁北克分离运动的历程历经了暴力到和平的方式转变、多元组

---

[1] L. Ian MacDonald, *From Bourassa to Bourassa: Wilderness to Restoration*, Montreal, Ithaca: McGill-Queen's University Press, 2002, p. 151.

织到单一主体的转变。在静默革命中，崛起了两股势力：一是以和平方式开展独立抗争的政治组织，如吉尔·格雷古瓦（Gilles Grégoire）的"国民集会"、莱维斯克领导的魁北克人党等组织；二是以暴力方式开展武装斗争、恐怖袭击，争取独立的政治组织，如魁北克解放阵线，后被定性为恐怖组织。在这两类组织中，以魁北克解放阵线为先导的独立运动被称为"喧闹的革命"，以区别于改革的静默革命。也正是这种暴力恐怖袭击活动的发生将魁北克解放阵线推向了灭亡，将以魁北克人党为代表的和平抗争组织推向了前台。

在静默革命中成立的魁北克解放阵线以所谓的"社会主义"和"民族主义"为指导，以暴力恐怖袭击为手段，以魁北克独立为最终目标。1970年10月，英国驻蒙特利尔的商务代表詹姆斯·克罗斯和魁北克省劳工部部长皮埃尔·拉波特先后被魁北克解放阵线绑架，后者在几日后被极端分子处决。这一事件的发生给致力于魁北克主权独立的魁北克民族主义分子以恶劣的负面影响，但也让主张和平方式的魁北克人党获得了更多的支持。在处理此事中，特鲁多总理援引《战争措施法》（War Measure Act）[1]的规定，除了向魁北克派驻军队外，还加大了逮捕力度，到1970年年底，共拘捕453人，但只有18人被控有罪，其他人均没有被起诉。[2] 这一举动极大地伤害了魁北克人的感情，意味着整个魁北克人被置于有罪的境地。在这次危机中，原先支持联邦政府的一些精英分子，如皮埃尔·约翰逊（Pierre-Marc Johnson）、联邦自由党党员吕西安·布沙尔（Lucien Bouchard）等加入了魁北克人党，后都成为党魁，致力于魁北克的主权独立。

在与联邦政府就魁北克的利益产生纠葛的同时，以莱维斯克为

---

[1] 在加拿大历史上，《战争措施法》只使用过三次，前两次是两次世界大战，最近的一次则是十月危机。

[2] 王建波：《改革与分离：瑞内·莱维斯克与魁北克人党（1968—1985）》，博士学位论文，山东大学，2010年，第35页。

代表的政治组织主张魁北克的独立应该是民主的、和平的，应该要致力于议会政治的道路，通过选举上台执政，付诸公投。在魁北克的独立过程中，"民族利益和地方利益将会在两党政治中有着更大表达空间"①，而不是暴力恐怖袭击，以免给联邦政府的干涉留下口实。

值得注意的是，虽然两股势力在方式上存在着截然不同的区别，然而，在目标上，双方都是一致的。因而，双方都竭力拉拢法裔，成功地凝聚了魁北克人，以此为基础在与联邦政府的谈判中获得更多的利益。在不认可暴力恐怖袭击方式的同时，以和平抗争方式开展独立运动的多个政治组织团结在莱维斯克领导的主权—联系运动之下。1968年10月11—14日，主权—联系运动和"国民集会"合并组建了以莱维斯克为主席、格雷古瓦为副主席的魁北克人党，其后，其他致力于魁北克独立的和平抗争组织绝大多数加入了魁北克人党。② 魁北克人党的成立是魁北克主权运动转向的标志，它标志着魁北克分离运动从暴力转向了和平，从恐怖袭击转向了议会公投，从力量分散转向了旗帜统一。此后，魁北克的独立运动开始在统一的领导人、统一的政党、统一的旗帜下开展。

2. 魁北克人党的组织建设与选举战略

魁北克人党成立以后，围绕着魁北克独立的目标，魁北克人党通过代表大会完善了组织建设，并根据时代的变化相继提出了较为合理的选举战略，最终得以开展公投。表4—2是1980年公投以前魁北克人党的历次代表大会情况。

---

① 赵海英：《20世纪90年代加拿大政党政治演变及其前景分析》，载北京大学加拿大研究中心编《加拿大研究·2》，民族出版社2006年版，第79—93页。

② Aleksandar Pavković, Peter Radan, *Creating New States: Theory and Practice of Secession*, Aldershot: Ashgate Publishing Limited, 2007, pp. 81–82.

表4—2　　　魁北克人党历次代表大会概况（1968—1979年）

届次	时间	主题	备注
一大	1968年10月11—14日	这个我们可以建立的国家	
二大	1969年10月7—19日	标志与激情的大会	提出"一项关于全民公决及其实施方式的组织法应该得以颁布，以明确通过这一民主程序来行使国家主权"
三大	1971年2月26—28日	魁北克人，请做出你们的选择	
四大	1973年2月23—25日	魁北克人，时不我待	
五大	1974年11月15—17日	魁北克人，值得一干	在党纲中加入了"全民公决是通向主权的方式"，拉拢中间选民，以让选民觉得是他们在掌握魁北克的主权
六大	1977年5月27—29日	明天属于我们	通过了在魁北克人党政府第一个任期内在合适的时候通过全民公决的方式明确魁北克主权的提议
七大	1979年6月1—3日	从平等到平等	制定了一个主权魁北克与加拿大其余地区联盟的策略和运行机制，并于当年向省议会提交了《主权—联系草案》，为公投做准备

资料来源：王助《魁北克人党与魁北克主权独立运动》，载北京大学加拿大研究中心编《加拿大研究·2》，民族出版社2006年版，第376—378页。笔者根据相关内容自制。

1968年的魁北克人党一大标志着魁北克人党的成立。从这次大会的主题来看，魁北克人党的目标是明确的、直接的，毫不遮掩地宣称他们的奋斗目标是为了一个独立的主权魁北克。鉴于一大并未提出独立的方式，1969年的二大反对魁北克解放阵线的暴力斗争，主张在议会政治中用民主的方式达致目标。二大之后，魁北克人党参与魁北克议会的选举，这是魁北克人党成立之后第一次参与议会选举，标志着魁北克人党领导的分离运动是和平的、议会政治的，这种非暴力的方式赢得了法裔的支持，也获得了英裔等其他族群的理解。1970年的魁北克议会选举中，魁北克人党提出了"是的"（yes）的竞选口号和"答案"（the solution）的竞选纲领。虽然此次选举魁北克人党只获得了7个议席，自由党再次上台执政，但这对于刚刚成立的魁北克人党而言，已经是巨大的成功了。此次选举更

第四章　魁北克分离运动（1960—2006 年）

多地被视为魁北克人党的亮相，撇清与魁北克解放阵线的关系，更多的是宣传自己。在魁北克人党三大和四大之后，1973 年的魁北克议会选举中，魁北克人党以"我喜欢魁北克"（I have a taste for Quebec）为竞选口号，获得了 6 个席位。虽然此次选举中议席数量相较于上次减少了 1 个席位，然而，由于自由党获得了 102 个议席，而此前的反对党"民族联盟"没有获得一个议席，魁北克人党成为议会的反对党，标志着魁北克人党再进一步，获得了在议会中的更大的主动权。此次选举之后的次年，魁北克人党五大即以"魁北克人，值得一干"为主题召开了五大，正式明确了公投的独立方式。值得注意的是，魁北克人党自成立以来一直获得了相对稳定的选民数量，他们致力于魁北克人党提出的独立目标。劳伦斯·勒迪克（Lawrence LeDuc）的研究表明，魁北克人对魁北克人党的支持不是暂时的，也不是对独立的支持不相关，这种现象在过去的若干年中保持了相对的稳定。在年轻的、受过教育的被访者中，对独立和魁北克人党的支持是最高的。数据显示，1968 年相信魁北克会分离的魁北克人占比达到 23%，1974 年上升到了 27%。样本中 30 岁以下的被调查者中，有 16% 支持独立，有 33% 认同魁北克人党。[1]

正是依靠着这种支持度，在 1976 年 11 月举行的魁北克省议会选举中，魁北克人党以"我们需要一个真正的政府"（We need a real government）为竞选口号，获得了 110 个议席中的 71 个，执政的自由党仅获得 26 个议席，魁北克人党正式成为执政党。此次选举中，魁北克人党将焦点集中在正直、良善政府、好的领导和说法语者的语言安全问题，而不是主权问题。[2] 这一选举策略是针对自由党糟糕的经济表现而提出来的，也针对性地吸引了在静默革命中成长起来的新中产阶级。魁北克人党的获胜给加拿大联邦政府以沉重的

---

[1] Lawrence LeDuc, "Canadian Attitudes Towards Quebec Independence", *The Public Opinion Quarterly*, Vol. 41, No. 3, 1977, pp. 347–355.

[2] Stéphane Dion, "The Quebec Challenge to Canadian Unity", *Political Science and Politics*, Vol. 26, No. 1, 1993, pp. 38–43.

一击。成立仅七年的分离主义政党上台执政,上台后的魁北克人党组建了全法裔的内阁,莱维斯克出任省长。执政后的第一次全国代表大会(即六大)上,魁北克人党提出了"明天属于我们"的主题,并且正式通过决议,承诺会在第一个任期内以全民公决的方式和合适的时候开展独立公投。在第一个任期内,魁北克政府将经济、教育与文化、社会、政府治理视为四大战略,根据不同时期,战略有所调整,在第一个任期之内,偏重次序是教育与文化96.4%、社会87%、政府治理52.5%、经济32.4%,[①] 凸显了以法语为核心的教育与文化是魁北克分离运动的关键地位。1979年,魁北克人党七大举行,这是1980年公投前的最后一次党代会。此次党代会上,魁北克人党审时度势,将会议的主题定为"从平等到平等",意味着从语言文化的平等到政治权力的平等,即要求独立于英裔,成为一个主权国家。为了更好地团结魁北克人,减少来自联邦政府的阻力,赢得更加广泛的同情和支持,此次大会提出了主权魁北克与加拿大其他地区关系的处理意见,即"主权—联系"方案。

3. "主权—联系"方案与1980年的独立公投

"主权—联系"方案是魁北克人党有组织、有规划地提出的分离策略。对于魁北克人党而言,一个独立的主权魁北克应该是在政治上与加拿大联邦保持着对等的外交关系,在经济、社会等方面保持着一定的联系,而非完全割裂。因而,甚至有学者称之为"主权公投而非独立公投"[②]。然而,这一称呼的变更并不能改变魁北克分离运动的本质,主权公投的说法仅仅是魁北克人党的策略而已。

"主权—联系"方案意在通过与加拿大其他地区的经济联系来掩盖事实上的独立本质。1967年,莱维斯克提出了这一分离策略。在

[①] Kenneth McRoberts, *Quebec: Social Change and Political Crisis*, Toronto: McClelland and Stewart Inc., 1988, p. 370.

[②] 有关这一问题,参见陈翁平《一九九五年魁北克主权公投与加拿大联邦政府的对策:其政治与法律上对应之研究》,《大汉学报》2009年第25期。

他出版的《魁北克的选择》(An Option for Quebec)① 和《我的魁北克》(My Quebec)② 这两本书中，莱维斯克提出了魁北克分离运动的手段、方向与目标，阐释了"主权—联系方案"。从最初的"做自己屋子的主人"和"魁北克是一个与其他省不一样的省"的定位到魁北克与加拿大联邦是"一种新的平等的伙伴关系"的定位的转变，显示出了魁北克人党认知的变化。这一观念的变迁凸显出魁北克人党将法裔和其他魁北克族群首先定位为魁北克人，其次才是加拿大人，加拿大法裔这一概念被淘汰了，民族主义者将魁北克公民称为魁北克人。③ 同时，这一概念的变迁意味着加拿大并非是一个统一的民族国家，1867 年的《不列颠北美法案》更应该被视为英裔、法裔两大建国民族的联合体，魁北克分离运动表明这一联合体逐渐走向了不平等、不对等。为此，1979 年 11 月 1 日，魁北克人党正式提出了"魁北克—加拿大：一个新的协议"(Quebec-Canada：A New Deal) 的白皮书，事实上是独立公投的宣言。

在 1979 年 11 月的白皮书发布之后，围绕着"主权—联系方案"和公投后的魁北克—加拿大关系、经济联系、法律纠纷等问题，莱维斯克及其领导的魁北克人党与联邦政府和魁北克其他政党、族群等进行了广泛的讨论和交锋。1980 年 4 月 15 日，莱维斯克宣布魁北克省将于当年 5 月 20 日举行"主权—联系方案"公投。同一天，特鲁多总理宣称，在任何情况下都不会与魁北克人党就"主权—联系方案"进行谈判，主要是这一方案太过模糊，且加拿大联邦政府在此项议程中的权力是不确定的。④

---

① Rene Levesque, *An Option for Quebec*, Toronto：McClelland and Stewart Limited, 1968.

② Rene Levesque, *My Quebec*, Toronto：Methuen Publications, 1979.

③ 王建波：《改革与分离：瑞内·莱维斯克与魁北克人党（1968—1985）》，博士学位论文，山东大学，2010 年，第 9—10 页。

④ John English, *Just Watch Me：The Life of Pierre Elliott Trudeau, Volume Two (1968 – 2000)*, Toronto：Knopf Canada, 2009.

按照魁北克人党的既定计划，魁北克人党于 1980 年 5 月 20 日正式启动了关于"主权—联系方案"的独立公投。公投全文如下：

> 魁北克政府宣布其要与加拿大其余地区在各民族平等的原则下达成一个新的协议的建议。这个协议将使魁北克获得制定其法律、征收其税务和建立其余外国的关系的专有权力，这些就是主权的意思，同时使魁北克和加拿大保持经济联盟，包括使用同一货币。这次谈判所取得的政治地位的任何改变如果未得到下一次全民公决中人民的同意都将不能实现。因此，您是否赋予魁北克政府权力就上述提出的协议在魁北克和加拿大之间进行谈判？

公投的结果是，2187991 人（59.56%）反对，1485851 人（40.44%）赞成，关于"主权—联系方案"的提议被否决。

此次公投，魁北克人党做足了准备。表 4—3 显示了 1980 年魁北克人的自我认同情况。全体魁北克人中，认为自己主要是魁北克人的占到了 36%，这与公投赞成的数据大致相符。认为自己既是魁北克人又是加拿大人的占到了 41%，而事实上，决定公投成败的主要就是这一群体。公投之后，分离主义者认为公投的表述太过模糊，掩盖了分离的本质追求，导致了相当大部分的中间选民倒向了联邦政府。

表 4—3　　　　　　　　1980 年魁北克人的自我认同　　　　　　　（单位：%）

	全体魁北克人	蒙特利尔英裔	蒙特利尔法裔
认为自己主要是加拿大人	23	33	19
认为自己主要是魁北克人	36	10	43
魁北克和加拿大在自己心目中地位相等（既是魁北克人，又是加拿大人）	41	54	38

资料来源：Roger Gibbins, *Regionalism: Territorial Politics in Canada and the United States*, Toronto: Butterworth Group of Companies, 1982, p.183。

此次公投中，成长于静默革命中的、年龄介于 35—44 岁之间的经济上较为富裕且教育程度相对较高的选民是独立的坚定支持者。[①] 这一结果表明了静默革命中成长起来的新中产阶级是魁北克分离运动的基础，静默革命影响了魁北克一代人，造就了一批致力于魁北克民族独立的魁北克人。

公投的失败在很大程度上与出身魁北克法裔的特鲁多总理的努力相关。作为联邦政府总理，特鲁多的任务在于维护联邦的统一和完整，而不是依靠法裔的身份来决定自己的政治倾向。在公投前的演讲中，特鲁多承诺会采取新的政策措施挽留魁北克，其中很重要的一项是从英国收回宪法制定与修改权。然而，正是由于宪法制定与修改权的回归导致了魁北克与加拿大联邦政府关系的恶化，最终导致了 1995 年的再次公投。

第三节　1995 年公投：二元性的消逝与魁北克人党

不同于 1980 年的独立公投，1995 年的独立公投是魁北克人党在魁北克省宪法否决权被取消、魁北克作为创始民族的二元性地位消逝而做出的选择。在这一次的公投中，魁北克人党继续承担着领导、组织、动员的作用，仍然是按照既定的分离策略逐步实施的。值得注意的是，作为支持者的魁北克集团（the Bloc Quebecois）在联邦议会中的作用与作为领导者的魁北克人党在省政府的执政地位遥相呼应，最终仅以极其微弱的劣势败北，给予了联邦政府以更大震撼。

---

① Jonathan Lemco, "Canada: The Year of the Volatile Voter", *Current History: A Journal of Contemporary World Affairs*, No. 950, 1995, pp. 118 – 122.

一 二元性的消逝：从宪法否决权到二元文化

在理清魁北克消逝的二元性之前，有必要解释下魁北克的二元性。作为一个在英裔环境下存在的法裔聚居地，魁北克省是北美法语文化的中心。凭借着加拿大两大创始民族之一的地位，魁北克省在加拿大联邦事实上有着超出其实体力量的政治特权和文化特权。正如本章所解释的那样，当文化上的特权被逐步侵蚀的时候，魁北克人通过静默革命和魁北克人党的执政确定了法语的官方语言地位和魁北克省唯一官方语言的地位，提高了法裔在政治、经济、文化中的地位。至于政治特权，魁北克在加拿大宪法制定与修改权尚未收回时使用着事实上的否决权，英法二元地位稳固，魁北克的定位不仅是一个普通省，而且也是一个事实上的特别民族区域。对于前者而言，表4—4是第二次世界大战后的魁北克在历届联邦议会中的议席数，从中可以看出的是，议席数量基本上与法裔人口比例是相等的。这个数据对比在一定程度上说明，魁北克的议席分配不存在权力分配上的不公问题，同时也表明魁北克省是加拿大一个普通省的定位。

表4—4　第二次世界大战后魁北克在历届联邦议会中分配到的议席数（1947—1995年）

年份	全国（个）	魁北克（个）	议席比例（％）	法裔人口（个）	人口比例（％）
1947	255	73	28.63		
1949	262	73	27.86		
1951				4319167	30.8
1952	265	75	28.30		
1966	264	74	28.03		
1971				6180120	28.7
1976	282	75	26.60		

第四章 魁北克分离运动（1960—2006年） 153

续表

年份	全国（个）	魁北克（个）	议席比例（%）	法裔人口（个）	人口比例（%）
1981				6439100	26.7
1987	295	75	25.42		
1995				6146600	23.0

资料来源：本表根据陈书笋《加拿大选举制度研究》，中国政法大学出版社2013年版，第75页表13和王昺主编《文化马赛克：加拿大移民史》，民族出版社2003年版，第97页表一制作。部分资料来源于Steve Muhlberger, *A History of the Vote in Canada*, Ottawa: The Chief Electoral Officer of Canada, 2007, p.115; Howard Palmer, *Ethnicity and Politics in Canada since Confederation*, Ottawa: The Canadian Historical Association, 1991, p.3; 王昺《加拿大民族政策与双语教育》，《辽宁师范大学学报》1996年第3期；等等。

在魁北克看来，"加拿大联邦制并不意味着所有10个省和联邦政府在一种制度框架内运作，加拿大是由两大基础民族组成的联合体，加拿大宪法是两大民族的一个契约，或者说是英族省和法族省的一个契约"①。因而，作为两大建国民族之一的法裔接受的是英法二元的地位，这是从1867年建国时就被广泛接受的。然而，在随后的发展中，魁北克人的二元性逐渐遭到蚕食，最为严重的削弱始于1980年公投。公投之后，按照公投之前的承诺，特鲁多总理于1980年10月向联邦众议院提交议案，要求向英国收回宪法的制定与修改权。此前，根据1931年英国议会通过的《威斯敏斯特法案》(*Statute of Westminster*)，加拿大宪法的最终制定与修改权在英国议会，同时，英国议会采取被动的方式，在接受加拿大的请求后才能表态同意与否。1980年的公投震撼了加拿大，加拿大联邦政府决心采取修宪的方式赋予魁北克省更多的自治权，换取其继续留在联邦内。在向英国议会提交相关修正案后，英国议会不愿意介入加拿大联邦与省的纠葛，表示有关省的权力问题要经由省统一后再行提交英国议

---

① 储建国：《当代各种政治体制——加拿大》，兰州大学出版社1998年版，第39页。

会。1981年，联邦最高法院亦判决联邦政府应征得各省同意。由于魁北克省认为新的宪法修正案并未体现魁北克的特殊地位和二元原则，表示不同意新的宪法修正案。然而，特鲁多总理在征得其他9个省的同意之后，仍然坚持收回宪法制定与修改权。尽管魁北克坚决反对，英国议会仍然于1982年3月通过了加拿大联邦政府的请求，即《1982加拿大法案》（Canada Act 1982），并经由英国女王签署生效。法案生效替代了1867年的《英属北美法案》，同时，加拿大有关宪法的修改不再需要提交英国议会审核，实现了宪法上的独立自主。此次收回宪法制定与修改权对魁北克影响最大的有三点：一是，宪法的修改要经由联邦议会两院通过，2/3省议会和那些省至少50%人口的同意，事实上剥夺了魁北克原有的宪法否决权。二是，联邦政府与其他九个省制定的《加拿大权利与自由宪章》（Canadian Charter of Rights and Freedoms）经由英国议会通过成为宪法性文件，取代了1960年制定的《加拿大权利法案》（Canadian Bill of Rights）。魁北克认为，这项权利与自由法案要求承认与肯定某种统一的宪政认同，宪章建造了一个帝国式的重轭加诸魁北克特有的法语与民法文化。① 三是，宪法所规定的语言权利威胁魁北克的文化安全，而且部分条款与《101法案》相矛盾。正是基于上述考量，魁北克认为其省权被侵犯，特殊的地位被侵蚀，二元性逐渐消逝，因而拒绝在联邦宪法上签字。

有鉴于此，魁北克在1982年6月即通过了《魁北克法案62》。法案规定了魁北克人受魁北克权利宪章的保护，而不受《加拿大权利与自由宪章》的保护。② 然而，1984年，加拿大最高法院裁定《101法案》违宪，这更加刺激了法裔的神经，法裔组织了有史以来规模最大的游行示威。

---

① ［加拿大］詹姆斯·塔利：《陌生的多样性：歧异时代的宪政主义》，黄俊龙译，上海世纪出版集团2005年版，第11页。
② 储建国：《当代各种政治体制——加拿大》，兰州大学出版社1998年版，第42—43页。

1984 年，来自魁北克的布莱恩·马尔罗尼（Brian Mulroney）总理上台，着手推动修宪。1985 年和 1986 年，魁北克前后两任省长莱维斯克与罗伯特·布拉萨（Robert Bourassa，1985 年经省议会选举后上台的自由党省长）相继就接受宪法条文提出了一些附加条件。布拉萨提出的五项条件包括，承认魁北克作为天主教和法语区的独特社会地位、确保魁北克在移民方面的权力、限制联邦政府的开支、参与最高法院法官任命的权力、拥有宪法否决权。1987 年 4 月 30 日，为了安抚魁北克人的情绪，围绕上述条件，马尔罗尼总理召集十个省的省长在米奇湖（Meech Lake）会谈，在魁北克五项条件的基础上达成了相关协议，即《米奇湖协定》（Meech Lake Accord），协定基本上满足了魁北克的要求，承认了魁北克"独特社会"的地位，规定了宪法的修改需要得到联邦和十个省的一致同意方能有效，这在事实上又重新赋予了魁北克省宪法否决权。协议实施了三年的批准期限，自魁北克批准协议的 1987 年 6 月 23 日起，截止到 1990 年 6 月 22 日。然而，在三年期限到来时，曼尼托巴省（Manitoba）和纽芬兰省（Newfoundland）表示反对，协议最终被搁置。魁北克人认为再次受到了羞辱。协议未能通过使得执政的保守党政府分裂，协议的破产使以吕西安·布沙尔为代表的议员出走，另组魁北克集团，后来成为魁北克人党在联邦的有力支持者和魁北克分离运动的重要操作者。执政的魁北克自由党政府拒绝与联邦协商，直到 1992 年。

1992 年 8 月，联邦政府与省、地区的领导人和原住民等齐聚夏洛特敦（Charlottetown），达成了《夏洛特敦协定》（Charlottetown Accord）。根据协定的规定，联邦与省致力于解决悬而未决的权力划分问题，《加拿大条款》（Canada Clause）承认魁北克是一个独特的社会，保证魁北克在联邦议会众议院中 25% 的席位，保证最高法院中有三名魁北克出身的法官。按照目前的研究，《夏洛特敦协定》被认为是"双叉策略"（a two pronged strategy），即该协议不仅满足了法裔的诉求，同时也照顾到了英裔的利益。① 根据协定规定，《夏洛特敦协定》的批准采取全民公决的形式。1992年10月26日，《夏洛特敦协定》在加拿大举行全民公决。根据最终统计结果，以54.3%对45.7%的结果否决了该协定。具体到省份而言，在全国10个省和2个地区中，新布伦瑞克省、纽芬兰省、安大略省（Ontario）、爱德华王子岛省（Prince Edward Island）和西北地区（Northwest Territories）五个省份通过了该协定，其余七个省份都否决了该协定，甚至魁北克省都未能通过。对魁北克而言，协定中照顾英裔的条款让他们难以接受，"英裔加人所表现的疑问和反对，被视为是拒绝承认魁北克在文化和历史上的独特性……或许更值得一提的是，此种有关地位的忧虑，也是魁北克反对各省平等观念的根源"②。然而，对于其他英裔省份而言，协定中照顾甚至偏袒魁北克人的内容更加难以接受，他们不希望看到魁北克作为一个特殊省份存在于联邦中。

《米奇湖协定》和《夏洛特敦协定》是1980年公投后联邦政府挽救魁北克与联邦政府关系的努力，但两份协定相继被否定严重挫伤了魁北克人的情感，成为他们拒绝联邦的最好借口。此后，魁北克独立运动再次高涨，及至1994年魁北克选举，魁北克人党再次上台执政，并在一年后的1995年10月30日再次公投。

二 魁北克人党：组织建设与公投策略

（一）魁北克人党党代会主题的变迁与作为支援力量的魁北克集团

1. 魁北克人党党代会主题的变迁

1980年公投之后，魁北克人党继续执政。1981年4月，魁北克

---

① 资料来源：*Globe and Mail*, October 28, 1992, p. A4；October 29, 1992, p. A5；*Financial Times*, October 28, 1992, p. 4。转引自陈翁平《加拿大联邦体制与宪政争议（一九六四——一九九二）：其困境与挑战之研究》，《大汉学报》2011年第25期。

② Charles Taylor, *Reconciling the Solitudes: Essays on Canadian Federalism and Nationalism*, Montreal & Kington: McGill-Queen's University Press, 1993, p. 16.

省议会选举中魁北克人党以"在魁北克,我们必须保持强大"为口号竞选,获得了49.2%的选票,在议会中获得了80个议席,成为魁北克人党参加选举以来获得的最高得票率和最多议席数,[①]得以继续执政。在其开始继续执政到1995年再次公投期间,魁北克人党的组织建设与公投策略是通过历次党代表大会的形式完成的。表4—5显示了1980年魁北克公投后的魁北克人党历次代表大会的情况。

表4—5　　魁北克人党历次代表大会概况(1981—1995年)

届次	时间	主题	备注
八大	1981年12月4—6日与1982年2月13—14日	主权的时刻到了	会议分为两个阶段:第一阶段趋于激进,第二阶段趋于务实。会议通过了主权魁北克运动启动的原则,取消了主权—联系方案的必然关系,承认了魁北克文化的多样性
九大	1984年6月8—10日	一个崭新的世界	通过了"投魁北克人党的票将是投魁北克主权的票"的决议
十大	1987年6月12—14日	从现在起行动	确认了通过民主的方式实现魁北克主权是党的基本目的
十一大	1991年1月25—27日	致力于主权的政党	
十二大	1993年8月20—22日	我对自己的国家有见解	

资料来源:王助《魁北克人党与魁北克主权独立运动》,载北京大学加拿大研究中心编《加拿大研究·2》,民族出版社2006年版,第379—381页。笔者根据相关内容自制。

在魁北克人党以前所未有的优势连任之后,魁北克人党于当年召开了魁北克人党八大,会议主题被确定为"主权的时刻到了"。这一主题明确宣示了魁北克人党将再次进行独立公投的决心和信心。会议分为两个阶段,1981年12月4—6日的会议比较激进,或许是因为在独立公投失败的背景下还能以前所未有的绝对优势连任可能意味着魁北克人的独立决心和魁北克人党的卓越领导。会议要求在

---

① 想要说明的是,这次选举中魁北克人党的得票率和所获议席数至今未能被打破。

下一次选举中获得多数就应该再次启动公投。然而，趋于理性的莱维斯克表示反对。在经过一个多月的休会后，第二阶段会议于1982年2月13—14日召开。此阶段会议在莱维斯克的影响下趋于务实，提出了独立运动三原则：一是规定了启动独立公投的条件是在议会选举中获得半数选票，而不是半数议席；二是"主权—联系方案"过于僵硬，取消了主权与联系的必然联系，但仍然要求经济联系；三是魁北克本身就是一个多元文化体，只是法裔占据主导地位而已。1984年6月，以"一个崭新的世界"为主题的魁北克人党九大召开，面对着务实的莱维斯克，党代表们强行将投魁北克人党的票与支持魁北克主权相联系。针对党内存在的激进派与温和派的矛盾，魁北克人党于1985年1月召开了特别代表大会，大会不欢而散。此后，莱维斯克辞去党主席与省长职务。9月，皮埃尔·马克·约翰逊（Pierre Marc Johnson）当选党主席，并于10月接任省长。然而，在随即举行的魁北克议会选举中，魁北克人党以"约翰逊与魁北克同在"（Québec with Johnson）为选举口号，但是遭遇惨败，自由党重新执政，皮埃尔·马克·约翰逊也成为魁北克历史上执政时间最短的省长。

魁北克人党的惨败给其以沉重打击。在沉寂了一年半后，魁北克人党于1987年6月12—14日召开了魁北克人党十大。为了重新点燃独立的激情，此次大会的主题被定为"从现在起行动"，重申了民主的、和平的方式开展独立公投的原则和独立的、主权的魁北克的目标。这次大会之后，皮埃尔·马克·约翰逊辞去了党主席职务，盖伊·切夫雷特（Guy Chevrette）继任党主席，其后，雅克·帕里佐（Jacques Parizeau）成为党主席。1989年，魁北克议会选举中，魁北克人党以1984年确定的"投魁北克人党的票等同于支持魁北克独立"（I'm choosing Quebec's party / I'm taking Quebec's side）作为竞选口号，然而，魁北克人党继1985年之后再次遭遇惨败，在议会中以反对党的身份开展活动。1991年1月25—27日，魁北克人党召开了十一大，大会主题被确定为"致力于主权的政党"，重申了魁北克人党的立党目标与纲领。1993年8月20—22日，魁北克人党十二大召开。这是在大选前召开的最后一次党代会，大会主题被确定为"我对自己的国家有见解"，以此唤起党员的责任与忠诚。

2. 组织力量的壮大：魁北克集团的崛起

1990年，历时多年的《米奇湖协定》被最终否决。协定被否决之后，来自魁北克的进步保守党（Progressive Conservative Party）和自由党的议员出走，在布沙尔的带领下成立了魁北克集团。魁北克集团致力于魁北克民族主义与魁北克的独立，是一个在联邦层面活动的魁北克人政党，其社会基础只存在于魁北克省，在其他省没有任何基础。然而，由于魁北克人口众多，占到了加拿大的1/5到1/4，因而，魁北克集团在联邦议会中有着较强的实力。魁北克集团成立之时就得到了魁北克人党的支持。随着魁北克集团等地区政党的崛起，之后的加拿大政治出现了错综复杂的局面。魁北克集团是加拿大国会众议院所有政党中唯一一个只在一个省份内运作的政党，旨在维护魁北克省的利益。[1] 1993年，在联邦议会选举中，刚刚成立的魁北克集团获得了全部295席中的54席，一跃成为议会第二大党和反对党，54席也占到了魁北克省在联邦议会中75席的绝大多数，成为魁北克省在联邦政府的主要代表，极大地削弱了保守党和自由党在魁北克的基础。

魁北克集团是魁北克法裔族群在联邦内的代表和"声音"，致力于实现魁北克的主权，认为有了主权，才能有自决权。[2] 致力于魁北克独立的魁北克集团与魁北克人党互相支持，虽然组织独立，但政治目标一致；虽然活动范围不同，但成员互相交叉。自成立之始，魁北克集团就成了魁北克人党有力的协助者，成为魁北克再次公投有力的推动者。

---

[1] 陈书笋：《加拿大选举制度研究》，中国政法大学出版社2013年版，第114页。

[2] 王家瑞主编：《当代国外政党概览》，当代世界出版社2009年版，第946页。

（二）主权魁北克与1995年的公投

1994年9月，魁北克人党以"另一种治理"（The other way of governing）作为竞选口号，看似淡化了独立的目标诉求，实则是向魁北克人宣传独立后的国家治理方式。此次选举中，魁北克人党利用了《夏洛特敦协定》破产后魁北克人的不满情绪，一举获得了77个议席，重新上台执政，帕里佐成为省长。按照帕里佐的计划，魁北克人重新选举魁北克人党上台执政意味着魁北克人对独立的支持，公投理应成为本届政府的施政重点。根据魁北克政府的安排，公投分六步走：（1）1994年12月，公布公投法案的草案；（2）1995年2—3月，确保魁北克每个地区都能了解公投事宜；（3）1995年春季或秋季，省议会讨论通过法案；（4）1995年6月，实施公投，确保超过一半的公民投票通过该法案，魁北克独立；（5）1995年冬季或1996年春季，与加拿大讨论魁北克独立后的债务、财政等问题，起草新的加拿大宪法；（6）1996年6月24日，主权的、独立的魁北克获得国际社会的承认。[1] 之所以选择6月24日，是因为圣—让—巴蒂斯特节（La fête nationale du Québec）。这一原先的宗教节日因为被赋予了政治色彩从而成为魁北克的"国庆日"。选择在这一天获得国际社会的承认显然是精心安排的，意味着魁北克公投后的再生。

按照既定的计划，1994年12月，魁北克人党向魁北克议会提出了《魁北克未来法案》（Act Respecting the Future of Quebec）草案［即《1号法案》（Bill 1）或《主权法案》（Sovereignty Bill）］。法案于1995年9月最终被通过，在序言与结尾处以极其优美的诗句表达了魁北克是一个主权国家的理想，明确规定了公投超过50%的支持率就宣布独立。与此同时，为了能够在独立后顺利开展工作，法案要求成立"制宪委员会"（Constituent Commission）。

---

[1] Pierre Desrochers, Eric Duhaime, "A Secessionist's View of Quebec's Options", in edited with an introduction by David Gordon, *Secession State and Liberty*, New Brunswick: Transaction Publishers, 1998, pp. 225–241.

同时，计划之外总是有很多的变动因素。原定于1995年6月举行的公投因为不可抗力被推迟了。1995年6月12日，魁北克省致力于通过和平方式获得独立的政党魁北克人党、魁北克集团和魁北克民主行动（The Action Démocratique du Québec）① 达成了《三方协议》(Tripartite Agreement)，共同追求主权魁北克的目标。这一举动表明了魁北克人党在魁北克独立进程中占据着主导地位，通过整合各派政治力量完善自身组织，开展政治斗争。为了赢得魁北克人的支持，魁北克人党宣布将委任魁北克集团的领导人布沙尔为独立后的魁北克省谈判代表，与联邦政府进行谈判。这一决定给中间选民以强心剂，独立成为可以接受的选择。② 作为原先的联邦政府环境部部长和议会的反对党领导人，布沙尔同时也是坚定的魁北克民族主义者，由他代表魁北克与联邦政府进行谈判是最为合适的。

　　在公投前，魁北克与联邦政府就公投是否合法已经诉诸法律。按照联邦政府的意思，魁北克公投违背了1982年宪法，但魁北克认为1982年宪法对魁北克是不适用的，魁北克根本没有签署，同时，根据国际法，魁北克是有权进行全民公决的。

　　1995年10月30日，魁北克举行了第二次主权公投。公决全文如下：

　　　　您是否同意在魁北克与加拿大建立正式的经济与伙伴关系之后，在《魁北克未来法案》和1995年6月12日签署的协议框架内赋予魁北克主权地位？

---

① 魁北克民主行动成立于1994年，是魁北克省的保守右翼政党，致力于争取魁北克主权。然而，其对于主权的定义仅限于自治，同时，魁北克民主行动又支持民族主义和联邦主义。因而，魁北克民主行动属于典型的骑墙派，立场飘忽不定。该党自成立后在历次的魁北克议会选举中获得议席，曾在2007年魁北克议会选举中获得41席，超过魁北克人党成为议会第二大党和反对党。

② 洪邮生：《加拿大——追寻主权和民族特性》，四川人民出版社2003年版，第417页。

相比于 1980 年公投内容的复杂，此次公投内容简洁明了。考虑到公投获得通过的可能性，此次公投依然延续了"主权—联系方案"，未能直接称之为独立的、主权的魁北克国家。这也为公投的通过增加了变数。

虽然说此次公投主要是因为法裔对联邦政府权力分配的不满，《米奇湖协定》与《夏洛特敦协定》接连遭到否决，但是，除此之外，魁北克经济滑坡也给公投带来了一定的契机。1995 年，加拿大与魁北克的经济连续下滑，西部石油开发导致的经济重心西移，执政的自由党难以采取有效的措施应对停滞的经济，魁北克人党抓住这一契机，独立的呼声甚嚣尘上。[①] 最终的结果显示，独立派以 49.44% 得票率惜败于 50.56%，公投再次失败。在此次公投中，魁北克法裔有 60% 都投了赞成票，导致公投失败的最主要原因在于魁北克境内的英裔、犹太裔等少数族裔的反对。然而，如此微小的差距导致了魁北克法裔更加激愤和不满，呼吁再来一次，导致了独立的、主权的魁北克在加拿大与魁北克政治生活中成为挥之不去的阴影。如何从法律上、体制机制上和政治上应对魁北克危机、缓解魁北克局势考验着联邦政府的智慧。

第四节 《明晰法案》与魁北克的未来

1980 年公投结束后，特鲁多总理采取的收回宪法制定与修改权的措施并未缓解魁北克省与联邦政府的紧张关系，反而在《米奇湖协定》与《夏洛特敦协定》后陷入了更为紧张的关系中。与之相对比的是，1995 年公投结束后，联邦政府通过制定法律打击分离运动、缓和与魁北克省的矛盾、明确法裔 nation 的地位等方式赋予了

---

① 徐炳勋：《漫谈 1995 年 10 月魁北克全民公决》，载姜芃主编《加拿大：社会与进步》，中国社会科学出版社 1996 年版，第 248—270 页。

魁北克省特殊的地位，在一个多元主义的国家中事实上确立了英、法的二元地位，确保了魁北克继续留在联邦中。

一 加拿大联邦体制改革与公投法律障碍的设定

魁北克境内法裔占绝大多数，但又同时存在为数众多的英裔、华人、意大利人，甚至还有不少的原住民，面对这一情况，加拿大联邦政府在理解1980年公投中魁北克法裔诉求的同时，将魁北克问题视为加拿大的政治变迁问题，在联邦层次上加以解决。正如特鲁多总理所阐释的那样："对抗分离主义诉求的一个有效方法，是投入大量的时间、精力与金钱在联邦层次的民族主义上。必须创造一个全国性的民族形象，让分离主义者的个别民族形象失去吸引力。为了建立全国性的民族形象，必须将资源投入国旗、国歌、教育、艺术委员会、广播公司、影视产业；领土必须以铁路网、公路网、航空网联结起来；国家的文化与经济必须借由税收与关税来保护；国民的产业与资源所有权必须成为政策对象。总之，必须让所有的公民都感觉到，唯有在联邦国家的架构之内，公民语言、文化、制度、神圣的传统以及生活水准才能得到保障，并足以抵抗外来的攻击与内在压制。当然，只有在国内所有重要的团体都能在情感上接受这种民族主义，国家意识才会朝这个方向发展起来。"[1]

此后的历届联邦政府基本秉持了这一理念，在魁北克法裔最为重视的法语方面，联邦政府建构了"双语框架下的多元文化政策"（Policy of Multiculturalism within Bilingual Framework），在地域和文化领域构建了二元联邦制（bicommunal federation），或者称为"非对称联邦主义"（asymmetric federalism），是由地域/对称与多民族/非对称的二元制模型构成的。[2] 这种二元性是以英法双语为代表的地域和

---

[1] Pierre Elliott Trudeau, *Federalism and the French Canadians*, Toronto: MacMillan of Canada, 1968, p. 193.

[2] Will. Kymlicka, *Finding Our Way: Rethinking Ethnocultural Relations in Canada*, Toronto, New York: Oxford University Press, 2004, p. 129.

族群为支撑的，同时尊重其他少数族群的语言文化。在这一政策的指导下，联邦政府拨款进行推广，提升法裔公务员的比例，同时，魁北克人党的执政进一步推动了语言政策的改革，确立了法语为魁北克官方语言的地位，甚至不惜牺牲其他少数族裔的利益。以维护联邦制为出发点的双语政策改革在很大程度上激发了法裔对国家的认同，虽然这一政策实施初期的效果并不是很明显，然而，到20世纪80年代中后期，政策效果逐步展现。以法裔占联邦公务员的比例为例，1965年为21%，到1987年增加到28%—29%，其中，高级职位从17%增加到了26%。[①] 自此，魁北克分离主义者也就不再将法裔族群的权利机会作为公投的借口了。

1995年的魁北克公投是魁北克关于二元性与法裔特殊性消失后努力的结果。在魁北克看来，联邦宪法并未体现出魁北克的权力获取要求，尤其是废弃了魁北克此前所拥有的宪法否决权。此次公投之前，联邦政府与魁北克开展了数次谈判，但由于各种原因均宣告失败，遂转而从法律出发去约束魁北克的公投行为，同时，尊重魁北克的权力获取要求，承认他们是一个nation。1996年9月30日，斯蒂芬·迪翁代表加拿大联邦政府向最高法院提出了关于魁北克公投的司法诉讼，请求最高法院就以下三个问题给予司法建议和判决：（1）根据加拿大宪法，魁北克的国民议会、立法机关或政府是否可以单方面从加拿大分离？（2）国际法是否赋予魁北克的国民议会、立法机关或政府权力以单方面从加拿大分离？在这方面，在国际法之下，是否有权利赋予魁北克国民议会、立法机关或政府自决权以使魁北克单方面从加拿大分离？（3）关于魁北克国民议会、立法机关或政府单方面将魁北克从加拿大分离出去的权利，那么国内法与国际法谁优先？

1998年8月20日，加拿大最高法院就上述问题做出了裁决，即

---

① Christopher Edward Taucar, *Canadian Federalism and Quebec Sovereignty*, New York: Peter Lang Publishing Inc., 2000, p. 110.

加拿大联邦最高法院《关于魁北克分离的参考意见》(Reference Secession of Quebec)。裁决对前两个问题给予了否定的回答，表示魁北克无权单方面宣布独立，不论是根据国内法还是国际法，只能在获得联邦和其他省份同意的情况下才可以。在此次裁决中，最高法院除了明确加拿大联邦制的民主、联邦制、法治至上和尊重少数族群的四项原则之外，还明确了公投原则为明晰、绝对多数的原则，而一旦魁北克符合这两个条件，则联邦与其他省份需要进行协商，如果拒绝协商，则魁北克可以单方面宣布独立。也就是说，虽然魁北克的主权公投符合民主制，但却与联邦制、法治至上和尊重少数族群的原则相违背。

上述裁决看似明确，但是，问题怎么明确、谁来界定多数、如何协商等疑问困扰着联邦、魁北克与其他省份。为了进一步明确相关问题，1999年12月31日，《明晰法案》(The Clarity Act) 被提交给下议院，并分别于2000年3月15日和6月29日在下议院和上议院获得通过，从法律上为魁北克分离运动设置了障碍。法案明确规定，一个省要想独立公投，必须同时满足两个条件，且这两个条件的决定权在国会。一是独立公投的文字表述必须清晰，不能含糊其辞；二是要获得绝对多数，而非简单多数。除此之外，即使公投满足了这两者，独立还需获得联邦政府与所有省份的2/3认可。这一系列苛刻条件的存在使得魁北克的独立基本上无望。

二 魁北克人党的转型

1994年魁北克大选中，雅克·帕里佐带领魁北克人党赢得了选举，出任省长。1995年，魁北克历经一年筹备的公投再次失败，帕里佐宣布辞去党主席和省长职位。此后，原魁北克集团主席布沙尔当选魁北克人党主席，并接任省长，仍然坚持魁北克分离的斗争。在1996年11月22—24日举行的魁北克人党十三大上，会议主题被明确为"成功的信念"，会后通过的党纲除了明确独立后的魁北克与加拿大联邦的关系外，还加入了魁北克与加拿大其他地区的关系条款。此后，围绕独立问题以及独立方式，魁北克人党内部产生了较大的分歧。争论在加拿大联邦法院做出的《关于魁北克分离的参考意见》后发生更大程度的转向，虽然仍然坚持最后的方向是成为主权的魁北克，但是却不再坚持设立时间表。在此后举行的1998年选举中，魁北克人党赢得42.7%的选票和75个议席，再次执政。然而，此后加拿大议会通过的《明晰法案》对魁北克分离运动是一次重大的打击，基本宣告了魁北克独立的不可能性。

2000年5月5—7日，魁北克人党十四大举行，大会的主题是"一个为了世界的国家"，将魁北克的独立意义上升为世界意义。党主席布沙尔再次明确了魁北克人党的奋斗目标是尽早地实现魁北克的主权，但明确拒绝了设立公投时间表的建议，这无疑打击了魁北克人党的奋斗信心。在党代会结束之后，作为对《明晰法案》的回应，魁北克省议会在2000年12月7日通过了《实施魁北克人民和魁北克国家基本权利和特权法》的法案。该法案与《明晰法案》针锋相对，重申了魁北克人民是一个民族的立场和主权魁北克的奋斗目标，宣称魁北克人民掌握未来的意志和决心是不会变的，任何议会和政府都不能削减魁北克人和魁北克议会的权力、权威、主权和合法性。

在感到自身与魁北克人党内多数派系存在矛盾的前提下，布沙尔于2001年初辞去了党主席和省长职务，由贝尔纳·朗德里接任。如果说此前的魁北克人党对独立信心满满的话，那么，2003年的议会选举重挫了魁北克人党，自由党重新上台执政，标志着魁北克党内关于独立的争论并未达成共识，魁北克人民对独立的呼声也日渐趋弱。在这一背景下，魁北克人党主动选择了改变，重新审视独立议题。尤其是2014年的省议会选举中，标榜再次公投的魁北克人党惨败，独立成为议席的"毒药"和累赘。即使是魁北克人党执政的时期，魁北克独立的呼声也是越来越弱小，虽然偶尔会有所起伏，但已经基本不是主流。魁北克人党已经基本从一个致力于魁北克主权独立的政党（在某种意义上是一个"革命式的政党"）转型为魁北克地区的议会政党。

与此同时，2006年11月，加拿大国会以绝对多数通过了时任总理史蒂芬·哈珀（Stephen Harper）提出的"魁北克人（Québécois）是统一的加拿大中的一个nation"的动议。魁北克一直试图被承认为一个民族/国家（nation），而不仅仅是一个省份，这不是靠简单的权力下放可以满足的。[1] 因而，这一决议的通过标志着魁北克独特社会地位的最终被认可。值得注意的是，无论是英文文本还是法文文本，"魁北克人"一词用的都是法文Québécois，意在强调所谓魁北克人指的是法裔，而nation一词因为有"民族"和"国家"的双重含义，给予了联邦和魁北克互相理解的空间，也容易获得其他省份的支持。"魁北克的政治诉求不是一种地区性的政治运动，它一直是一个全国性的政治方案。对魁北克而言，只有当加拿大联邦以双元性原则作为其代议制度的建构指导方针，加拿大作为一个政治实体才能取得正当性。"[2]

由是观之，在加拿大赋予魁北克人以独特的nation的地位后，加拿大作为政治实体建构的二元性原则下的多元主义文化原则得到了认可和接受，基本确认了民族国家建构的过程中逐渐形成的联邦主义、民主政治、宪政主义和保护少数四大原则以及承认、和解、妥协—包容三大理念。[3] 如此看来，魁北克独立公投的可能性降到了最低。可以认为，魁北克分离的前景并不明朗，时下的魁北克人党明智的选择是转型成为地区族群政党，在关系法裔社会民生的问题上争取权益，公投或许是黯淡的，但民生改变而带来的执政机会却是明确的。

---

[1] Philip Resnick, "Toward a Multination Federalism", in Leslie Seidle (eds.), *Seeking A New Canadian Partnership: Asymmetrical and Confederal Options*, Montreal: Institute for Research on Public Policy, 1994, p. 77.

[2] ［加拿大］阿兰·甘咏、拉斐尔·雅可维诺：《联邦主义、公民权与魁北克：论多元民族主义》，林挺生译，翰庐图书出版有限公司2014年版，第39页。

[3] 周少青：《论加拿大处理民族问题的基本原则与理念》，《学术界》2016年第8期。

第五章

南苏丹分离运动（1972—2011年）

苏丹共和国（The Republic of Sudan）[1]，又名努比亚（Nubia）、库施（Kush），在南苏丹独立前面积位居世界第十、非洲首位，达250.58万平方公里。尼罗河贯穿全境，是苏丹的母亲河。"苏丹"这个名词来源于阿拉伯的一个种族—地理术语，即"Bilad as-Sudan"，意味着"黑人的土地"。可见，"苏丹"这一名词应是阿拉伯人进入苏丹后给"黑人的土地"所取的名字，"很长一段时间，它指的是撒哈拉以西非洲人民说苏丹语的地带"[2]。

苏丹有着辉煌的历史，古希腊诗人荷马曾称"那是一个最遥远的国家，是人类最公正的地方，也是诸神最宠爱的地方"[3]。在苏丹历史上，努比亚人的库施王国、麦罗埃王国等有着灿烂的古文明。6世纪基督教的传入和13世纪阿拉伯人对苏丹的征服改写了苏丹历史

---

[1] 这里想要说明的有两点：一是，苏丹的国名曾多次更改，独立时称为苏丹共和国，1969年5月，尼迈里上台后更名为苏丹民主共和国，1985年，达哈卜政变上台后又改回苏丹共和国。二是，由于2011年南苏丹独立后，原来的苏丹共和国保持了原有的国名，所以为了避免不必要的误解，本书的苏丹共和国仅指1955年到2011年的苏丹。

[2] Carolyn Fluehr-Lobban, "Protracted Civil War in the Sudan—Its Future as a Multi-Religious, Multi-Ethnic State", *The Fletcher Forum*, 1992, pp. 67 - 79.

[3] Dale M. Brown（eds.）, *African's Glorious Legacy*, New York: Time Life Books, 2002, p. 8. 转引自刘鸿武、姜恒昆编著《苏丹》，社会科学文献出版社2008年版，第1页。

进程，北部被彻底伊斯兰化，南部则在信仰基督教的基础上继续保留着原始宗教（indigenous religion）。

南苏丹的独立源于南苏丹分离运动，后者导致的第二次苏丹内战是苏丹历史上最严重的内战之一，给苏丹政治进程带来了深远影响。南苏丹的独立是南苏丹分离运动的结果，却何以成为一个问题？南苏丹为何能够实现独立？独立后的南苏丹内部的族群关系、南北苏丹关系如何影响南苏丹的政治走向？本章以第二次苏丹内战作为分析对象，考察南苏丹问题的成因以及第二次苏丹内战爆发的原因，探究南苏丹分离运动的形成机制，并在此基础上研判未来南苏丹的族群关系与政局走向。

第一节 南苏丹何以成为一个问题？

近代苏丹的历史是从埃及的入侵开始的。从英埃共管到英国殖民，苏丹进入了殖民时期，但也因此进入了近代时期。现代苏丹的地理疆域与政治安排是殖民时期的历史产物，造就了作为政治体的现代苏丹。然而，也正是这一历史遗产导致的苏丹断裂型制度安排使得南苏丹始终成为影响苏丹统一与民族国家建设的"问题"。

一 苏丹：现代历史与民族国家

1821年，埃及帕夏（Pasha）阿里入侵苏丹，苏丹被埃及占领，后于1840年在英俄的干涉下被迫撤出。然而，在这将近20年的统治里，埃及人和北苏丹的阿拉伯人从事黑奴贸易，给南方带来了难以磨灭的痛苦记忆。[①] 埃及人的退出为英国殖民者的乘虚而入留下了机会，加上此时的埃及已经逐渐被英国人殖民殆尽，因此，英埃成为苏丹的殖民者。英埃在苏丹的殖民统治激起了苏丹人民的反抗斗

---

① 刘鸿武、姜恒昆编著：《苏丹》，社会科学文献出版社2008年版，第107页。

争,其中最为突出的是穆罕默德·艾哈迈德领导的马赫迪起义。此次起义从1881年持续到1898年,建立了马赫迪王国,实施伊斯兰统治,沉重打击了英埃殖民者,成为非洲近代史上反殖民反侵略战争的代表。起义最终被镇压,苏丹成为英埃共管的殖民地,然而,由于埃及事实上是英国的殖民地,导致了苏丹处于英国人的直接殖民之下,英国逐渐成为苏丹的宗主国。此时的苏丹,英国人占据着高级职位,埃及人占据着中层职位,最基层的职位留给了北苏丹人和极少的南苏丹人。

英国的殖民统治奠定了现代苏丹的地理疆界与政治形态。在1884年欧洲列强分割非洲大陆的柏林会议上,苏丹的国界线被划定。"苏丹作为一个政治单位的崛起是历史偶然事件的产物。它不是通过自身内在动力的过程和其人民的素质来实现的,不同的民族是被殖民大国强迫加入苏丹民族国家的"[1],是一个不折不扣的"人造的产品"(artificial products)。[2] 然而,英国的南北分而治之的政策、1916年将达尔富尔并入苏丹的决定等至今成为苏丹政治中的不稳定因素。

1922年,英国允许埃及独立,埃及的势力逐渐撤出苏丹。为了弥补埃及人撤出的空缺,英国人用北苏丹人填充了埃及人留下的中层职位,建立了苏丹防卫军(Sudan Defense Force, SDF)。第二次世界大战爆发后,苏丹与英国成为共同反抗意大利法西斯的盟友,提升了苏丹的国际地位,但也更加刺激了苏丹的民族主义思潮。在这一过程中,以毕业生大会为代表的民族主义组织、民族联合党(National Unionist Party, NUP)、乌玛党(Umma Party, UP)等政党成立,成为苏丹争取民族独立的中坚力量。第二次世界大战结束后的1948年,来自埃及和苏丹的反对抵制了立法会议选举。1951年,埃及宣布废除英

---

[1] Girma Kebbede, "Sudan: The North-South Conflict in Historical Perspective", *Contributions in Black Studies*, Vol. 15, No. 3, 1997, pp. 15 – 31.

[2] Tina Kempin Reuter, "Ethnic Conflict", in John T. Ishiyama, Marijke Breuning (eds.), *21st Century Political Science: A Reference Handbook*, SAGE Publications, 2011, pp. 141 – 149.

埃共管协定，赋予苏丹人民自治权利。1952 年，纳赛尔在埃及上台，改变了埃及的外交政策，并于次年与英国达成了协议，允许苏丹在三年过渡期内自治。1954 年，苏丹自治政府成立，伊斯梅尔·阿扎里（Ismail al Azhari）出任政府首脑。然而，南北双方关于苏丹独立后的政治体制安排和国家语言、宗教、文化等政策的争议使得南方于 1955 年 8 月发生了赤道省兵变，第一次内战爆发。鉴于紧张的局势，苏丹议会于 12 月通过了独立决议，并于 12 月 31 日通过了临时宪法。1956 年 1 月 1 日，苏丹正式宣布独立，成立苏丹共和国，宣告苏丹被殖民的历史结束，苏丹民族国家建设步入了新的时代。

作为一个地理概念的苏丹是英国殖民统治建构的，但却没有培养出苏丹人民的国家意识，相反，部落意识仍然占据着上风。[1] 独立后的苏丹面临着民族构建与国家构建的双重任务，民族国家建设却显得异常艰难。独立后的苏丹在两个主题之间切换：一是北方精英试图将整个国家阿拉伯化，将伊斯兰主义和阿拉伯主义视为意识形态；二是南方等边缘地区持续不断地反抗北方的同化政策。[2] 因而，独立后的苏丹历史不是建设团结的历史，而是一部加剧冲突的历史。纵观苏丹独立后的历史，苏丹族群矛盾（按照苏丹 20 世纪 80 年代颁布的文件，全国共分属 19 个种族或种族集团，分属 579 个民族或部落，其中，阿拉伯人是人口最多的民族，其他主要族群有努比亚人、贝贾人、富尔人、丁卡人等）、宗教矛盾（伊斯兰教与基督教、原始宗教的矛盾难以调和）、地区矛盾（南北矛盾、达尔富尔危机等）、语言矛盾（全国共有 400 多种语言，北部阿拉伯语与南部英语矛盾突出）、精英矛盾（政局不稳，领导人多由政变上台）交织，是世界上最不发达与最不安全的国家之一。"间接统治的政策确实对社会沿着族群、地区和部

---

[1] 刘辉：《民族国家构建视角下的苏丹内战研究》，中国社会科学出版社 2011 年版，第 25—26 页。

[2] Gunnar M. Sørbø, Abdel Ghaffar M. Ahmed, "Introduction: Sudan's Durable Disorder", in Gunnar M. Sørbø, Abdel Ghaffar M. Ahmed (eds.), *Sudan Divided: Continuing Conflict in a Contested State*, New York: Palgrave Macmillan, 2013, p. 3.

落界限的分裂产生了影响,阻止了后殖民时期锻造国家认同意识的可能。"① 时至今日,苏丹共和国已经一分为二,南苏丹于 2011 年公投独立,承继苏丹共和国的新苏丹共和国仍然面临着诸多的困境,达尔富尔、南苏丹的阿卜耶伊(Abyel)、美国的制裁等问题始终困扰着苏丹的发展,苏丹能否重新成为"诸神最宠爱的地方"仍然扑朔迷离。

二 南苏丹问题

苏丹处于非洲的过渡地带,是北非与撒哈拉以南非洲的缓冲地带,"处于阿拉伯文明和非洲文明的交会点,定位一直很模糊","这种地理特征突出了苏丹的双重性即非洲性和阿拉伯性"②。这一艰难的定位使得苏丹南北围绕着族群、宗教、语言等矛盾不断。原本,北方、南方均是地理词汇,但是由于文化、宗教的差异及历史造成的鸿沟而被赋予政治意义,甚至成为一种身份标志。"讲阿拉伯语且信奉伊斯兰教的北方人(包括阿拉伯人与黑人),与讲英语或土著语且信奉原始宗教或基督教的南方人(主要是黑人)的矛盾,也构成了这个国家的基本矛盾。"③ 这种人为定义的矛盾使得南北苏丹的地理差异被赋予了政治色彩,而无论是在殖民时期,还是在独立后,始终居于统治地位的北苏丹认为南苏丹就是困扰民族国家建构的问题所在。

(一) 殖民时期的南北分治

南北双方的差异由来已久,然而,这种差异的扩大乃至被赋予政治意义则是在英国殖民时期。19 世纪初,埃及占领了苏丹。1898年,英国打败了马赫迪政教合一的国家,并于次年与埃及签署了《英埃共管苏丹协议》。但是,由于此时的埃及在 1882 年已经被英国

---

① Amir Idris, *Conflict and Politics in Sudan*, New York: Palgrave Macmillan, 2005, p. 41.

② 刘辉:《民族国家构建视角下的苏丹内战研究》,中国社会科学出版社 2011 年版,第 48、193 页。

③ 刘鸿武、姜恒昆编著:《苏丹》,社会科学文献出版社 2008 年版,第 6 页。

占领，事实上成为英国的殖民地，因而，所谓的英埃共管实际上是英国一家独大，英国事实上成为苏丹的宗主国。

英国人借助苏丹部落酋长的地位在苏丹实施间接统治，同时，引入埃及人参与治理，英埃军队共同占领苏丹。在南方政策上，英国人实施南北分治。1922 年，《封闭区条例》（Closed District Ordinance）颁布，将南北从法律上隔绝开来。从 1924 年起，英国南北分治政策更加严苛，北纬 10 度南北的居民不得互相前往。一系列的分治政策将北方彻底伊斯兰化，南方则鼓励基督教进入，英语成为南方的官方语言，进一步限制了南北的交流，但也进一步加深了南北矛盾。间接统治制度（Indirect Rule）、封闭区域（Closed Districts）和作为教学语言及官方语言的英语这三大政策成为南方政策的原则，南北分化日益严重。[①]

南北分治政策不仅没有使得南北矛盾缓和，反而强化了本已存在的南北差异，对于兴起中的独立势力而言，无疑是苏丹民族国家建构的障碍。因而，这一政策实施以来即遭到了北方精英的强烈反对，鉴于第二次世界大战后非洲局势的变化，英国改变了将南苏丹与东非合并的想法，转而支持南北苏丹整合，故而于 1947 年废除了《封闭区条例》。1947 年 6 月 12 日，由英国主持召开的南北苏丹朱巴会议举行。由于南北双方长期以来的矛盾，以及英国的偏袒，南方代表十分不满，以男女婚姻比喻南北双方的合并，强调只有在北方改变立场的前提下才可能合并。[②] 然而，英国在未征得南方同意的情况下将南北苏丹合并，并确立了由北部主导的格局。

殖民时期的分而治之政策使得南北双方成为"绝缘体"，而英国政策的改变又要求两个完全不同的实体融合为一个国家，这使得苏

[①] [美]罗伯特·柯林斯：《苏丹史》，徐宏峰译，中国大百科全书出版社 2009 年版，第 50 页。

[②] 《朱巴大会与会者研究内政部长备忘录预备会议纪要》，1947 年，第 5 页。转引自杨灏成、朱克柔主编《民族冲突与宗教争端——当代中东热点问题的历史探索》，人民出版社 1996 年版，第 329—330 页。

丹成为矛盾的统一体。1947年后，英国逐步将政权移交给苏丹，曾召开过多次立法会议、宪法修改委员会等，建立了众议院、参议院等，但无一例外的是，南方的诉求并未能得到满足，在这些委员会和议会中，南方的代表少得可怜。甚至在1952年10月至1953年1月间，埃及革命政府与苏丹北方政党商讨苏丹前途问题的会议，南方未获邀请。① 与此同时，英埃留下的空缺基本都由北方填补，作为南方精英的小职员、教师、低级官员等都未能进入核心圈。可以说，英国人的"苏丹化"使得南北矛盾在建国议题上持续发酵。"苏丹化委员会中的民族联合党成员，无视其南方成员的要求，采用了英国人已经使用了几十年的同样的论点——没有能胜任的南方人——这一论点后患无穷。"②

1953年，在英国人的支持下，苏丹成立了自治政府。曾经许诺过用联邦制解决南方问题的伊斯梅尔·阿扎里逐步掌握大权，成为过渡政府总理。然而，阿扎里1953年在国民大会（National Assembly）的演讲中提到，因为苏丹是一个共用一套政治制度的国家，所以有一种人人都能理解的语言是非常重要的。这种语言只能是阿拉伯语。③ 阿拉伯语成为官方语言，限制了说英语的南方人进入政府的机会，南方人很是不满。在这一背景下，1954年的一份报告显示，800个政府职位中只有6名南方人，国家宪法委员会46人中也只有3名南方成员。由北方人组成的苏丹化委员会宣称南方人缺乏资历、经验与学历，他们蹩脚的阿拉伯语也是一个不言自明的原因。④

---

① 杨灏成、朱克柔主编：《民族冲突与宗教争端——当代中东热点问题的历史探索》，人民出版社1996年版，第330页。

② [美]罗伯特·柯林斯：《苏丹史》，徐宏峰译，中国大百科全书出版社2009年版，第75页。

③ 转引自 BGV Nyombe, "Survival or Extinction: The Fate of the Local Languages of the Southern Sudan", *International Journal of the Sociology of Language*, Vol. 125, No. 1, 1997, pp. 99–130。

④ Ann Mosely Lesch, *The Sudan Contested National Identities*, Bloomington: Indiana University Press, 1988, p. 35.

因而，可以说，"英国人并没有创造南北之间的差异，但在近60年的时间里，他们并没有刻意地使它们变得温和，反而使得它们变得更敏感"①。

(二) 1955—1972 年的苏丹民族国家建构与南北矛盾

1955 年，苏丹中央政府决定派 500 名士兵前往南方赤道省，将原驻防部队换防到北方，这一意在调虎离山、控制南方的举措被南方部队拒绝，在 8 月 18 日爆发了托里特兵变，叛乱部队杀死了赤道省军团中的北方人，第一次内战爆发。鉴于内战形势，阿扎里主张立即独立，并获得英国认可。1956 年 1 月 1 日，苏丹共和国正式独立，阿扎里成为政府总理，苏丹进入第一次议会政治时代。阿扎里在获得英国帮助的前提下残酷镇压了南方军队，南方进入游击战争。

独立后的苏丹面临着南北双方仇恨与不满的困境，北南双方以饱含贬义和敌意的"abeed"（奴隶）和"mudukuru"（掠奴者）称呼对方，② 这一源自北方奴隶贸易时期的称呼将历史仇恨传承了下来。然而，居于主导地位的北方在民族国家建设时完全忽视了南方的利益存在，只是将南方视为一个"问题"，而非国家的一部分。苏丹的民族国家建构完全是由北方阿拉伯人主导的，否定了南方联邦制的提议，由北方掌控了政局，对南方人加以蔑视和歧视。拥有 1/4 人口的南方在独立之初仅获得了 800 个政府职位中的 6 个，43 个宪法起草委员会委员中的 3 个。③

阿扎里的南方政策未能解决南方问题，反而使得内战持续不断。1958 年 11 月 17 日，易卜拉欣·阿卜德（Ibrahim Abboud）政变上

---

① Martin W. Daly, "Islam, Secularism and Ethnic Identity in the Sudan", in Gustavo Benavides, Martin W. Daly (eds.), *Religion and Political Power*, Albany: State University of New York Press, 1989, p. 22.

② Oduho Joseph, William Deng, *The Problem of the Southern Sudan*, London: Oxford University Press,《加拿大研究·2》, p. 53.

③ Mohamed Omer Beshir, *The Southern Sudan: Background to Conflict*, London: C. Hurst & Co., 1968, p. 72; Richard Gray, "The Southern Sudan", *Journal of Contemporary History*, Vol. 6, No. 1, 1971, pp. 108 – 120.

台，强烈追求苏丹的伊斯兰化和阿拉伯化。上台后，阿卜德解散议会、终止宪法、取缔政党，建立最高军事委员会，以军事独裁者的面貌示人。掌握大权的阿卜德全面实施伊斯兰化，在驱逐南方外国传教士的基础上，在南方建立清真寺，大力推行伊斯兰教，开设讲授《古兰经》的宗教学校，并以阿拉伯语作为南方的授课语言，于1960年将南方的休息日从基督教的周日改为伊斯兰教的周五。①1956—1964年委任的589名军官中，只有20人来自南方。② 北方完全掌握了南方的权力，限制了南方的发展。表5—1显示的是阿卜德执政的1960年苏丹南方、北方学校种类及数量，从中可以看出，北方完全占据了教育的发展权利和机会，完全忽视了南方的诉求。

表5—1　　1960年苏丹南方、北方学校种类及数量

教育种类	在册学校数量			区域	
	公立	私立	总数	北方	南方
高中（男生）	122	75	197	180	17
高中（女生）	26	30	56	55	1
中级技术学校	12	5	17	14	3
初中（男生）	33	18	51	49	2
初中（女生）	4	10	14	14	—
中等商业学校	3	—	3	2	1
中等技术学校	3	—	3	3	—
大学	1	3	4	4	

资料来源：Joseph Oduho, William Deng, *The Problem of Southern Sudan*, Oxford University Press, 1963, p.46。

---

① Joseph Oduho, William Deng, *The Problem of the Southern Sudan*, London：Oxford University Press, 1963, p.14.

② Ann Mosely Lesch, *The Sudan Contested National Identities*, Bloomington：Indiana University Press, 1988, p.39.

1964年，阿卜德的南方政策遭到了反对和批评，被迫下台。1965年，南北联合政府组成，苏丹进入第二次议会政治时代，政府着手解决南方问题，邀请流亡海外的南方政治家参与圆桌会议。并于当年举行了喀土穆圆桌会议，南方的代表仍然坚持联邦制的主张，但遭到拒绝。此次圆桌会议凸显了南方派系的分散和内部的不团结。代表南方的居然有：卡克瓦人埃利亚·鲁佩（Elia Lupe）代表的境外的苏丹非洲全国联盟（Sudan African National Union-outside, SANU-outside），丁卡人威廉·邓（William Deng）代表的境内的苏丹非洲全国联盟（SANU-inside），境外的阿尼亚尼亚解放阵线（ALF），苏丹非洲解放阵线（Sudan African Liberation Front, SALF）的阿格雷·杰登，南方阵线（Southern Front），以及所谓的第四方团体即其他派别的意见（Other Shades of Opinion, OSO）集团，等等。① 即使南方的意见也在独立与联邦制之间摇摆不定。由于此次议会政治中总统与总理的矛盾不断，政权更迭较为频繁，南方政策变动不断，但无一例外的是拒绝南方联邦制的提议，开展伊斯兰化运动。

北方的南方政策激起了南方的反抗。赤道省兵变被镇压后，残余的军事人员一直在开展游击战争。1960年，南方组成了阿尼亚尼亚运动（Anyanya），但初期只是松散的军事联盟，由南方的流亡者与赤道省兵变的武装力量组成。运动的形成在表面上构成了南方反抗北方的组织，但由于内部的分化较为严重，始终未能成为有凝聚力的组织。1962年，约瑟夫·拉古（Joseph Lagu）加入运动，逐渐将军事运动转型为政治组织，致力于武装抗争的阿尼亚尼亚运动在各省壮大起来，并逐渐收编了南方其他省份的抵抗力量。自此，阿尼亚尼亚运动成为不可小觑的力量。

1969年，加法尔·尼迈里（Gaafar Nimeiry）上校发动政变，改国名为苏丹民主共和国。尼迈里上台后着手和平解决南方问题。

---

① ［美］罗伯特·柯林斯：《苏丹史》，徐宏峰译，中国大百科全书出版社2009年版，第95页。

经过一系列的谈判之后，南北双方于 1972 年 3 月 3 日在埃塞尔比亚首都亚的斯亚贝巴签署了《亚的斯亚贝巴协议》。协议在多个方面满足了南方的意愿，如成立南方议会和南方自治、成立南方最高执行委员会代表总统行使南方执政权、南方建立地方武装部队、在阿拉伯语为国语的基础上规定英语为南方工作语言、尊重南方基督教信仰自由。与此同时，协议也确保了苏丹的统一和完整。该协议结束了苏丹长达 17 年的内战，使得苏丹获得了 11 年的和平（1972—1983）。协议签署以后，尼迈里被南方大多数部落首领看作上帝派来的和平的苏丹王子，3 月 3 日也成为和平庆祝日（团结日）。①

三 关于南苏丹分离运动的已有解释

第二次苏丹内战是整个非洲持续时间最长的内战之一，其持续时间之长、影响范围之广、涉及程度之深是非洲内战中罕见的。据统计，第二次苏丹内战造成了 200 万人丧生，400 万人流离失所，57 万人沦为国际难民，大量道路、桥梁、医院、学校等基础设施被摧毁，苏丹的发展至少停滞了十年。② 关于此次内战的原因，已有的解释主要是从国家建构的视角、历史遗产的视角、族群文化冲突的视角、经济利益冲突的视角等展开的。就国家建构的视角而言，苏丹国家建构的背景是南部政治边缘化、经济忽视和北部伊斯兰文化主导，③ 占主导地位的北苏丹未能考虑到南北的巨大差异与深刻仇恨，匮乏的公共产品提供能力与歧视性的同化政策使得国家建构趋于失败。④ 弗朗西斯·邓（Francis Deng）就认为，独立以来的各届政府

---

① Bona Malwal, *Sudan and South Sudan: From One to Two*, Basingstoke, New York: Palgrave Macmillan, 2014, p. 115.
② 王猛：《苏丹民族国家建构失败的原因解析》，《西亚非洲》2012 年第 1 期。
③ Cleophas Lado, "Political Economy of the Oil industry in the Sudan Problem or Resource in Development", *Erdkunde*, Vol. 56, No. 2, 2002, pp. 157 – 169.
④ 王猛：《苏丹民族国家建构失败的原因解析》，《西亚非洲》2012 年第 1 期。

将阿拉伯—伊斯兰化视为国家建构的唯一范式,[1] 北方试图将其宗教和语言传播到南方,而南方一直抵制这些努力,[2] 造成了北方阿拉伯主义与南方非洲主义之间的对抗,[3] 从而产生了国家认同危机。就历史遗产的视角而言,殖民时期留下来的历史怨恨成为南苏丹分离的重要背景,尤其是南方人怨恨北部阿拉伯人的奴隶贸易。[4] 历史上的黑奴贩卖,殖民主义者的分而治之,以及第一次内战的恩怨,使南方的分离成为无奈的选择。[5] 就族群文化冲突的视角而言,南北苏丹巨大的宗教、历史、族群、语言等差异成为南苏丹分离的重要背景。安德斯·布拉德利德(AndersBreidlid)认为,虽然内战的起因是多方面的,但主要原因是南部、非阿拉伯人口和北部、穆斯林和阿拉伯占主导地位的北苏丹的基本宗教和种族差异,尤其是苏丹政府以伊斯兰意识形态为基础的初级教育体系未能充分考虑到国家多元的文化和宗教团体,而苏丹人民解放运动(军)的教育则以世俗课程为主,解释了为什么南苏丹人民反抗伊斯兰政府。[6] 道格拉斯·约翰逊(Douglas Johnson)认为南北苏丹族群与宗教的对抗,以及英国殖民时期的分而治之的主张,酿成了南方的分离倾向。[7] 就经济利益冲突的视角而言,罗杰·邓恩(Roger Dean)认为苏丹的内战与宗教不宽容的关系很小,重要的是地区和全球政治的影响,以及食物和

---

[1] Francis M. Deng, "Identity in Africa's Internal Conflicts", *American Behavioral Scientist*, Vol. 40, No. 1, 1996, pp. 46 – 65.

[2] Francis M. Deng, "Sudan-Civil War and Genocide: Disappearing Christians of the Middle East", *Middle East Quarterly*, Vol. 8, No. 1, 2001, pp. 13 – 21.

[3] 刘辉:《国家认同危机下的苏丹南北内战》,《学术论坛》2008 年第 1 期。

[4] Francis M. Deng, "Sudan: A Nation in Urbulent Search of Itself", *Annals of the American Academy of Political and Social Science*, Vol. 603, No. 1, 2006, pp. 155 – 162.

[5] 杨勉:《南苏丹独立的背景与前景》,《学术探索》2011 年第 10 期。

[6] Anders Breidlid, "The Role of Education in Sudan's Civil War", *Prospects: Quarterly Review of Comparative Education*, Vol. 43, No. 1, 2013, pp. 35 – 47.

[7] Douglas H. Johnson, *The Root Cause of Sudanese Civil Wars*, Bloomington: Indiana University Press, 2003.

水资源的基本问题。① 杰弗里·海恩斯（Jeffrey Haynes）认为北部阿拉伯和南部非阿拉伯的压倒性的文化差异固然重要，但是，这种被落入俗套地和不准确地描绘成穆斯林和非穆斯林之间的宗教斗争其实是不准确的，内战也是经济资源的竞争，宗教和族群等重要的因素也决定了谁能得到什么而已。② 除此之外，希罗基和卡夫从行动者的角度关注了南苏丹在自治期间领导层的经验与地区议会经验的获得对分离运动所需要的集体行动问题的克服。③

第二节 苏丹的断裂型制度安排

1969年5月25日，陆军上校尼迈里效仿埃及，其领导的自由军官组织发动"五月革命"（May Revolution），推翻了阿扎里政权，以革命指挥委员会（Revolutionary Command Council）主席的身份建立了军人政权，成立苏丹民主共和国，实施苏丹式的社会主义，着手推进国有化和土地改革。1971年7月，尼迈里被亲共产党的军官赶下台，然而，在随后举行的公投中，尼迈里以98.6%的得票率重新上台执政，解散了穆兄会、伊斯兰宪章阵线等组织，解散革命指挥委员会，宣布苏丹社会主义联盟（Sudanese Socialist Union）是唯一的合法组织，实施军人独裁。

在南方问题上，尼迈里在推行泛阿拉伯主义（Pan-Arabism）的同时，承认苏丹问题的存在，着手与南苏丹谈判。在历经一系列的谈判之后，1972年2月27日，苏丹政府与由阿尼亚尼亚武装力量转

---

① Roger Dean, "Rethinking the Civil War in Sudan", *Civil Wars*, Vol. 3, No. 1, 2000, pp. 71–91.

② Jeffrey Haynes, "Religion, Ethnicity and Civil War in Africa: The Cases of Uganda and Sudan", *The Round Table*, Vol. 96, No. 390, 2007, pp. 305–317.

③ David S. Siroky and John Cuffe, "Lost Autonomy, Nationalism and Separatism", *Comparative Political Studies*, Vol. 48, No. 1, 2015, pp. 3–34.

型的南部苏丹解放运动（Southern Sudan Liberation Movement）达成了《亚的斯亚贝巴协议》（Addis Ababa Agreement）、《停火协议》（Cease-Fire Agreement）、《过渡时期行政安排》（Interim Administrative Arrangements），尼迈里于3月3日签署了《南方省自治协议》（Southern Provinces Self-Government Agreement），3月3日被宣布为国家统一日。同年3月27日，双方正式批准了《亚的斯亚贝巴协议》，南苏丹历史上第一次获得了自治地位。按照《亚的斯亚贝巴协议》和1973年制定的苏丹宪法（尼迈里称之为"永久宪法"）的规定，南方建立自治政府，成立南方议会，南方高级执行理事会对其负责，理事会主席由南方议会推荐总统任命；原阿尼亚尼亚老兵组建成苏丹军队南方司令部；承认阿拉伯语是官方语言，英语是南方首要语言。为了确保宪法的权威，宪法规定，宪法的修改只有获得国民议会3/4的选票同意和南方选民2/3的投票同意才可以。协议的签署标志着阿拉伯和非洲的和解，南北双方的和解，为合作提供了框架，[1] 尼迈里总统甚至被宣传为诺贝尔和平奖的有力争夺者。[2]

协议的签署结束了苏丹自独立以来的内战状态，赢得了长达十年的和平。不可否认，1972年至1983年的南北双方获得了较大的发展，甚至1977年南方实现了粮食自给。对于北方而言，初期执政的尼迈里并不依靠伊斯兰势力，然而，随着苏丹民主统一党和穆兄会等伊斯兰组织进入政权后，必然要求相应政策的改变，这也是尼迈里逐步破坏协议的重要原因。同时，对于南方而言，南苏丹政府面临着最重要的，也是可能最终导致它死亡的问题：（1）在南部边界地区与中央政府之间的冲突；（2）南苏丹政府在开发该地区的资源中的角色，尤其是在石油开发中的利益问题；（3）赤道人（Equatorians）与罗提克人（Nilotics，尤其是丁卡人）在地区政治中的对抗；

---

[1] Francis Deng, *War of Visions*: *Conflict of Identities in the Sudan*, Washington: Brookings Institution Press, 1989, p. 362.

[2] ［美］罗伯特·柯林斯：《苏丹史》，徐宏峰译，中国大百科全书出版社2009年版，第128页。

(4) 对阿尼亚尼亚游击队并入国家军队的不满。① 正是这些矛盾的存在和激化，南北苏丹从协议签署之时，就在某种程度上陷入了再次冲突的困境，而这一次的内战彻底改变了苏丹政治格局和国家走势。

一 南方自治的消逝与行政区划的调整

《亚的斯亚贝巴协议》签署以后，1972年2月28日，南苏丹自治地区宣告成立，这是南方历史上为自治权奋斗最为突出的成果，实现了几代南方人的梦想。按照协议的规定，南方地区的自治将由人民地区议会（People's Regional Assembly）和高级执行理事会（High Executive Council）组成，前者是地方代议机构，后者是具体执行和管理机构，其中，高级执行理事会的主席应由人民地区议会选出，总统任命。1972年，阿贝勒·阿利尔（Abel Alier）成为第一任高级执行理事会主席，任期直到1978年。其后，从1978年到1983年，约瑟夫·拉古（Joseph Lagu）、盖特库斯（Peter Gatkuoth）、阿利尔（Abel Alier）、吉斯马拉·阿卜杜拉·拉萨斯（Gismalla Abdalla Rassas）、约瑟夫·詹姆斯·通布拉（Joseph James Tombura）先后担任主席，但任期都较为短暂，均为一年左右。在历任主席中，只有阿利尔来自南方阵线（Southern Front），其余均来自苏丹非洲全国联盟。

南方自治政府的运行并非一帆风顺，不断遭到侵蚀，以致最后被废止。尼迈里有意借助南方自治政府来扩大自己的影响力，同时，将南方自治政府作为与政治对手进行谈判的筹码。一是，尼迈里不经南方人民地区议会的选举就直接任命南方高级执行理事会的主席。南方自治政府组建以后，原本最有希望出任高级执行理事会主席的约瑟夫·拉古未能如愿，尼迈里任命副总统阿利尔为主席。随后的

---

① Douglas H. Johnson, *The Root Causes of Sudan's Civil Wars*, Oxford: James Currey, 2003, p.43.

几任主席多是在南方自治政府与尼迈里的博弈中出任的，且多是尼迈里的意见占据上风。二是，1977年，尼迈里在获得与乌玛党的和解后，不再需要南方的支持了，就开始践踏南方的自治。尤其是以马赫迪为代表的伊斯兰势力进入政府后，尼迈里显示出抛弃南方，转投伊斯兰派系的倾向，逐渐缩减南方的自治权。"对于尼迈里来说，问题并不在于他的 religious bids 是在错误的时间或错误的类别上，而是他在 1971 年后压制伊斯兰组织的历史使他的对手相对容易地（马赫迪和巴希尔）批评他是伊斯兰教的酒肉朋友（可共安乐而不能共患难）"①。三是，解散南方自治政府。阿利尔离任南方高级执行理事会主席后，拉古接任主席，尼迈里趁机解除了拉古在军队中的职务。由于拉古本人与以色列等国有着较为紧密的关系，加上拉古任人唯亲的作风受到了南方的批评，尼迈里在北方伊斯兰势力的压力下逐渐倾向于解散南方议会。1980 年 10 月 4 日，南方地区议会和高级执行理事会被强行解散，南方穆斯林拉萨斯成为地方过渡主席，南方人对穆斯林出任这一职位感到非常不满。1980 年，南方提前举行了第三届议会选举，阿利尔在随后的高级执行理事会选举中以压倒性优势再次当选主席。1983 年 6 月 5 日，尼迈里签署了《六五总统令》，解散南方地区议会与高级执行理事会，同时，尼迈里将南方地区分为加扎勒河省、赤道省和马拉卡勒省三个省，建立省议会，将行政长官的任命由地方议会任命改为由总统任命。这一系列的决定事实上宣告了《亚的斯亚贝巴协议》被废除，"傲慢地将《亚的斯亚贝巴协议》投入历史的垃圾桶里"②。

1985 年 4 月，国防部部长阿卜杜勒·拉赫曼·苏瓦尔·达哈卜（Abdel Rahman Swar al-Dahab）发动军事政变，将出访美国的尼迈里赶下台，自任过渡军事委员会（Transitional Military Council）主席，

---

① Monica Duffy Toft, "Getting Religion? The Puzzling Case of Islam and Civil War", *International Security*, Vol. 31, No. 4, 2007, pp. 97 – 131.

② ［美］罗伯特·柯林斯：《苏丹史》，徐宏峰译，中国大百科全书出版社 2009 年版，第 155 页。

尼迈里流亡埃及，尼迈里时代结束。对于这样一位缔造了南北和平又酿成了第二次苏丹内战的政治人物，苏丹人民的感情是复杂的。达哈卜上台后，随即宣布终止宪法，废除了尼迈里将苏丹改造成伊斯兰教国家的意图，并解散了苏丹社会主义联盟。然而，在《沙里亚法》的问题上坚决不让步，表示愿意在除《沙里亚法》之外的问题进行谈判。1986年，苏丹举行大选，马赫迪领导的乌玛党（Umma Party）胜出，组成了一个由乌玛党、民主统一党和全国伊斯兰阵线（The National Islamic Front）和其他南方小党组成的政治联盟。达哈卜的军人政权兑现承诺，向民选政府交权。此后，马赫迪牢牢掌握了政权。马赫迪上台后，着手与苏丹人民解放运动和谈。随后，双方在埃塞俄比亚会面，签署了《科卡达姆宣言》（Koka Dam Declaration），呼吁废除《沙里亚法》和召开宪法会议，建立一个新的苏丹，消除种族主义、部落主义、宗派主义以及所有歧视和不平等。然而，随着巴希尔的政变上台，南北双方回到战争状态。然而，无论是达哈卜，还是马赫迪，抑或是巴希尔，在取得政权后再也没有提及南方自治的问题。南方再次获得自治要等到2005年的《全面和平协议》签署之后。

二 石油资源分配中的北方优先

资源分配的不平等会对中央政府（主体族群）与地方少数族群产生较大的影响。一方面，族群冲突需要一定的资源作为支撑，因而占有资源的一方占据优势。在此背景下，冲突就变成了对资源的占有和分配。另一方面，作为受到歧视性分配的少数族群，资源的分配状况事实上反映出他们的生存状况和发展空间，尤其是当受到主体族群威胁时，少数族群更倾向于被纳入集体行动的整体中。

苏丹石油先后在南方或者南北交界的地区被发现。1978在本提乌（Bentiu）、1979年在库尔杜凡（Kurdufan）和上青尼罗河（Upper Blue Nile）、1980年在联合油田（Unity oilfields）、1981年在阿达尔油田（Adar oil fields）等地先后发现了可供开采的石油。《亚的斯亚贝巴协议》给予了南方政治自治,但没有经济权力,这显然是南苏丹的主要不利因素。即使和平协定持续下去,政治权力分享和资源共享的分歧也将成为和平的主要障碍。① 事实上,南方也并没有预料到会发现油田。以至于有观点认为,尼迈里废除《亚的斯亚贝巴协议》的主要原因是南方石油的发现,与其他北方精英一样,尼迈里并不会与南方共享石油收益。②

为了北方独享石油资源,尼迈里先后采取了如下措施。一是,北油南运。政府决定在产油地 400 英里之外的北方库斯提建立炼油厂。同时,建设长达 870 英里的石油管道将南方的石油运往苏丹港,运往国际市场。这一舍近求远的举措激起了南方的激烈反抗。在南方的考虑中,在石油产地建立炼油厂是最为便捷的,同时,运往海外市场的原油距离可以经由肯尼亚蒙巴萨港出口,即可直达印度洋,而不必经由苏丹港到达红海再前往印度洋。政府这样做的意图再明显不过:根据《亚的斯亚贝巴协议》和苏丹自治法,中央政府在南方的财政收入归自治政府所有,而选择在外地建厂和出口就避免了给予南方人工作机会,限制南方的发展。二是,将南方排除在石油管理机构中。为了加强对石油资源的管理,尼迈里调集了由绝大多数北方人组成的北方部队替换了萨尔瓦·基尔(Salva Kiir)驻守在本提乌的南方卫戍部队。同时,在石油管理问题上完全抛弃了南方,直接由总统定夺,对南方人要求平分财富的提议予以否决。三是,重划行政区域。为了最大限度地攫取南方的石油财富,尼迈里采取了重新划分行政区域的方法。这种政治选区的重新划分削弱了南方通过地区自治获得新的政治潜力,进一步加剧了和平的崩溃。③ 尼迈里将南方地区分为加扎勒河省、赤道省和马拉卡勒省,在本提乌地

---

① Bona Malwal, *Sudan and South Sudan: From One to Two*, Basingstoke, New York: Palgrave Macmillan, 2014, pp. 114 – 115.

② Ibid., p. 114.

③ Carolyn Fluehr-Lobban, "Protracted Civil War in the Sudan—Its Future as a Multi-Religious, Multi-Ethnic State", *The Fletcher Forum*, 1992, pp. 67 – 79.

区设置统一省（Unity State），亲自监管，将此地视为西苏丹南部，目的是将石油资源纳入北方。尼迈里的这一做法在南方激起了强烈的反抗，南方高级行政理事会的领导人表达了不满与反对。南方出版了《为什么必须拒绝重新划分南方地区》的书，旨在反对重新划分行政区域的主张。① 然而，尼迈里不顾一切地逮捕了部分南方反对者，强力推行行政区划调整政策。随着内战的到来，南方无暇兼顾，此后的历届北方政府都或多或少地继承了尼迈里的石油利益划分政策。

三　同化政策：南方的伊斯兰化

虽然独立后的苏丹经历了议会民主制与军人政权的反复，但都毫无例外地奉行将苏丹定位为以阿拉伯语为官方语言、伊斯兰教为国教的国家，致力于在南方推行阿拉伯化、伊斯兰化的政策。无论是苏非派、哈特米教团、萨曼尼教团掌权，还是由马赫迪主义演变而来的乌玛党、穆斯林兄弟会、伊斯兰民族阵线等在位，都毫无例外地主张全面的阿拉伯化、伊斯兰化，认为只有这样才能够解决南苏丹问题。"自独立以来，人们一直痴迷于把苏丹建设成一个单一的阿拉伯国家的政治诉求：一个拥有一种语言（阿拉伯语）、一种宗教（伊斯兰）、一种文化（阿拉伯—穆斯林文化）的国家，最重要的是，一个种族（阿拉伯）。"②

北方的同化政策在很大程度上是一种以伊斯兰教为依托的阿拉伯文化的入侵和侵蚀。如同后来的欧洲殖民者那样，北部阿拉伯人将未能接受伊斯兰教的南苏丹视为"黑暗的大陆"（dark continent）。纵观北方推行的同化政策，无论是将阿拉伯语定为唯一官方语言，还是将伊斯兰教定为国教，排斥打击南方基督教和原始宗教，都带

---

① ［美］罗伯特·柯林斯：《苏丹史》，徐宏峰译，中国大百科全书出版社 2009 年版，第 152—153 页。

② BGV Nyombe, "The Politics of Language, Race, Culture and Religion in the Sudan", *Frankfurter Afrikanistische Blätter*, No. 6, 1994, pp. 9 – 22.

有明显的宗教歧视色彩。尤其是对于宗教政策而言,多数苏丹领导人都认为"伊斯兰教在非洲有着神圣的使命,南部苏丹是这一使命的开始"[1],南部作为文化真空等待着被阿拉伯—伊斯兰文化来填充。[2] 因而,可以认为,宗教问题是苏丹内战与南方分离运动最关键的因素,北方伊斯兰教和南方基督教的冲突是根本性的和决定性的,宗教冲突激化和延续的结果与表现就是南苏丹的分离运动。[3] 南方的原始宗教是土生土长的原始宗教,相对来说比较温和,当然,这与南方族群的部落化有着直接的联系,而基督教却是殖民者引入的,且在南北分治时期着力扶植,基本处于一种独立发展的状态。在基督教被引入的初始,基督教不仅是一种外来宗教,或者说是外来文化入侵,更关键的是,它承担了南方教育的重要责任,正是在南方教育中的贡献使得基督教在南方获得了扎根的土壤。可以认为,此时的基督教更多的是与教育联系在一起,塑造了南方说英语的习惯和文化。然而,北方伊斯兰教化的政策使得南方人将教堂视为一种政治联盟,以反抗不公正和压迫。[4]

1972年的《亚的斯亚贝巴协议》并未能获得北方宗教激进主义者的同意和认可。1976年,萨迪克·马赫迪发动叛乱,攻入喀土穆,次年,双方实现了所谓的民族和解(National Reconciliation),马赫迪的苏丹民主统一党加入政府。马赫迪的加入改变了尼迈里之前的和平政策,为了拉拢苏丹民主统一党不得不采取更加激进的伊斯兰化政策。1977年,尼迈里组成了"基于伊斯兰原则的苏丹法律修改委员会",旨在修订苏丹法律以使之符合伊斯兰教法,并任命穆

---

[1] Quoted in Gabriel Warburg, *Islam, Sectarianism, and Politics in Sudan since the Mahdiyya*, Madison: University of Wisconsin Press, 2003, p. 167.

[2] Dunstan M. Wai, "Revolution, Rhetoric, and Reality in the Sudan", *The Journal of Modern African Studies*, Vol. 17, No. 1, 1979, pp. 71 – 93.

[3] 姜恒昆:《苏丹内战中的宗教因素》,《西亚非洲》2004年第4期。

[4] Amir Idris, *Conflict and Politics in Sudan*, New York: Palgrave Macmillan, 2005, p. 67.

斯林兄弟会的秘书长哈桑·图拉比为主席。这一任命事实上为伊斯兰法的出台奠定了基础。虽然该委员会中有两名南方人,但象征性的存在改变不了委员会的性质和《禁酒法案》(*Liquor Prohibition Bill*)、《司法决定来源法案》(*Sources of Judicial Decisions Bill*)等具有伊斯兰化色彩的七个法案的出台。尤其是1979年,流亡在外的图拉比(Turabi)被允许回国,并先后出任司法部部长和总检察长。此后,苏丹南北局势骤然紧张。1981年,尼迈里为了稳固政权,加强与穆斯林兄弟会的联系,并与之结盟。与此同时,图拉比被任命为总检察长,强化了尼迈里推行伊斯兰法的司法背景。在此背景下,1983年9月,尼迈里政府强行颁布了《九月法令》,在全国推行伊斯兰化运动,将伊斯兰法(沙里亚法)作为治理国家的法律。《九月法令》的实施不仅是对1973年宪法的背叛,也在事实上标志着《亚的斯亚贝巴协议》的破产。除此之外,尼迈里开始了对基督徒的疯狂迫害,教堂被视为非政府组织、基督教主教被迫害,甚至组建了所谓的"正义裁决法庭"来督促《九月法令》的实施。

1985年,出访美国的尼迈里被国防部部长达哈卜推翻,在他简短地担任过渡军事委员会主席后,1986年4月,达哈卜宣布召开制宪会议,解散过渡军事委员会,将政权移交给民选的萨迪克·马赫迪政府。马赫迪上台后,受制于全国伊斯兰阵线的压力,加上他废除伊斯兰法的态度犹豫不决,遭到了来自北方民主派与南方的一致反对。1988年,民主统一党与苏丹人民解放运动达成了冻结沙里亚法和停火的一致意见,在全国伊斯兰阵线与民主统一党的博弈中,马赫迪显得很是被动,在政府内阁变动的情况下,1989年3月6日,《全国和平宣言》得以通过,但全国伊斯兰阵线拒绝签字,马赫迪犹豫不决,在军方的压力下,马赫迪宣布接受这一协议。并于6月10日宣布冻结《九月法令》,接受民主统一党与苏丹人民解放运动达成的协议,并于6月29日草签了相关法令,定于6月30日和7月1日核准。然而,6月30日晚,巴沙尔在全国伊斯兰阵线的支持下发动了军事政变,成立了救国革命指挥委员会(Revolutionary Command

Council for National Salvation)。巴沙尔上台后，政府禁止了一切非宗教机构（non-religious institutions）。1991年，巴沙尔实行了更为严厉的刑法。虽然南方被排除在刑法实施范围内，然而，由于疯狂的刑法实施范例，1993年，大部分南方非穆斯林法官被调往北方，代之以穆斯林法官，并且，在警察执法过程中，大量非穆斯林被逮捕和被实施沙里亚法。

第三节 苏丹人民解放运动/军：政治组织、苏丹主义与新殖民叙事

尼迈里的倒行逆施引起了南方的不满，就在尼迈里当政的1982年，南方已经出现了零星的武装暴动，内战的阴云再次笼罩苏丹。1983年，第二次苏丹内战爆发，约翰·加朗（John Garang）为了整合南方势力，于1983年5月成立了苏丹人民解放运动（Sudan People's Liberation Movement，SPLM），其武装力量是苏丹人民解放军（Sudan People's Liberation Army，SPLA），成员主要是非穆斯林、非阿拉伯人的南方黑人，但也有不少北方非穆斯林、非阿拉伯人加入，这也导致了南苏丹在独立后，苏丹人民解放运动中的北方人成立了苏丹人民解放运动（北方局），成为苏丹不稳定的重要因素。1983年7月31日，苏丹人民解放运动公布了《苏丹人民解放运动宣言》，主张以全苏丹的名义开展武装斗争，建立一个全新的苏丹。当然，这只是初期的目标，在以后的政治与军事斗争里，苏丹人民解放运动逐渐将目标转移到南苏丹独立上来，虽然这并没有赢得加朗的公开支持，但是，《全面和平协议》的签署标志着苏丹人民解放运动致力于南苏丹独立的目标被正式公布于众。作为一种政治组织的苏丹人民解放运动与军事组织的苏丹人民解放军在内战中加强组织建设，确立了加朗的领导地位，整合了南苏丹的各种政治势力，提出了一种苏丹主义的意识形态，建构了一种新殖民主义的叙事。

一 苏丹人民解放运动/军：约翰·加朗、组织建设与内战进程

苏丹人民解放运动被由约翰·加朗、威廉·尼永（William Nyon）、科宾诺·宽音、曾经的苏丹非洲全国联盟的主席约瑟夫·奥都和（Joseph Oduho）、原先的南方议会议长马丁·麦吉（Martin Majir）五人组成的临时执行委员会（Provisional Executive Committee）控制着，而苏丹人民解放军被以加朗为首的最高指挥部（High Command）控制着，其他成员有科宾诺·宽音、威廉·尼永、梅杰·萨尔瓦·凯尔吉尔（Major Slava Kirkiir）、梅杰·阿洛克·索恩（Major Arok Thon）。① 从两个组织的成员重合情况来看，加朗成了绝对的领导。

约翰·加朗，1945年6月23日出生在上尼罗省的一个丁卡族家庭，中学时代的他曾就读于坦桑尼亚，后留学美国，在美国获得了经济学学士、硕士和博士学位。留学美国的经历使得加朗对改造苏丹充满信心，尤其是对如何在多族群、多语言、多宗教的环境中建设共存的苏丹充满信心。在加朗第一次赴美留学期间，第一次苏丹内战激战正酣，给加朗改造苏丹的梦想蒙上了阴影。加朗回到苏丹，出身南苏丹的他加入了反政府组织——阿尼亚尼亚运动。不久后，南北双方达成了《亚的斯亚贝巴协议》，加朗被编入政府军。随后，加朗再次赴美获得了经济学硕士和博士学位，值得注意的是，加朗的博士学位论文研究的是南苏丹的农业发展问题。南北双方在1983年再次陷入内战，此时的加朗已经是苏丹人民解放军和苏丹人民解放运动的领导人。

加朗作为苏丹人民解放运动与苏丹人民解放军的领导人地位的确立有两个方面的因素：一是作为两个组织的创始人有着天然的领导权；二是，面对着南方纷繁复杂的族群矛盾，是在整合南方力量

---

① Nadir M. al-Mahdy, *Explaining the Process Towards Political Separatism: The Two Cases of Southern Sudan's Separatist Conflicts*, Ph. D. Dissertation, Miami University, 1998, pp. 228 – 229.

第五章　南苏丹分离运动（1972—2011 年）　　191

并与北方长期战斗中被确立的，尤其是在与南方其他分离势力、叛乱势力的权力争夺中实现的。

在历经多年的战火之后，南北双方达成了《亚的斯亚贝巴协议》，这本应该是苏丹迎来和平并发展的契机，理应为南北双方所共同遵守。然而，由于北方伊斯兰势力的崛起和尼迈里的倒行逆施，南北双方再次处于战争边缘。作为南方人的加朗越发地感受到来自北方的压制，将北方视为新的殖民主义者，由于北方解散了南方自治政府，已经失去了通过和平手段解决这一问题的可能，战争成为唯一的选项。1985 年 7 月 8 日，加朗在向非洲统一组织（Organisation of African Unity，OAU）① 的备忘录中提到，除非民族问题得到解决、宗教偏见不再存在，否则，战争是苏丹唯一的选择。② 战争作为唯一的手段不仅是加朗的结论，也是南方其他抵抗势力的一致看法。

苏丹人民解放军的军事行动是服务于苏丹人民解放运动的。在不同的军事行动阶段，苏丹人民解放运动的斗争策略与南北关系呈现出不同。战争爆发之后，在加朗的领导下，苏丹人民解放军在三年之内从 5000 人发展到 15000 人。苏丹人民解放军规模的扩大使得南北双方在和谈与战争之间摇摆不定，因而，战争的进程取决于和谈的进展。1986 年上台后的民选马赫迪政府由于与南方在是否取消伊斯兰教法的问题上僵持不下，内战随之升级，苏丹人民解放军势如破竹，1987 年占领了库尔穆克（Kurmuk），将战争扩大到了北方，南方于 1989 年几乎成为苏丹人民解放军的势力范围。压力之下的马赫迪政府同意就伊斯兰教法的问题进行表决，但就在即将付诸表决之际，巴沙尔的政变再次改变了和谈进程。

在战争中，如何将其他势力汇聚成统一的抵抗势力成为加朗的重要任务，这关系到南方能否以统一的组织、行动与北方抗争。在

---

① 非洲统一组织成立于 1963 年，是非洲国家间的政府组织，于 2001 年更名为非洲联盟。

② 转引自 Douglas H. Johnson, *The Root Cause of Sudanese Civil Wars*, Bloomington: Indiana University Press, 2003, p. 71。

整合南方地方势力的过程中，加朗通过各种手段和策略将南部统一归为他的领导之下。一是，将南方其他抵抗势力拉拢进入苏丹人民解放运动，以统一的旗帜行事。南方的其他抵抗势力有各自为政的，有支持加朗的，也有反对加朗的。"经过8年的努力，到1991年苏丹人民解放运动（军）的军事化已经完成，并且具有专制主义军事等级的特点。"① 1994年4月，加朗在南方召开了南部苏丹全国代表大会，这次大会的召开宣告了在历经十几年的内战后，南方的抵抗力量归为加朗统一指挥，在苏丹人民解放军的优势面前，其他抵抗力量相形见绌，都同意以加朗的新苏丹为奋斗目标。这次大会也是加朗新苏丹被接受的标志。尤为值得注意的是，此次大会通过了南方自决的目标，这在绝大多数人看来是南部独立的前奏，大会成为苏丹人民解放运动的政治革新，加朗成为南部苏丹的合法代表。② 二是，面对苏丹人民解放运动与苏丹人民解放军的分裂，加朗采取果断措施，或予以打击，或予以联合。1991年5月以前，苏丹人民解放运动的总部设在埃塞俄比亚，这不仅是为了方便国外的援助，也是避免被苏丹中央政府所清剿。此后，随着苏丹人民解放军将总部搬回国内，南方复杂的矛盾将苏丹人民解放运动置于错综复杂的环境中。1991年8月，苏丹人民解放运动即发生了分裂，主张南方分离的里克·马查（Riek Machar）、拉姆·阿科尔（Lam Akol）等人叛变，组建了苏丹人民解放运动纳绥尔派（SPLM/A-Nasir，后改名为南苏丹独立运动）。这不仅在军事上重创了苏丹人民解放运动，也在战略上暴露了苏丹人民解放运动。更引起南方警觉的是，1997年，叛变的阿科尔与苏丹中央政府展开谈判，签署了《喀土穆和平协定》（*Khartoum Peace Agreement*）。协议为加朗所谴责，加朗仍然致力于通过军事行动创建一个独立的南方。直到2001年，加朗和马

---

① ［美］罗伯特·柯林斯：《苏丹史》，徐宏峰译，中国大百科全书出版社2009年版，第232页。

② 同上书，第241页。

查之间的矛盾接近消失，马查于2002年再次回归苏丹人民解放运动。他的回归有着重要的影响，不仅确认了加朗作为南方统一领导人的角色，是南方的统一者（unifier），而且也带动了阿科尔2003年的回归。阿科尔的回归宣告作为丁卡人的加朗与作为努尔人的阿科尔的和解，也是两个族群的和解，共同致力于南方的事业。三是，面对苏丹人民解放军内部某些主张彻底独立的力量和其他分离组织，虽然致力于南苏丹独立，但加朗为了不触碰破坏非洲边界不可更改原则，从而招致非洲国家的反对，决定将内战的目标定位为新苏丹。由于非洲大陆边界不可更改原则，考虑到非洲大陆各国的情绪，加朗强调革命的目标不是为了将南方分离出去，而是建立"所有苏丹人的'新苏丹'，一个其中央政府致力于反对种族主义与部落制度的联邦政府"①。加朗在1987年的备忘录中明确将苏丹人民解放运动的目标定为一个全国性的运动，而非地方性的叛乱，也不是外部势力的工具。在访问美国、赞比亚等国家时，加朗也重申了苏丹人民解放运动建立民主、世俗和统一的苏丹的目标，以此赢得外部势力的同情。同时，"SPLA/M领导人显然意识到为了正义和平等而斗争远比分离运动更能应得同情和支持。在他们的考虑中，即使是分离主义者也有更好的机会在公平团结的框架内实现他们的目标……在一个民主的、世俗的和大众的苏丹"。当然，这一目标只是表面上的。

二 意识形态：从非洲主义到苏丹主义

苏丹是一个处于非洲与阿拉伯世界交界地带的国家，夹杂着非洲主义的传统与伊斯兰文化。作为苏丹反抗势力的南苏丹是非洲之地，与作为伊斯兰化文化和阿拉伯文化的北苏丹形成了鲜明的对比。"非洲主义和阿拉伯主义的意识形态是两种对立的、相互排斥的身份，引发了一场国家认同危机，导致了南北战争的升级，

---

① [美]罗伯特·柯林斯：《苏丹史》，徐宏峰译，中国大百科全书出版社2009年版，第162页。

以及该国的其他武装冲突。"① 非洲主义和阿拉伯主义之间的界限是流动的，并且作为不同族群间的全球化、移民和社会联系的共同作用的结果而提出多重身份。通过解构苏丹身份的主导概念，并考虑这些身份的新概念，我们可以处理影响冲突的社会动力，并在解决时将其纳入考虑。多元文化主义被认为是一种可以帮助适应国家多样的身份和促进稳定的模式。②"南苏丹人共享了欧洲和阿拉伯商人发动的破坏性的奴隶贸易以及外国统治和镇压的历史。这使他们加深了非洲人的意识，并带来了一种普遍的共识，就是接受并将他们居住的领土作为一个明确而专有的非洲实体来接受和处理。"③

自南苏丹反抗以来，无论是 1962 年成立的苏丹秘密地区国家联盟（1964 年更名为苏丹非洲全国联盟），还是 1966 年成立的苏丹非洲解放阵线，南苏丹的反抗都有一种"非洲主义"情结。④"来自北方的威胁越多，就越有可能形成一种新的认同感，即一种新身份认同的理念，与最近获得的基督教和西方文化价值观相结合的非洲主义。"⑤

相较于阿尼亚尼亚运动，苏丹人民解放运动更胜一筹，南方的抗争实现了从非洲主义向苏丹主义的过渡。⑥"苏丹人民解放运动/

---

① Amal Ibrahim Madibbo, "Conflict and the Conceptions of Identities in the Sudan", *Current Sociology*, Vol. 60, No. 3, 2012, pp. 302 – 319.

② Amal Ibrahim Madibbo, "Conflict and the Conceptions of Identities in the Sudan", *Current Sociology*, Vol. 60, No. 3, 2012, pp. 302 – 319; Abderrahman Zouhir, "Language Policy and Identity Conflict in Sudan", *Digest of Middle East Studies*, Vol. 24, No. 2, 2015, pp. 283 – 302.

③ Dunstan M. Wai, "Pax Britannica and the Southern Sudan: The View from the Theatre", *African Affairs*, Vol. 79, No. 316, 1980, pp. 375 – 395.

④ 刘辉：《民族国家构建视角下的苏丹内战研究》，中国社会科学出版社 2011 年版，第 75 页。

⑤ Francis Deng, *War of Visions: Conflict of Identities in the Sudan*, Washington: Brookings Institution Press, 1989, p. 494.

⑥ 刘辉：《民族国家构建视角下的苏丹内战研究》，中国社会科学出版社 2011 年版，第 129 页。

军致力于解决民族性与宗教问题,使得所有的苏丹公民满意,在一个民主的、世俗的背景下,契合我们国家的客观现实。"① 苏丹主义的提出不是一朝一夕的,而是在不断的历史斗争与南北关系的演化中诞生的。北部将南部定位为"南部问题"其实也是一种歧视,加朗有针对性地提出了苏丹主义,他没有重新提出"南部问题"的狭隘的民族主义观点,而是在国家的政治话语中引入了苏丹主义(Sudansim)的概念。苏丹主义的概念拒绝了排外的民族主义的意识形态,转而寻求整合阿拉伯人、非洲人、基督徒或穆斯林身份的可能。② "令人惊讶的是,作为分离主义者的南苏丹民族主义者在苏丹人民解放军的统治下成为顽固的'新苏丹民族主义者'……'新苏丹'的口号就变得更加根深蒂固。"③ 这一关于苏丹主义的观点在苏丹人民解放运动与苏丹人民解放军的声明中显得更加明确,"非洲身份和阿拉伯身份是可以互存的,这些元素已紧密交织成我们社会的肌体……不同族群可以而且必须结合成一个苏丹人的国家,这样的国家形成了其独特的文明,依靠这种能力为人类文明的增进做出贡献,而不是仅仅作为其他国家的一个附属"。

后殖民时期,苏丹主要的政治发展就是苏丹人民解放运动/军所倡导的新苏丹(a new Sudan)或苏丹主义(Sudanism)。这种新的政治主题的转换将苏丹的冲突从种族与族群的问题转入民族与公民的议题上来。④ 社会的去种族化、去族群化等提倡重组组织和阶级之间的权力关系,以此使得族群/种族与社会和政治权利的标准无关。这个新的政治话语将种族身份理解为一个历史和政治的产

---

① Amir Idris, *Conflict and Politics in Sudan*, New York: Palgrave Macmillan, 2005, pp. 105 – 106.

② Amir Idris, *Identity, Citizenship, and Violence in Two Sudans: Reimagining a Common Future*, New York: Palgrave Macmillan, 2013, p. 98.

③ Bona Malwal, *Sudan and South Sudan: From One to Two*, Basingstoke, New York: Palgrave Macmillan, 2014, p. 165.

④ Amir Idris, *Conflict and Politics in Sudan*, New York: Palgrave Macmillan, 2005, p. 105.

物。在苏丹，种族和族群身份都是斗争的结果和后果，它们是动态的和不断变化的。因此，民主的公民身份，需要变革的政治话语去超越种族和族群。①

三 新殖民主义的叙事：怨恨与不满

南北苏丹的交往历史并不长，甚至苏丹南方与北方历史上的首次大规模交往是血腥的、暴力的、痛苦的奴隶贸易。② 南北双方共有的美好记忆可能仅止于马赫迪起义。然而，马赫迪起义终究是伊斯兰主义者发起的，等到马赫迪起义取得阶段性成果之后，进入南方的马赫迪主义者开始对南方大肆劫掠，甚至实施黑人贸易，极大地激发了南方的怨恨与不满情绪。南北双方巨大的历史和现实差异使得双方都难以接受彼此，而在北方强势的前提下，南方不得不接受被统治的事实，只是，这种统治在南方看来是不合法的，尤其是南方在历史上和现实中都遭到了歧视与压制，使得南方的怨恨与不满迅速升温。

"阿拉伯人和穆斯林被认为是自由的、优越的，而且是奴隶主的种族，而黑人和异教徒则被认为是（合法的）奴隶。"③ 纵观苏丹的历史，北方是特权阶层，南方是低等阶层，被称为 abeed，即奴隶之意。④ "苏丹北部被认为是'东方的'，南部则被视为是'没有历史的人居住'。结果是，北苏丹被贴上了阿拉伯、穆斯林、文明开化

---

① Amir H. Idris, *Conflict and Politics of Identity in Sudan*, New York: Palgrave Macmillan, 2005, pp. 103 – 104.

② 刘辉：《民族国家构建视角下的苏丹内战研究》，中国社会科学出版社 2011 年版，第 19 页。

③ Francis Deng, *War of Visions: Conflict of Identities in the Sudan*, Washington: Brookings Institution Press, 1989, pp. 4 – 5.

④ Mohamed Ibrahim Nugud, *Slavery in the Sudan: History, Documents, and Commentary*, translated by Asma Mohamed Abdel Halim, edited by Sharon Barnes, New York: Palgrave Macmillan, 2013, pp. 61 – 149.

的，而南苏丹则被认为是黑人、异教徒、原始人。"① 因此，不难想象，苏丹南部的人们有充足的理由去仇恨穆斯林和说阿拉伯语的人，他们历史上是抓捕奴隶（slave-seizing）的组织者。②

"在苏丹，国家嵌入了两种历史特质——暴力和种族主义。当暴力深深地嵌入国家的基础结构，国家的生死存亡，作为一个种族化的制度，在很大程度上依赖于暴力的使用，将之视为获得合法性和迫害的机制。"③ 当权力为北方所拥有时，南方因其历史上与北方的敌视而势必遭到种族主义的歧视和暴力的镇压。甚至在较为开明的达哈卜领导下的过渡军事委员会时期，加朗亦将之称为"没有尼迈里的尼迈里主义"。

南苏丹人的身份是基于混合的种族、文化、宗教、地理环境、历史、教育，和阿拉伯苏丹作为一个外围集团的存在而共同产生的。④ 南苏丹的民族主义是以下几方面的混合产物：（1）极端的不平等；（2）北部阿拉伯人强加的同化的威胁；喀土穆政权对于南苏丹联邦制地位、不歧视、平等参与国家事务的要求的不妥协。⑤ 这种夹杂着对北方仇视的民族主义自诞生起就注定是将怨恨与不满定为南北关系基调的。这也就不难解释，南方为什么坚持认为独立之后的苏丹只是政权的变化，只有统治者的变更，只不过是将"英国帝国主义换上了北方帝国主义"⑥。

---

① Amir Idris, "Conflict and Politics in Sudan", New York: Palgrave Macmillan, 2005, p. 13.

② Hugh Seton-Waston, *Nations and States: An Enquiry into the Origins of Nations and the Politics of Nationalism*, London: Methuen & Co. Ltd., 1977, p. 345.

③ Amir Idris, *Conflict and Politics in Sudan*, New York: Palgrave Macmillan, 2005, pp. 54 – 55.

④ Alexis Heraclides, "Janus or Sisyphus? The Southern Problem of the Sudan", *The Journal of Modern African Studies*, Vol. 25, No. 2, 1987, pp. 213 – 231.

⑤ Ibid..

⑥ 《1956年苏丹政府〈对南方暴乱的调查报告〉》，第114页，转引自杨灏成、朱克柔主编《民族冲突与宗教争端——当代中东热点问题的历史探索》，人民出版社1996年版，第331页。

第四节 南苏丹的诞生及其未来

南苏丹分离运动导致的第二次苏丹内战是苏丹历史上最为严重的国家内战之一，给古老的苏丹大地带来了无尽的痛苦。不仅如此，2011年的南苏丹独立是为数不多的成功分离案例。然而，南苏丹并没有从苏丹分裂中获得应有的教训，占统治地位的丁卡人和执政的苏丹人民解放运动并没有给独立后的南苏丹带来稳定和繁荣，独立后的南苏丹依然面临着严重的族群冲突。

一 《全面和平协议》与南苏丹独立

第二次内战爆发后，战争与和谈交织，与南方谈判的北方代表团或是某个党派或是某个领导人，缺乏权威性的能代表北方一致意志的代表。因而，在这样的背景下，内战在和谈与战争中交替前进。1989年，巴希尔军事政变上台后，着手解决南苏丹问题，在战争无法完全取胜的情况下，致力于和谈。与此同时，鉴于政出多门的情况，巴希尔上台之初便取缔了一切政党，全国伊斯兰阵线[National Islamic Front，NIF，后改称全国大会党（National Congress Party，NCP）]成为唯一的执政党，并解散了政府和议会，成立了由他担任主席的融立法权与行政权为一体的救国革命指挥委员会作为过渡。1993年，巴希尔解散救国革命指挥委员会，将原有的议会制改为总统制，自任总统，不再设总理，掌握了苏丹的军政大权。1996年，苏丹举行了全国大选，巴希尔当选总统，此后的苏丹历届总统大选中，巴希尔都成功连任，北方政权的稳定为彻底解决南苏丹问题奠定了基础。

2000年，巴希尔提出了宗教自由和地区参与的原则，着手与加朗和谈，以彻底解决南方问题。在苏丹人民解放军不再得到埃塞尔比亚、乌干达等国的支持下，加朗逐步倾向于与巴希尔和谈。

此后，双方于 2002 年 7 月在肯尼亚的马查科斯（Machakos），苏丹政府与苏丹人民解放军签署了《马查科斯协议》（*Machakos Protocol*），着手解决南方的自治权问题与宗教问题。除此之外，关于石油收益这一困扰南北双方的焦点问题，双方多次谈判，并最终于 2005 年 1 月 9 日在肯尼亚的内罗毕签署了关于上述问题的一揽子协议，即《全面和平协议》（*Comprehensive Peace Agreement*，CPA）。协议的签署结束了苏丹长达 23 年的第二次内战，缓和了苏丹的外部压力，也为巴希尔在当年的再次连任赢得了政治资本，更为重要的是，南方由此获得了和平，饱受战乱的南苏丹迎来了新的历史发展契机。

根据《全面和平协议》和 2005 年苏丹制定的临时宪法，南北苏丹关于南方自治、权力分配、石油财富分配、宗教语言问题等达成了协议。根据协议：（1）南苏丹在政府设置的六年过渡期内享有充分的自治地位，苏丹第一副总统由苏丹人民解放军的领导人或他的继承人担任，同时，第一副总统兼任南苏丹政府主席和苏丹人民解放军统帅。这一职位先是由加朗担任，然而，仅仅一个月不到，加朗因飞机失事不幸遇难，转由萨尔瓦·基尔继任。（2）关于中央政府权力分配问题，除了第一副总统由苏丹人民解放军统帅担任之外，南北成立团结政府，并且对各派政治势力所占比例进行了规定。按照规定，北方占比 70%，南方占比 30%，其中，全国大会党占 52%，北方人为 49%，南方人为 3%；苏丹人民解放运动占 28%，南方人为 21%，北方人为 7%；北部其他政治力量占 14%；南部其他政治力量占 6%。（3）关于石油资源的分配问题，国家成立了国家石油委员会，总统和南苏丹政府主席共同担任主席，南北各派 4 个代表作为常任理事，石油州派 3 个以下代表作为非常任理事，负责制定石油发展战略与计划。（4）关于宗教语言问题，宪法第一条即明确了苏丹作为多文化、多语言、各种族和宗教并存的国家，政府确认各种宗教和文化是其力量、和谐、启示的来源。联邦政府明确了阿拉伯语与英语作为政府官方语言的地位，不得歧视任何一种语言。同时，政府尊重、发展和提高土著民族语言的地位。①

《全面和平协议》和南苏丹临时宪法都得到了双方的一致维护，即使是在加朗不幸遇难给南北和平增加变数和南北因阿卜耶伊地区爆发冲突的情况下，巴希尔仍然坚持尊重协议和宪法。根据协议和宪法的安排，南苏丹在六年过渡期后于 2011 年 1 月 9 日举行独立公投，最终 98.83% 的选民支持独立，其中，南部各州的南方人支持率达 99.57%。同年 7 月 9 日，南苏丹正式宣布独立，成立南苏丹共和国（The Republic of South Sudan），并加入联合国和非盟。南苏丹的独立事实上改变了 1963 年亚的斯亚贝巴会议制定的非洲统一组织宪章中的"边界不可更改原则"。原则规定，非洲领土完整必须得到保证，边界不可改变原则必须得到维护。② 或许，"南苏丹作为一个新的主权独立国家的出现，是标志着非洲大陆政治发展的重大事件，这可能被视为一个独特的事件，或者是未来的先例"③。

值得关注的是，南苏丹独立后，北方仍然沿用了"苏丹共和国"的国号。在一定意义上来说，国名与地理存在着对应关系，然而，南苏丹的独立并没有改变北方保留原有国名的态度。"也许，这是一种不情愿的怨恨，即北方的苏丹人没有将他们的国家重新命名为北苏丹（Northern Sudan），因为他们承认南方分裂，并且南方在地理上正确地命名为南苏丹共和国。也有可能是北苏丹没有放弃南苏丹有一天能与北苏丹重新合并的希望。在南北苏丹之间目前的敌对状态下，很难做出如此彻底的预测。"④ 不管原因是什么，或许，北方

---

① 2005 年的苏丹临时宪法来源于《全面和平协议》，有关苏丹宪法的相关规定，参见《世界各国宪法》编辑委员会编译《世界各国宪法·非洲卷》，中国检察出版社 2012 年版，第 949—973 页。

② ［埃及］布特罗斯·加利：《非洲边界争端》，仓友衡译，商务印书馆 1979 年版，第 7 页。

③ Anthony J. Christopher, "Secession and South Sudan: An African Precedent for the Future?", *South African Geographical Journal*, Vol. 93, No. 2, 2011, pp. 125 – 132.

④ Bona Malwal, *Sudan and South Sudan: From One to Two*, Basingstoke, New York: Palgrave Macmillan, 2014, p. 65.

不得不承认的是，南苏丹已然独立，并获得了国际社会的认可，这已经成为不可逆转的事实。对于北方而言，在国家建设上所能做的应该是更多地思考国内在统一阿拉伯文化下如何实现少数族群的利益可能，如此才能避免下一个南苏丹的出现。

二 再陷困境：南苏丹的族群冲突现状

独立后的南苏丹面积约 62 万平方公里，2018 年人口约 1098 万，由于经济上严重依赖石油资源（石油收入占到政府财政收入的 98%），因此，在油价急剧下降的当下，南苏丹的经济呈现大幅度的负增长，是世界上最不发达的国家之一。[①] 南苏丹以黑人为主，现有尼罗特、尼罗哈姆、班图和努巴构成了四大族群，拥有丁卡人、努尔人等众多的部族，但却没有一个占据绝对多数的部族，最大的丁卡族也仅占人口总数的 15% 左右。复杂的族群结构之外，民众的语言、文化、宗教呈现出多样性，并非一个统一的社会。甚至在某种意义上说，南苏丹的族群结构、语言矛盾、宗教冲突等比苏丹还要复杂。客观地讲，很难得出结论，南苏丹的居民构成了一个民族。换句话说，"自我"似乎分成无数个个体的存在和部落成员。主观地讲，也很难得出结论，南苏丹的居民共享一个属于统一身份的共同归属感。[②]

独立后的南苏丹面临着族群冲突与南北遗留问题。独立后的南苏丹激化了丁卡人和努尔人的矛盾，将之前共同抵抗北方所缔造的利益共同体撕毁，所掩盖的矛盾彻底公开化，南苏丹仍然面临着民族建构和国家建构的任务。在关于南苏丹的新闻报道中，"群尸坑"、难民、种族屠杀、部落冲突等新闻不绝于耳，族群冲突成为南苏丹

[①] 有关南苏丹的数据，参见世界银行（http://data.worldbank.org.cn/country/south-sudan?view=chart，访问日期：2020 年 3 月 14 日）。

[②] Milena Sterio, *The Right to Self-Determination under International Law: "Selfistans", Secession, and the Rule of the Great Powers*, Abingdon: Routledge, 2013, p. 165.

民族国家建构中难以回避的问题。[1] 2013年12月,丁卡族的总统基尔解除了努尔族的副总统马沙尔(Machar)的职务,导致丁卡族与努尔族的族群冲突上演,并牵涉其他部族,南苏丹内战随即爆发。时断时续的战争持续了近两年的时间,直到2015年8月,各方签署了《解决南苏丹冲突协议》,次年4月,南苏丹民族团结过渡政府成立,但协议的执行仍然有很长的路要走。不恰当的权力下放、权力分立和国家能力的虚弱等导致南苏丹退回到了冲突的时代。然而,通过宪政安排、能力建构,以及经济多元化、增强自然资源管制、紧缩的预算控制等,这个世界上最年轻的国家仍然充满希望。[2]

南北遗留问题主要指的是阿卜耶伊问题,其甚至可能成为新的"克什米尔"问题,[3] 变成第三个苏丹。[4] 历史上的阿卜耶伊一直处于南北苏丹冲突的前沿,后由于石油资源的发现而变得更加敏感,即使是在《全面和平协议》签署之后也曾战火肆虐。根据《全面和平协议》和南苏丹临时宪法,南苏丹实行联邦制,领土范围是原加扎勒河省、赤道省、上尼罗省以及1956年1月所建立的疆界范围,并且包括阿卜耶伊地区,该地区是2009年《阿卜耶伊仲裁法庭仲裁书》所确认的在1905年从加扎勒河省转移到科尔多凡省的九个恩格克——丁卡酋邦的领土。[5] 按照既定计划,阿卜耶伊地区与南苏丹于

---

[1] 关于南苏丹的族群冲突,参见唐世平、张卫华、王凯《中国海外投资与南苏丹族群政治》,《文化纵横》2014年第5期;刘辉《南苏丹共和国部族冲突探析》,《世界民族》2015年第3期。

[2] Jenik Radon, Sarah Logan, "South Sudan: Governance Arrangements, War, and Peace", *Journal of International Affairs*, Vol. 68, No. 1, 2014, pp. 149 – 167.

[3] 姜恒昆、周军:《苏丹南北关系中的阿卜耶伊问题》,《西亚非洲》2011年第7期;李捷:《南苏丹现状研究:现代民族国家构建的视角》,《亚非纵横》2013年第4期。

[4] Abdel Ghaffar M. Ahmed, "Changing Dynamics in the Borderlands: Emergence of a Third Sudan?", in Gunnar M. Sørbø, Abdel Ghaffar M. Ahmed (eds.), *Sudan Divided: Continuing Conflict in a Contested State*, New York: Palgrave Macmillan, 2013, pp. 121 – 139.

[5] 有关南苏丹宪法的相关规定,参见《世界各国宪法》编辑委员会编译《世界各国宪法·非洲卷》,中国检察出版社2012年版,第719—746页。

2011年同时公投，或是选择加入北方保留其特殊的行政地位，或是加入南方成为加扎勒河省的一部分，然而，直到2010年12月，该地区的划界问题仍未能解决，谁有权利参与公投也未能达成一致意见，因此未能于2011年如期举行公投。未来，南北双方如何处理阿卜耶伊地区是影响南北关系走向的焦点，是成为南北"历史桥梁"还是"火药桶"，考验着南北领导人的智慧。

第六章

瑞士的族群政治（1848年至今）

瑞士联邦（Swiss Confederation），简称瑞士，位于欧洲西部，面积4.1万平方千米，与法国、德国、列支敦士登、意大利、奥地利接壤，处于欧洲的中心地区，被称为欧洲的十字路口。2018年，瑞士人口852万人，国内生产总值7051亿美元，是极高收入国家。[①]

瑞士境内多高原和山地，因而有欧洲屋脊的称谓，欧洲三大河流均发源于瑞士。无论面积与人口，瑞士都是名副其实的小国。作为一个以金融业、钟表业、银行业享誉全球的国家，瑞士的辉煌远不止于此。在全球创新指数榜单中，瑞士常年占据前列。作为永久中立国，瑞士是多个国际组织的所在地，如红十字会、国际奥委会、世界贸易组织、国际劳工组织等，其中，日内瓦因是联合国办事处所在地，是多个国际组织的所在地，被称为世界首都。

瑞士全国划分为26个州（canton）和半州（half-canton），瑞士的国名中虽然有邦联的含义，但是1848年以前是邦联，1848年以后只是为了保留这一名称而已。为了便于在全国范围内统一标识，也为了不在四大族群之间造成不必要的冲突，瑞士以CH为代称，是Confoederatio Helvetica的简称。德语瑞士人、法语瑞士人、意大利语

[①] 有关瑞士的数据，参见世界银行（https://data.worldbank.org.cn/country/switzerland? view=chart，访问日期：2020年3月14日）。

瑞士人和罗曼什人构成了人口比例极不对称的四大族群，其中，德语瑞士人占绝大部分，罗曼什人只占 0.5% 的比例。作为一个多族群的融合国家，德语、法语、意大利语、列托－罗曼什语同为官方语言，主要信仰基督新教和天主教，因而，所谓的瑞士人其实是一个混合概念，即是由德国人、法国人、意大利人和境内的罗曼什人共同组成的多民族群体。[1] 在这一背景下，瑞士形成了独具特色的融洽的族群政治关系，成为族群关系的典范。本章考察的即是作为族群关系典范的瑞士是如何造就的，以及瑞士族群关系的未来走向。

第一节　现代瑞士的诞生

"瑞士"的概念来源并不久远，不同于其他国家，瑞士的概念首先是从政治文化概念发源而来，是由共享瑞士文化的四大族群确定，并在大国干涉下划定的疆界发展而来，随后才逐渐发展为一个地理概念。现代瑞士的诞生是从三州防御共同体发展而来，在 1848 年最终形成了作为民族国家的瑞士。

一　瑞士的诞生与民族国家建构：从防御共同体到现代瑞士联邦

瑞士的雏形出现于 1291 年，疆域确定于 1815 年，现代国家诞生于 1848 年。为了对抗哈布斯堡的统治，1291 年 8 月 1 日，施维茨（据说瑞士的国名就取自施维茨）、乌里、翁特瓦尔登组成了老三州，进而成为永久同盟，是现代瑞士的雏形，8 月 1 日也因此成为瑞士的国庆日。因而，三州同盟的目的是军事防御，现代瑞士雏形是一个军事防御共同体，这种同盟性质的联邦共同体保障了三州的平等地位，这也是瑞士联邦制的雏形。其后，苏黎世、伯尔尼等州相继加入了同盟。

---

[1] 李念陪：《瑞士》，当代世界出版社 1998 年版，第 20 页。

现代瑞士发展的进程中，对瑞士影响深远的事情是 16 世纪的宗教改革运动，尤其是加尔文在日内瓦进行宗教改革运动使瑞士成为加尔文教的发源地。这一历史事件使得瑞士的宗教格局发生了变化，天主教与新教呈现出二分却又彼此融入的格局。欧洲三十年战争后，《威斯特伐利亚和约》于 1648 年签订，标志着瑞士从德意志神圣罗马帝国的统治中独立。然而，此时的瑞士无论是领土疆界、政体格局、民族文化等都不是一个现代意义上的国家，更多的是一个松散的邦联和军事防御共同体，甚至都不存在首都。在瑞士历史上，对其历史进程产生深远影响的是拿破仑战争。拿破仑战争结束了瑞士的邦联体制，依照法国模式建立了准中央集权的海尔维第共和国，并于 1798 年制定了瑞士的第一部宪法。

拿破仑战争后，1815 年 11 月 20 日，欧洲列强签署了《承认和保障瑞士中立和领土不受侵犯条约》，瑞士获得了永久中立国的地位。现代瑞士的疆界基本获得稳定，但这一时期的瑞士更多的是被当作列强的缓冲地带。"瑞士虽然被列强承认为永久中立国家，且名为联邦，其实当时的瑞士仅仅是个各主权独立邦郡的防卫共同体组织而已。"[1]外界压力得以缓解的瑞士此时面临着国内的危机。在各州签署了邦联条约的同时，瑞士事实上排斥了法国式的中央集权政体，重建了一个与过去类似的防御共同体，这一政体的最大缺陷在于中央政府缺乏权威，难以有足够的能力应对州际危机。1848 年 9 月 12 日，瑞士通过了现代意义上的新宪法，确定了有中央政府统一权威的新型联邦，将全国各族群、各地区纳入新的联邦之下。正是这一宪法的颁布，瑞士确定了议会制政体和委员会制，确立了三权分立，划分了联邦与州的权力，瑞士成为现代意义上的联邦。因而，1848 年宪法也被视为现代瑞士的诞生标志。在瑞士的政治话语中，1848 年宪法的颁布被视为一项政治成就，是影响瑞士百年基业的一件大事。"首先，没有任何政治反动和镇压，1848 年的成就并没有受到外国势力或内部对手的严重

---

[1] 张维邦：《瑞士史：民主与族群政治的典范》，三民书局 2006 年版，第 96 页。

威胁；其次，这是一个持久的成功，从1848年到今天，一直有宪法和制度上的连续性，这使得庆祝现代瑞士150周年成为可能。"① 至此，作为一个民族国家的瑞士正式走上了历史舞台。此后，瑞士先后完成了若干次宪法修改，但都是基于1848年宪法，② 现行宪法是1875年大幅修订后使用的。

作为欧陆国家，工业革命的浪潮也席卷了瑞士。第一次世界大战前，瑞士基本完成了工业化，成为一个比较发达的资本主义国家。在第一次世界大战和第二次世界大战中，瑞士的永久中立国地位帮助瑞士成功自保，幸免于战火。然而，这并不意味着瑞士在两次世界大战中的地位是绝对中立和完全端正的，尤其是瑞士境内的德裔、意大利裔与第二次世界大战的德国、意大利关系密切，难免有着不光彩历史。当第二次世界大战中的法国被占领后，环绕瑞士的基本都是法西斯国家或法西斯占领国。战后，作为一项国家政策的永久中立被瑞士继承，并不断在实践中调整以适应不断发展的世界局势，最终于2002年获得全民公投的批准加入了联合国。

二 瑞士族群融洽的已有解释

瑞士州的划分是按照语言、宗教、城乡等来划分的，除此之外，瑞士的四大族群呈现出大聚居、小杂居的形态，语区基本沿着族群界线展开，宗教呈现出天主教与新教并列、新教内部又有路德宗与加尔文宗的区分，按照一般的理论，这样的族群格局或许会更加刺激分离运动，然而，自1848年以来，瑞士却没有出现过分离运动，对此，学术界的解释集中于以下观点。

一是政治制度的角度。沃尔夫·林德（Wolf Linder）将瑞士政

---

① Thomas Maissen, "The 1848 Conflicts and Their Significance in Swiss Historiography", in Michael Butler, Malcolm Pender, Joy Charnley (eds.), *The Making of Modern Switzerland, 1848 – 1998*, Macmillan Press Ltd., 2000, p. 3.

② 有关瑞士1848年宪法的变迁，参见 Clive H. Church, *The Politics and Government of Switzerland*, Hampshire, New York: Palgrave Macmillan, 2003, p. 37。

治体制的根本特征概括为联邦制度、中立制度及直接民主制度。[1] 针对瑞士的联邦制，众多学者提出了不同的见解。如，张维邦认为，瑞士族群之间相互尊重，创造了一种妥协政治，是一种独立的联邦制安排；[2] 李景铭认为瑞士民族共同体建立的是"黏合型"民族国家；[3] 张千帆认为瑞士是一种族群联邦制，以族群而非地域作为单元的联邦制促进了共同体成员的认同感，维护了多元文化的价值，从而造就了宪法上的联邦制；[4] 田飞龙则认为瑞士建构了一种基于宪法爱国主义的公民联邦制模式，而不是族群联邦制，坚持公民身份的政治优先性，有序的直接民主，严格的宪法平等，去族群化的政治文化，政教分离与宗教自由等。[5] 二是政治文化的角度。卓格·斯泰纳（Jürg Steiner）认为，瑞士民主制有一种灵活性，可以将各州和人民融入民主制中，同时，人民宽容与独立的性格也是重要因素。[6] 菲利克斯·格罗斯则强调了在宗教与语言共同体之外，瑞士形成了多民族国际的特殊典型，发展起了公民的团结，形成了一种强有力的政治地域联系和政治文化。[7] 瑞士的公民文化呈现出多元文化和多种语言并存的特征，得益于第二次世界大战后建立的财政平衡体制，瑞士强化了州与联邦、州际之间的合作，使得瑞士并没有产生较大的地区经济和社会发展的差别，因而导致瑞士维持了较为有效的联

---

[1] Wolf Linder, *Swiss Democracy：Possible Solution to Conflict in Multicultural Societies*, New York：Palgrave Macmillan, 2010.

[2] 张维邦：《瑞士史：民主与族群政治的典范》，三民书局2006年版，第153—154页。

[3] 李景铭：《民族国家的类型分析》，《民族研究》2004年第2期。

[4] 张千帆：《从权利保障视角看族群自治与国家统一》（上），《国家检察官学院学报》2005年第5期。

[5] 田飞龙：《瑞士族群治理模式评说——基于"宪法爱国主义"的公民联邦制》，《法学》2010年第10期。

[6] Jürg Steiner, *Amicable Agreement Versus Majority Rule：Conflict Resolutions in Switzerland*, Chapel Hill：The University of North Carolina Press, 1974.

[7] ［美］菲利克斯·格罗斯：《公民与国家——民族、部族和族属身份》，王建娥、魏强译，新华出版社2003年版，第35页。

邦体制和国家统一、民族团结。① 三是族群治理技术的角度。托马斯·弗莱纳（Tomas Fleiner）提出了所谓的瑞士族群治理技术与程序，即非民族的国家概念、责任化的权力配置、直接参与的民主、政治中立、多元主义、社会均衡与社会团结、人的尊严、自主与自治；② 利普哈特提出了瑞士的共识民主模式，强调瑞士的协和式民主，是在一个异质性社会强调共识而非对抗，主张包容而非排斥。③ 除此之外，亦有学者提出瑞士建构了一种独特的族群治理机制，即多元与统一的宪政精神、联邦主义、政党合作与共识。④

上述分析都有一定的解释力，对我们理解瑞士的族群融合有一定的帮助。然而，无论是政治制度、政治文化还是治理技术都只是结构方面的因素，缺乏对政党、利益集团、公民等行动者的考察，同时，对结构因素的考察缺乏对其内部的权力分享、利益共享、权利机会的说明，使得已有的解释难免存在解释力不足的困境，或者说，上述解释更多的只是在瑞士这一特定语境中有解释力，缺乏普遍性。

第二节　瑞士的弥合型政治制度：合作主义的联邦制

瑞士联邦制的制度设定是自治（self-rule）、共治（shared-rule）

---

① 唐虹、[瑞士] 丹尼尔·奎伯勒：《瑞士财政平衡体制改革及其启示》，《经济社会体制比较》2014 年第 1 期。

② Tomas Fleiner, "Legal Instruments and Procedures to Prevent and Solve Ethnic Conflict: Experiences of the Swiss Constitution", in Lidijia R. Basta Fleiner, Tomas Fleiner (eds.), *Federalism and Multiethnic States: The Case of Switzerland*, Munich: Helbing et Lichtenhahn, 2002, pp. 148–163.

③ [美] 阿伦·利普哈特：《民主的模式——36 个国家的政府形式和政府绩效》，陈崎译，北京大学出版社 2006 年版，第 23 页。

④ 常晶：《瑞士多民族国家治理的制度机制研究》，《世界民族》2014 年第 5 期。

和协和机制（consociational mechanisms）。① 这是一种典型的合作主义联邦制（cooperative federalism），将州与联邦、州与市镇、联邦与公民等政治实体联系了起来。在这一体制之下，无论是制度设定导致的制度安排还是社会分裂导致的社会现状都需要比例原则来贯穿其中，使得不同的政治主体在政治上有一定的代表性，强化制度的凝合力。

一　瑞士的合作主义联邦制：自治、共治与协和民主

让-弗朗索瓦·奥伯特（Jean-Francois Aubert）将瑞士的联邦制归纳为五个优势：保护少数、让公民靠近政治权力机构、分散权力、提供政治试验场和促进次国家团体的政治竞争。② 在这一视角下，合作主义的联邦制提供权力的分享与共享、事务的自治与共治，由此产生了瑞士式的族群关系模式。

瑞士的联邦制由联邦、州、市镇三级组成，自1979年后共有26个州级单位，其中，州20个，半州（half-canton）③ 6个。表6—1详细列出了瑞士26个州级单位的名称、面积、人口、语言、宗教和加入联邦时间。在这个表中，显而易见的是，瑞士的州级单位之间在面积、人口等方面存在着较大的差异，面积最大的伯尔尼州是面积最小的巴塞尔城的近153倍，人口最多的苏黎世州是人口最少的内阿彭策尔的近90倍。由此可见，瑞士的州级单位之间差异非常大，但这并没有妨碍它们在瑞士联邦之内友好相处。除了州级单位

---

① André Bächtiger, Jürg Steiner, "Switzerland: Territorial Cleavage Management as Paragon and Paradox", in Ugo M. Amoretti, Nancy Bermeo (eds.), *Federalism and Territorial Cleavages*, Baltimore: The Johns Hopkins University Press, 2000, pp. 32 – 40.

② Jean-Francois Aubert, *Exposé des Institutions Politiques de la Suisse à Partir de Quelques Affaires Controversés*, Lausanne: Payot, 1983. 转引自 Hanspeter Kriesi, Alexander H. Trechsel, *The Politics of Switzerland: Continuity and Change in a Consensus Democracy*, Cambridge: Cambridge University Press, 2010, pp. 42 – 46。

③ 所谓的半州即是指原来的州因为宗教、语言、城乡、族群等因素分裂为两个州，但是，在政治上半州与州是平等的，并没有什么区别。

表6—1　瑞士联邦各州概况

州名	面积	人口	主要语言	主要宗教	州/半州	加入时间（年份）
苏黎世	1728.89	1408575	德语	新教	州	1351
伯尔尼	5959.07	992617	德语/法语	新教	州	1353
卢塞恩	1493.42	386082	德语	天主教	州	1332
乌里	1076.40	35693	德语	天主教	州	1291
施维茨	908.09	149830	德语	天主教	州	1291
上瓦尔登	490.55	36115	德语	天主教	半州	1291
下瓦尔登	276.06	41582	德语	天主教	半州	1291
格拉鲁斯	685.40	36369	德语	天主教/新教	州	1352
楚格	238.72	116575	德语	天主教	州	1352
弗里堡	1670.84	291395	法语/德语	天主教	州	1481
索洛图恩	790.51	259283	德语	天主教/新教	州	1481
巴塞尔城	37.07	187425	德语	天主教/新教	半州	1501
巴塞尔乡	517.52	276537	德语	新教	半州	1501
沙夫豪森	298.50	77955	德语	新教	州	1501
外阿彭策尔	242.94	53438	德语	天主教	半州	1513
内阿彭策尔	172.50	15717	德语	新教	半州	1513
圣加仑	2025.45	487060	德语	天主教/新教	州	1803
格劳宾登（格里松）	7105.15	193920	列托-罗曼什语/德语	天主教/新教	州	1803
阿尔高	1403.79	627340	德语	天主教/新教	州	1803
图尔高	990.87	256213	德语	天主教/新教	州	1803
提契诺	2812.46	341652	意大利语	天主教	州	1803
沃州	3212.05	734356	法语	新教	州	1803
瓦莱	5224.42	321732	法语	天主教	州	1815
纳沙泰尔	803.06	174554	法语	天主教/新教	州	1815
日内瓦	282.44	463101	法语	新教	州	1815
汝拉	838.81	70942	法语	天主教	州	1979

资料来源：表中数据均为2012年数据，来源于瑞士国家统计局（参见任长秋、杨解朴等编著《瑞士》，社会科学文献出版社2016年版，第2—4、90—91页）。

面积、人口的过大差异外，26个州中有17个是德语州，5个法语州，2个德法双语州，1个意大利语州，1个列托－罗曼什语与德语双语州；26个州中有7个新教州，11个天主教州，8个天主教新教双教州。然而，这种语言、宗教分割的族群现状并没有造成瑞士的分裂。如果某个州内存在着截然不同的宗教、语言、城乡等差异，那么，瑞士的处理方式绝不是压制，而是允许自由切割，最终重新划分行政区划。汝拉州就是1979年从伯尔尼州分离出来的。作为讲法语的天主教汝拉州自1815年起归属于讲德语的新教伯尔尼州，汝拉州最终在1978年获准，于1979年从伯尔尼分离，成为瑞士第26个联邦成员。作为高度自治的载体，无论是州还是市镇，其实都是一个微型的共和国。瑞士的联邦制并不是简单的权力下放，权力下放是要求中央政府的政策在地方得到变通执行，① 作为共享机制的瑞士联邦制则确立各州为主权州，有自己的议会、政府和宪法，② 宪法也明确了各州与联邦之间的权力划分。③ 同时，各市镇亦有自己的代议机关与政府机构。州与市镇的自治权利体现在很多方面，但最主要的是，保证州与市镇的自治地位不变，自由地选择政治权力机构。"联邦制的政治制度，是实现瑞士各民族和谐共存的政治基础，除了在联邦这个层次的'刻意'平衡之外，州和市镇这两级地方政府拥有相当的自主权，它们在保证本乡本土的文化特性、培养瑞士人对自己家园文化认同感方面起到很大的作用。"④

在自治之外，瑞士的联邦制之所以是一种特殊主义的联邦制，就在于它被称为合作主义的联邦制。虽然联邦制或者单一制都存在某种

---

① ［瑞士］托马斯·弗莱纳：《瑞士的联邦制》，王全兴等译，赵保庆校，中国方正出版社2009年版，第5—6页。

② ［瑞士］奥斯瓦尔德·西格：《瑞士的政治制度》，刘立文译，毕来德校，华中师范大学出版社1987年版，第6页。

③ 关于瑞士宪法安排的联邦与州的权力分配，参见［瑞士］托马斯·弗莱纳《瑞士的联邦制》，王全兴等译，赵保庆校，中国方正出版社2009年版，第85—93页。

④ 任长秋、杨解朴等编著：《瑞士》，社会科学文献出版社2016年版，第17页。

程度上的共享机制与共治机制，但是，瑞士以共享共治机制嵌入族群的治理模式却是少见的，也是为数不多取得成功的。作为合作主义的联邦制模式，瑞士的联邦制首先包含了联邦、州、市镇三级体制，因此，托马斯·弗莱纳认为，典型的瑞士公民的特征是一本护照、两个"国家"（联邦和州）、三级政府选举。① 弗莱纳的这一说法形象地表述了瑞士的联邦制格局。不仅如此，瑞士的合作主义联邦制呈现出一种共治的格局。表6—2展示了瑞士三级政府体制与三权分立的政治体制之间的交叉关系。可以看出的是，瑞士的行政权、立法权、司法权在三级政府体制中均得到了充分的体现，在权力三分与央地分权的基础上，三级政府体制共享共治立法、行政、司法权。

表6—2　　　　瑞士三级政府体制与三权分立的政治体制

	行政权	立法权		司法权
	联邦委员会	联邦议会		联邦最高法院
联邦	7位联邦部长由联邦议会选举，负责政府的7大部门，轮流担任瑞士联邦主席	国民院200位国民委员由全民依托州人口比例选举	联邦院46位议员由每州各选举两位，6个半州每州选举1位	7位联邦部长由联邦议会选举，负责政府的7大部门，轮流担任瑞士联邦主席
	州委员会	州议会		州法院
州	每四到五年由各州人民选举州委员会委员5—7名	议员由人民依比例制选举		由州议员选举
	市镇委员会	市镇议会		市镇法院
市镇	由市镇公民选举	小的市镇由人民直接选举，大的市镇则按人口比例选举		由数个市镇组成的县镇的人民选举，或由州任命

资料来源：Wolf Linder, *Swiss Democracy: Possible Solution to Conflict in Multicultural Societies*, New York: Palgrave Macmillan, 2010, p. 9.

---

① ［瑞士］托马斯·弗莱纳：《瑞士的联邦制》，王全兴等译，赵保庆校，中国方正出版社2009年版，第36页。

与此同时，鉴于州是连接联邦与市镇之间的中间环节，联邦鼓励州之间成立相关的组织进行合作。从某种意义上来说，这是承继了瑞士联邦雏形的三州同盟的做法。然而，三州同盟更多的是一个军事防御组织，现代瑞士的州际合作更多的是一种共治，这不仅能够便利州与联邦在宪法修改等重大问题上可以更好地统一步调，对联邦发出一个声音（宪法修改等重大问题需要采取双多数的方案，即26个州的大多数州和投票者中的大多数人通过才视为通过），而且也能够就跨界河流污染治理、医疗卫生教育等问题进行合作（鉴于此，州际成立了州际财长会议、州际公共教育联席会议、各州行政联席会议等相关组织）。值得注意的是，瑞士作为一个宗教、语言、城乡等差异巨大的州际联合体，联邦与州的合作、州际之间的合作所建构的联邦制也因此被称为文化联邦主义（cultural federalism）。

阿伦·利普哈特认为，瑞士是一种典型的协和式民主，共识民主的"最佳范例"，"近乎纯粹的共识模式"。[①] 协和式民主考虑的是代表性的扩大，"只有将51%多数等于100%多数的规则软化，民主原则才能为那些可能被永久排除在政府权力之外的文化群体所接受"[②]。因而，这种共识民主是一种要求参与者多元的民主形式，在很大意义上是一种协商民主，是一种生存并且让其他主体也生存（live and let live），让不同的宗教与语言团体共存。[③] 对瑞士而言，这种共识民主是多层次多样化的，既有联邦与州的协商、政府与社会的协商、政府与利益团体的协商，党际协商，也有议会内部的协商、联邦委员会内部的协商。沃尔夫·林德（Wolf Linder）将瑞士

---

① [美] 阿伦·利普哈特：《民主的模式——36个国家的政府形式和政府绩效》，陈崎译，北京大学出版社2006年版。

② [瑞士] 托马斯·弗莱纳：《瑞士的联邦制》，王全兴等译，赵保庆校，中国方正出版社2009年版，第30页。

③ Hanspeter Kriesi, Alexander H. Trechsel, *The Politics of Switzerland: Continuity and Change in a Consensus Democracy*, Cambridge: Cambridge University Press, 2010, p. 11.

的共识民主概括为七个方面：（1）比例代表制对于不同文化群体之间的相互尊重有着较高的象征价值；（2）比例代表制在解决冲突时倾向于妥协与和解，让少数族群有自己的声音；（3）精英之间的政治合作有助于跨文化关系的形塑；（4）联邦制或地方分权，如果与其他权力分享机制相结合，可能对于多元文化的共存更有效率；（5）共识民主反对某个单独组织的霸权，避免了单一文化的民族国家的谬论；（6）权力分享的政治文化的形成需要时间；（7）共识民主提供了更好的机会，但并非多元社会中和平解决冲突的保证。①

作为一种"宪法上的复调音乐"，这种协和式的音乐形式"可防止不谐和音"，② 因而自其诞生以来就备受关注。与此同时，其良好的治理绩效也赢得了瑞士民众的拥护。表6—3是2001年欧洲晴雨表调查中关于瑞士人对瑞士联邦制的未来信心调查，从表中可以看出，瑞士人对瑞士联邦制的未来感到相当自豪及以上情感的占到了近70%，认为联邦制重要的占到了近80%。由此可以看出瑞士合作主义的联邦制在国家生存、国家治理中的地位与作用，说明了瑞士人对于合作主义的联邦制在族群治理中发挥的作用持积极态度并持续乐观。对于瑞士长期以来形成的这种协和式共识民主，彼得·卡赞斯坦（Peter Katzenstein）认为是一种"民主的合作主义"（democratic corporatism），有三种因素界定了这种体制的特征：一是支持社会伙伴关系的意识形态；二是社团、政党和公共管理的各个部门之间持续政治谈判中的各种利益自愿和非正式协调；三是相互冲突的目标之间的志愿性和非正式的协调。③

---

① Wolf Linder, *Swiss Democracy: Possible Solution to Conflict in Multicultural Societies*, New York: Palgrave Macmillan, 2010, pp. 200 – 201.

② ［瑞士］托马斯·弗莱纳：《瑞士的联邦制》，王全兴等译，赵保庆校，中国方正出版社2009年版，第59页。

③ Peter Katzenstein, *Small States in World Markets: Industrial Policy in Europe*, Ithaca: Cornell University Press, 1985, pp. 87 – 94.

表6—3　　　　　　　对瑞士联邦制的未来感到自豪与重要

自豪	占比（%）	人数（n）	重要	占比（%）	人数（n）
非常自豪	22.7	197	非常重要	31.5	273
相当自豪	46.7	404	相当重要	45.5	394
并不非常自豪	21.7	188	并不非常重要	17.8	154
并不相当自豪	4.2	36	并不相当重要	2.7	23
不知道	4.7	41	不知道	2.5	22
总计	100.0	866	总计	100.0	866

资料来源：瑞士的欧洲晴雨表（Eurobarometer）调查（2001），面向18岁及以上的瑞士公民，转引自 Hanspeter Kriesi, Alexander H. Trechsel, *The Politics of Switzerland: Continuity and Change in a Consensus Democracy*, Cambridge: Cambridge University Press, 2010, p.46。

二　瑞士交叉的横切分裂的社会结构与比例原则①

瑞士的弥合型制度除了合作主义的联邦制之外，还有基于平衡与共享的比例原则。比例原则将瑞士语言、族群、宗教、地域、社会经济、城乡等领域的分野置于统一政体之内，瑞士的这种多元分野并非简单的社会多元化和分裂化，而是交叉的横切分裂。顾名思义，交叉的横切分裂指的是瑞士的各种分野中你中有我、我中有你，并非一一对应的多元分裂。按照一般的分裂原则，瑞士是一个高度分裂的国家，是一个"拼合而成"的国家，② 然而，在基本的语言与族群相一致的基础上，瑞士的宗教、地域、社会经济、城乡等方面却是相互交织的。图6—1考察的是20世纪60年代瑞士体力劳动者、非体力劳动者、天主教徒与新教徒的横切分裂（cross-cutting

---

① 图6—1和表6—4参考了黄杰的硕士学位论文《把人民带回来：一项对瑞士全民公决制度的分析》（参见黄杰《把人民带回来：一项对瑞士全民公决制度的分析》，硕士学位论文，复旦大学，2014年）中的图3—1和表3—3，已获得黄杰同意和认可，笔者对此进行了更新和调整，特此说明。

② ［瑞士］托马斯·弗莱纳：《瑞士政府体制面临的挑战》，载刘海年、李林、托马斯·弗莱纳主编《人权与宪政：中国—瑞士宪法国际研讨会文集》，中国法制出版社1999年版，第48页。

cleavages）情况。将职业区分为体力劳动者与非体力劳动者衡量的是社会阶级地位，横切的角度表征的是宗教与社会阶级地位的重合程度，当横切角度为0°时，表明宗教与社会阶级地位是完全重合的，当横切角度为90°时，表明宗教与社会阶级地位是完全不重合的，因而，角度越大，重合度越小，社会交叉分裂程度越高，也就越不容易形成共同体。图6—1显示，在20世纪60年代非体力劳动者中4/9是新教徒、5/9是天主教徒，体力劳动者中5/9是新教徒、4/9是天主教徒，这一结果显示瑞士横切交叉分裂的角度是80°，接近于完全不重合的程度。虽然图6—1显示的是60年代的瑞士社会交叉横切分裂程度，然而，直到今天，这一结果仍然有很大的参考意义。

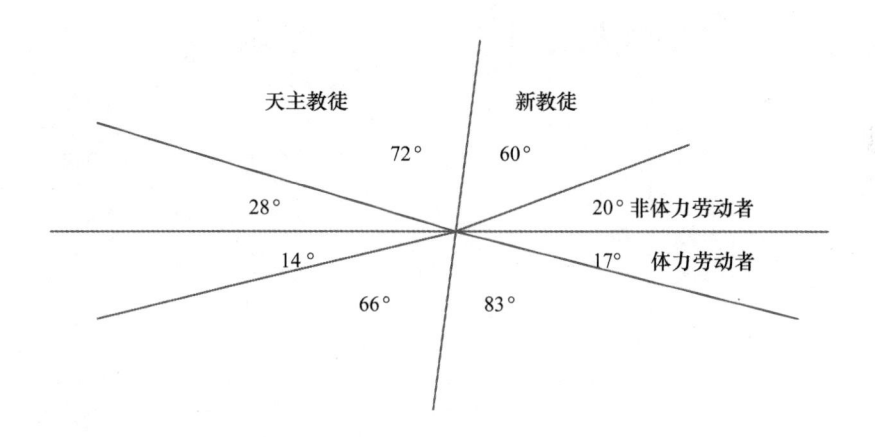

图6—1 瑞士社会的横切分裂示意

资料来源：[美]阿伦·利普哈特《多元社会中的民主：一项比较研究》，刘伟译，上海人民出版社2013年版，第62页。

不仅如此，作为瑞士的州，其宗教、语言、社会经济发展等方面亦存在着严重的交叉分裂情况。表6—4展示的即是瑞士各州的多样性。从中可以看出，瑞士各州在语言、宗教、社会经济发展上存在高度的交叉分裂，并非严格的对应关系。如同表6—1所列出的那样，德语州并不绝对地信奉天主教，多个州信奉新教，甚至多个德语州信奉新教与天主教双教，法语州亦是如此。比如，同为德语州的乌里和苏黎世就在宗教上是截然不同的，乌里是天主教，苏黎世则是新教，在经济发展水平上更是高低立判。

表6—4　　体现瑞士各州多样性的列表

语言		社会经济发展		
德语／法语／意大利语		高	中	低
宗教	基督教（新教）	苏黎世	伯尔尼、沙夫豪森、巴塞尔乡／沃州	外阿彭策尔
	两教兼有	巴塞尔城／日内瓦	格拉鲁斯、索洛图恩、格劳宾登、阿尔高、图尔高／纳沙泰尔	圣加仑
	天主教	楚格		卢塞恩、乌里、施维茨、上瓦尔登、下瓦尔登、内阿彭策尔／弗里堡、提契诺、汝拉、瓦莱

注：(1) 在引用时，我们为了和标准的翻译一致，将原表格中的巴塞尔施塔特改为巴塞尔城、巴塞尔兰改为巴塞尔乡、索洛图恩改为索罗图恩、外罗登阿彭策尔改为外阿彭策尔、内罗登阿彭策尔改为内阿彭策尔。(2) 格劳宾登的官方语言是列托－罗曼什语／德语，即作为官方语言之一的列托－罗曼什语并没有某一个州全是操此语的，因而，本表的制作中原作者为了方便将格劳宾登州列入德语州。(3) 伯尔尼的语言是德语和法语，但是，其最主要的人口还是操德语，因而被列入德语州，弗里堡情况相似，因而被列入法语州。(4) 表中日内瓦的宗教信仰被列入了两者兼有，与表6—1所示的新教存在矛盾，对此，我们认为，表6—4的数据是根据1990年出版的著作列出的，而表6—1是根据最新的瑞士国家统计局数据列出的，可能是经过了20多年的时间，日内瓦的新教势力更加强势。(5) 表中外阿彭策尔与内阿彭策尔两个州的宗教与表6—1所列存在矛盾，经过查证，应以表6—1为准。

资料来源：［瑞士］勒内·勒维《瑞士的社会结构》，王步涛、钱秀文译，中国大百科全书出版社1990年版，第89页。

瑞士社会的横切分裂程度使得高度分裂的瑞士难以建构稳健的族群联系，保证了瑞士的宗教、语言、人口等是交互作用的，难以形成强大的共同体。为了适应这一交叉分裂的社会结构，瑞士引入了比例原则。如前所述，比例原则不止体现在比例代表制上，还体现在平衡的原则上。就比例代表制而言，比例代表制的引入是为了缓解政治冲突，解决多数代表制不能照顾弱小族群、党派、宗教利益的问题，确保各个族群权力分享、利益共享和权利机会的均等化。1892年，作为意裔族群的提契诺州率先实行比例代表制，其后在1918年的全民公决中获得通过，扩展到全国。如今的瑞士已经将比例代表制视为满足族群权力、利益与权利需求的重要制度安排。表6—5列出了比例代表制在联邦层面的适用范围与领域。从中可以看出的是，在涉及族群权力分享、利益共享与权利机会的语言使用、政党参政、性别平等等方面，联邦层面的政府机构普遍采用了比例代表制。

表6—5　　　　　　　瑞士比例原则的使用：制度与标准

	语言	政党	性别
联邦委员会	X	X	X
联邦委员	X	X	X
最高法院	X	X	X
国民院的选举	(X)	X	(X)
议会委员会	X	X	(X)
联邦专家委员会	X	(X)	(X)
高级政府官员的任命	X	(X)	X

注：X表示经常使用的标准；(X)表示偶尔使用的重要标准。

资料来源：Wolf Linder, *Swiss Democracy: Possible Solution to Conflict in Multicultural Societies*, New York: Palgrave Macmillan, 2010, p.35。

就平衡原则而言，除了平衡联邦、州、市镇的权力之外，对于各个族群关心的国家名称、政府机构、交流语言、首都等问题采取了中立与平衡的原则，确保德裔、法裔两大族群都能接受，同时，也尽量考虑意裔和罗曼什人的需求。比如，为了照顾四大语区，避免产生不平等，在涉及联邦的邮政等全国性的标志时，统一采用瑞士的旧称，即海尔维第邦联，用其拉丁语 Confoederatio Helvetica 的简称 CH 作为英语简称和国际通用的简称，政府网站也用 CH 作为标识。又比如，瑞士分为四大语区，为了便于交流和培养国家的团结意识，瑞士的学生被要求在学习母语之外学习其他语言，使用较广的德语、法语、意大利语被列为必修语言，同时，英语被作为广泛交流的语言。再比如，1848 年以前的瑞士是没有首都的，这也主要是为了平衡各个州的权益。在 1848 年正式成为现代民族国家之际，选定首都成为头等大事。最大城市苏黎世是德语区的中心城市，日内瓦则是法语区的中心城市，为了平衡各个语区和族群，宪法选择了位于中心地带和法语德语交界处的伯尔尼作为首都。[1]

概而论之，无论是瑞士自治、共治与协和民主所界定的合作主义联邦制，还是横切分裂导致的瑞士比例原则，其共同指向的是如何解决代表性、分配性、发展权问题，保障各族群的权力获取、利益共享与权利机会。瑞士的合作主义联邦制与比例原则构成的弥合型制度解决了高度分裂的瑞士如何建立融洽的族群制度这一难题，并且成功地运行了百年。

第三节 弱化的政党精英：政党碎片化、委员会制与全民公决

除了断裂型的制度之外，分离运动的发生还依赖较强的族群政党能力。对于瑞士而言，以碎片化方式存在的政党意味着政党的基础并不牢靠，委员会制下四大政党需要分工合作才能稳定统治秩序，其他小党则根本没有机会进入委员会。不仅如此，作为严重依赖全民公决的国家，瑞士的政党在政治体系中的作用并不明显，全民公

---

[1] 任长秋、杨解朴等编著：《瑞士》，社会科学文献出版社 2016 年版，第 1 页。

决代替政党掌握了很大一部分事务的决策权。

一 碎片化的瑞士政党及其在决策中的地位

瑞士的政党产生于 19 世纪末。最早的瑞士政党可以追溯到州或市镇、社区一级。在社区层面,瑞士差不多有将近 6000 个政治组群(groupings),然而,在这其中能够被称为政党的极少,多数只是兴趣爱好或者共同利益的集合,如所谓的汽车党。1848 年,在联邦层面相继产生了所谓的四大政党,即瑞士自由民主党(FDP,前身为激进党,德语区称为自由民主党,法语区称为激进民主党)、基督教民主人民党(CVP,德语区简称瑞士基民党,法语区称为基督教民主党)、瑞士人民党[SVP,德语区称为人民党,法语区称为中间民主联盟(Union Démocratique Du Centre),后从一个中坚力量逐步转向了一个比较保守的政党]和社会民主党(SP,德语区称为社民党,法语区称为社会党),由此构成了瑞士现代政党政治。[1]

"一般而言,政党体系的形态取决于两种因素,一是社会和文化分裂的结构,二是政治制度。"[2] 作为瑞士高度分裂的社会结构所组成的瑞士合作主义联邦制与比例原则界定了瑞士的政党政治特点:一是党派林立,但真正发挥作用的也就是四大党派;二是各党的选民基础、观点等迥异,但都能在统一的旗帜下形成共识政治;三是政党的作用并不像其他国家,甚至有时候不如利益集团,因而也就保障了小党能够参与政治。[3] 如此,导致瑞士的政党呈现出碎片化的态势。瑞士政党的碎片化除了后文将提到的联邦委员会之外,瑞士

---

[1] 有关瑞士主要政党的详细情况,参见 Clive H. Church, *The Politics and Government of Switzerland*, Hampshire, New York: Palgrave Macmillan, 2003, p. 61, pp. 233 – 241。

[2] Hanspeter Kriesi, Alexander H. Trechsel, *The Politics of Switzerland: Continuity and Change in a Consensus Democracy*, Cambridge: Cambridge University Press, 2010, p. 86.

[3] 任长秋、杨解朴等编著:《瑞士》,社会科学文献出版社 2016 年版,第 106 页。

议会是直接的体现。瑞士议会实行两院制，联邦院代表各州，每州 2 名代表，每半州 1 名代表，共 46 名议员。不仅如此，每个州内议员名额的分配也遵循平衡原则，1919 年到 1979 年的汝拉州尚未从伯尔尼州分离出去，但此阶段的汝拉州仍然获得 1 个出席联邦院的名额，显示出对少数族裔的照顾。国民院有 200 个议席，按人口比例划分，即使是人口再少的州也要选出一名代表。如此，就会不可避免地造成议会中的政党数目偏多，议席过于分散。图 6—2 显示的是 1919 年到 2007 年间瑞士议会中有效政党的数目。可以看出，自 1919 年以来，瑞士议会中有效政党的数目从未低于 4 个，在第二次世界大战后从未低于 5 个，在 20 世纪 90 年代达到了接近 8 个的顶峰，此后虽然有所回落，但始终保持在 5 个以上。这表明，瑞士议会中除了四大政党之外，存在着为数不少的有效政党，它们对瑞士的决策产生了重要的影响。越来越多的全民公投由小党派发起，加大了小党派在瑞士决策体制中的分量。

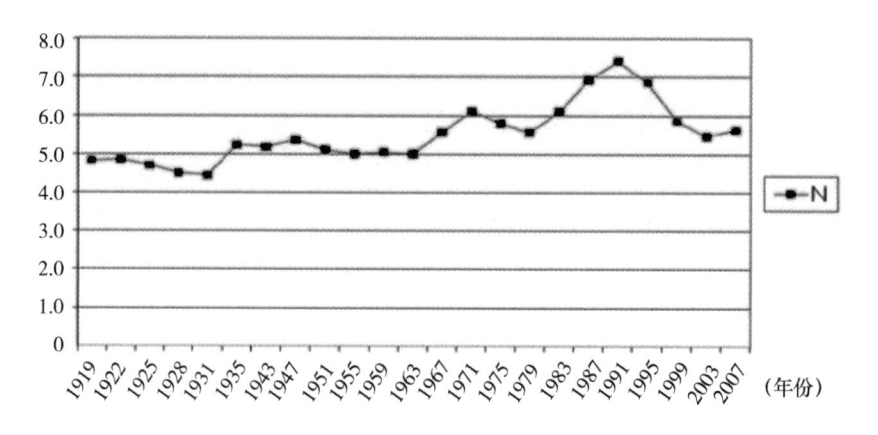

图 6—2 瑞士政党体制的碎片化（1919—2007 年）

注：N 表示依据各党派在投票中所占的份额所确定的拉克索—塔格培拉（Laakso-Taagepera）的有效政党数目。

资料来源：Adrian Vatter, "Swiss Consensus Democracy in Transition: A Re-analysis of Lijphart's Concept of Democracy for Switzerland from 1997 to 2007", *World Political Science Review*, Vol. 4, No. 2, 2008, pp. 1 – 38。

在瑞士，政党在联邦层面的力量相当虚弱，有着较强的州和地方属性。①"从瑞士党派的特征上看，与其说它们是全国性的强大组织，仍不如说是结集州范围内党派的上层组织。"② 瑞士的政党与政府的关系比较松散，政府不是议会的多数党在操控，而是由四大党派组成的联邦委员会在运作，四大政党按照既定比例安排人事。正因为如此，瑞士的政党体制属于非竞争性的多党制，不把支持和反对政府作为其活动的目标，③ 也就不存在反对党或在野党的说法了。这就导致了瑞士的小党派、利益集团、公民团体、媒介等分散了瑞士的决策权，政治决策中的行动者呈现出多样化特征，政党变成了决策中的一个组成主体而已。④ 后文我们将重点关注以全民公决为代表的直接民主制是如何削弱政党决策地位的。

二　委员会制：弱化党派属性与削弱政党力量

瑞士政体中比较独特的发明是委员会制，这一制度不仅存在于联邦层面，各州亦是如此。在此，本书仅考察联邦层面。⑤ 不同于议会制国家和总统制国家，作为行政机构的联邦委员会（Federal Council）并不是议会的组成部分。瑞士的委员会制不是内阁制，而是一种政党间的联合，但这种体制并不会因为某一政党的退出而垮台，因而相当稳定。自联邦委员会成立以来，固定由 7 名委员组成，分

---

① Hanspeter Kriesi, Alexander H. Trechsel, *The Politics of Switzerland: Continuity and Change in a Consensus Democracy*, Cambridge: Cambridge University Press, 2010, pp. 90 - 91.
② ［瑞士］奥斯瓦尔德·西格：《瑞士的政治制度》，刘立文译，毕来德校，华中师范大学出版社 1987 年版，第 6 页。
③ 王家瑞主编：《当代国外政党概览》，当代世界出版社 2009 年版，第 708 页。
④ 有关瑞士政治决策中的行动者，请参见 Pascal Sciarini, Manuel Fischer, Denise Traber (eds.), *Political Decision-Making in Switzerland: The Consensus Model under Pressure*, Hampshire, New York: Palgrave Macmillan, 2015, pp. 260 - 265。
⑤ 有关瑞士联邦委员会的详细情况，参见 Clive H. Church, *The Politics and Government of Switzerland*, Hampshire, New York: Palgrave Macmillan, 2003, p. 114。

别担任外交部，内政部，国防、民防和体育部，司法警察部，财政部，国民经济部，交通、邮电和能源部①的部长，并同时出任另一个部的部长代表，必要时暂代职务。联邦委员会实行集体领导，类似于集体总统，主席仅仅是同僚中的第一人，且轮流担任，任期一年。委员的选任则由参加政府的四大政党提名，经过党派与州协商后，提交两院选举产生。为了保障各州的利益，同一州不得有两名委员，类似于苏黎世、伯尔尼等大州要有固定比例的代表。同时，考虑到语言、族群、宗教等因素，至少要有两名委员来自少数语言居民区，德裔、法裔、意裔之间的委员比例固定为4∶2∶1。②

表6—6展示了1848年到2004年间瑞士联邦委员会的党派席位构成情况。1848年，瑞士进入现代民族国家时期。从1894年到1919年，联邦委员会始终为瑞士自由民主党所垄断。1919年，瑞士引入比例代表制。就在该年，瑞士人民党成立，社会民主党成为有影响力的全国性大党。随着瑞士政治的发展，瑞士在1959年最终形成了神奇公式（Formula magique），③ 7名委员在四人政党之间按照得票率分为2∶2∶2∶1的比例分配。其中，1959年到2003年间，激进民主党、天主教民主党、社会民主党始终占得两席，瑞士人民党占据一席。直到2004年，天主教民主党的一个席位被瑞士人民党所获得，神奇公式被打破。虽然精英更加分散化，但仍然在四大政党之间流动，小党仍然处于绝对弱势地位。此后，这一神奇公式再次于2007年被打破，形成了1∶2∶2∶1∶1（人民党、社民党、自民党、激民党和保守民主党）的局面，使得精英更加分散。

---

① 有关瑞士七个部的详细情况，参见 Clive H. Church, *The Politics and Government of Switzerland*, Hampshire, New York: Palgrave Macmillan, 2003, pp. 244–250。

② 谭融、郝丽芳：《论瑞士共识民主模型》，《天津师范大学学报》（社会科学版）2006年第6期。

③ 张维邦：《瑞士史：民主与族群政治的典范》，三民书局2006年版，第151页。

表6—6　　　　瑞士联邦委员的政党组成（1848—2004年）

党派 时间	激进民主党	天主教民主党	瑞士人民党	社会民主党
1848—1891年	7			
1891—1919年	6	1		
1919—1929年	5	2		
1929—1943年	4	2	1	
1943—1953年	3	2	2	1
1954—1959年	2	3	1	0
1959—2003年	2	2	1	2
2004年	2	1	2	2

资料来源：Jonathan Steinberg, *Why Switzerland?*, New York: Cambridge University Press, 1996, p.119。

委员进入联邦委员会后，就不再以党派的身份进行工作，这不仅有利于削弱政党属性，弱化政党在政府中的地位，而且也便于委员会的协商一致。因而，在某种程度上说，瑞士是一个没有政党的政府，政党只是为了挑选政治人物，而不是决定国家政治。[①] 在每届委员会任期内，都会通过共同施政纲领的形式将施政要目予以公布。值得注意的是，并不只是这四个党派在协商，小党也可以对四大党派协商一致提交议会的议案进行再协商。所以，"在瑞士，没有反对党一说，政党之间只划分为参政与否"[②]。政党合作的委员会制度限制了政党一党独霸的局面，难以形成分离的力量，使得联邦议会、委员会、法院呈现中性和中立色彩，不再具有党派性，非党化、超

[①] ［瑞士］托马斯·弗莱纳：《瑞士政府体制面临的挑战》，载刘海年、李林、托马斯·弗莱纳主编《人权与宪政：中国—瑞士宪法国际研讨会文集》，中国法制出版社1999年版，第50页。

[②] 谭融：《比较政治与比较公共行政》，南开大学出版社2008年版，第154页。

党化色彩明显。①

三 全民公决：削弱了政党在决策中的地位

瑞士是一个典型的将直接民主与间接民主相结合的国家，而在进行国家重要决策时，瑞士人往往更加依赖直接民主，付诸全民公决。统计发现，自1848年首次使用以来，截至2017年，瑞士人已经使用了628次全民公决，②是一个名副其实的"公投治理的国家"（government by referendum）。③ 瑞士的直接民主体制有两个宪法性的原则：一个是无等级（non-hierarchy）；另一个是无责任（non-responsibility）。前者指的是联邦委员会七名成员权力共享与均等，后者指的是联邦委员会独立于联邦议会。后来的发展中，产生了第三种原则，即调和（concordance），这个原则不是宪法规定的，是在具体非正式实践中产生的，最重要的政党被指派或增选进入政府，保持在执行机构中的永久存在。④

一般而言，瑞士全民公决的形式主要有强制性全民公决（Mandatory Referendum）、选择性全民公决（Optional Referendum）和公民创制（Popular Initiative）三种。每一种适用的范围和条件是不一样的。⑤ 在政治生活实践中，瑞士人又提出了一种直接民主方式——相对提案（Counter Proposal），这种直接民主形式不是单独使用的，而

---

① 徐锋：《独特的瑞士政党政治：生态、过程及变迁》，《国外理论动态》2016年第10期。

② 苏黎世大学直接民主研究中心（http://czd.ch/country/CH，访问日期：2020年3月16日）。

③ Lawrence LeDuc, *The Politics of Direct Democracy: Referendum in Global Perspective*, New York: Broadview Press, 2003.

④ Hanspeter Kriesi, Alexander H. Trechsel, *The Politics of Switzerland: Continuity and Change in a Consensus Democracy*, Cambridge: Cambridge University Press, 2010, pp. 75 – 76.

⑤ Alexander Trechsel, "Direct Democracy and European Integration: A Limited Obstacle?", in Clive H. Church (eds.), *Switzerland and the European Union: A Close, Contradictory and Misunderstood Relationship*, New York: Routledge, 2007, pp. 37 – 38.

是与公民创制一起出现的，也就是在将公民创制付诸全民公决时，联邦议会有针对性地提出提案，公民在表决时或支持某一提案，或支持双方，或反对双方，这样可以更好地完善提案。全民公决的提出者不仅是占据议会多数的大党，也可以是公民团体、利益集团、小党派等政治团体。表6—7展示了1848年以来瑞士人直接民主的使用类型、使用频次。

表6—7　　　　　　　　　　瑞士直接民主的使用

	年份	公民创制 通过	公民创制 否决	相对提案 通过	相对提案 否决	强制性全民公决 通过	强制性全民公决 否决	选择性全民公决 通过	选择性全民公决 否决	总计
1	1840—1849	0	0	0	0	1	0	0	0	1
2	1850—1859	0	0	0	0	0	0	0	0	0
3	1860—1869	0	0	0	0	1	8	0	0	9
4	1870—1879	0	0	0	0	2	1	3	5	11
5	1880—1889	0	1	0	0	2	1	2	6	12
6	1890—1899	1	2	0	0	7	3	3	6	22
7	1900—1909	1	3	1	0	3	1	3	2	14
8	1910—1919	1	2	0	0	7	0	1	0	11
9	1920—1929	3	11	1	1	7	2	2	5	32
10	1930—1939	0	6	3	0	6	0	2	6	23
11	1940—1949	1	5	1	1	1	1	4	3	17
12	1950—1959	0	10	2	2	13	7	3	8	45
13	1960—1969	0	5	0	0	12	1	4	4	26
14	1970—1979	0	23	4	3	29	9	11	7	86
15	1980—1989	2	22	5	2	16	5	6	4	62
16	1990—1999	3	26	2	2	26	5	24	13	100
17	2000—2009	5	39	1	5	10	3	24	4	91
18	2010—2019	5	33	3	1	5	1	12	6	66
	小计	22	188	23	16	148	48	104	79	
	总计		210		39		196		183	628

资料来源：苏黎世大学直接民主研究中心（http：//czd.ch/country/CH，访问日期：2020年3月16日）。

直接民主制度限制了大党的能量，小党的力量因为比例代表制度与全民公投制度得以增强。"直接民主的使用与更碎片化的、更不稳定的政党制度有关，并对小党派有更大的支持。"① 有统计显示，1945—1974 年的 30 年间，瑞士过半数的公决是政党发起的，而近六成的公决又是不在议会占有席位的政党发起的。② 然而，政党决策影响力的下降不只是四大政党，原先发起公投的小党派亦如是。从表 6—7 可以看出，1970 年以后全民公决的使用频次大大增加，而公民创制已经成为最主要的使用类型，如果加上与公民创制相对的提案的话，源于公民团体的政治决策影响力已经超过议会、政党等。这在一定程度上说明，无论是四大政党还是较小的党派，政党的决策影响力呈现出下降趋势。

1891 年的宪法修正案规定了公民可以以创制的方式提出宪法修正案。在发展到 20 世纪 70 年代时，公民创制越来越成为全民公决的最主要形式。"与其他国家不同的是，瑞士政治中第一个也是最重要的参与者是瑞士人民，他们拥有许多权利、权力和渠道。然而，他们不仅不经常使用这些条件，而且很少作为一个自觉的集团。相反，他们通常通过政党、利益团体和其他社会运动间接地参与。这些人也有自己的生活，代表瑞士社会的特定元素……这些机构既是特定政治进程的框架，也是更广泛的治理模式的参与者。"③ 因而，以全民公决为代表的直接民主被称为瑞士的"第三院"。在这个意义上可以认为，直接民主制加强了瑞士政治制度对"混乱"的抵抗力。④

---

① Andreas Ladner, Michael Brändle, "Does Direct Democracy Matter for Political Parties? An Empirical Test in the Swiss Cantons", *Party Politics*, Vol. 5, No. 3, 1999, pp. 283 – 302.

② 转引自许小娟《瑞士公众参与立法制度研究》，法律出版社 2013 年版，第 148 页。

③ Clive H. Church, *The Politics and Government of Switzerland*, Hampshire, New York: Palgrave Macmillan, 2003, p. 48.

④ James M. Buchanan, "Direct Democracy, Classical Liberalism, and Constitutional Strategy", *Kyklos*, Vol. 54, No. 2&3, 2010, pp. 235 – 242.

表6—8是2001年欧洲晴雨表调查中瑞士人对瑞士直接民主未来信心的态度，可以看出，瑞士人对直接民主制度的未来感到自豪和认为重要，并且比例超过对联邦制的调查。其中，对瑞士直接民主的未来感到相当自豪及以上情感的占到了90%，认为瑞士直接殖民的未来对瑞士相当重要与非常重要的占到了94%。对于将权力掌握在自己手中的制度安排，瑞士人显得自豪与乐观，对这一制度安排在以后的政治生活中继续承担遏制族群政党崛起、确保公民参政保持信心。

表6—8　　　　　　　对瑞士直接民主的未来感到自豪与重要

自豪	占比（%）	人数（n）	重要	占比（%）	人数（n）
非常自豪	44.1	382	非常重要	60.4	523
相当自豪	45.7	396	相当重要	33.3	288
并不非常自豪	6.1	53	并不非常重要	4.5	39
并不相当自豪	2.0	17	并不相当重要	0.9	8
不知道	2.1	18	不知道	0.9	8
总计	100.0	866	总计	100.0	866

资料来源：瑞士的欧洲晴雨表（Eurobarometer）调查（2001），面向18岁及以上的瑞士公民，转引自 Hanspeter Kriesi, Alexander H. Trechsel, *The Politics of Switzerland: Continuity and Change in a Consensus Democracy*, Cambridge: Cambridge University Press, 2010, p.66。

考察瑞士碎片化的政党体制、弱化政党力量的委员会体制以及削弱政党决策权的全民公决，可以发现，瑞士的政党被现有政治体制和交叉分裂的社会结构所束缚，难以组成强有力的族群政党，碎片化的政党体制、委员会制和直接民主弱化了政党力量，削弱了政党决策权，因而，在这样的政治环境中难以产生政治强人，多元化、分散化的族群核心使得较为有力的政治组织难以形成，政治活动难以开展。正是在这样的政党体制下，瑞士形成了四大政党、小党派、利益集团、公民团体等政治主体分享决策权的现状，而委员会体制进一步约束了政党组织的发展和政党力量的拓展。如此一来，在瑞士这样一个高度分裂的社会建立起了族群融洽的共识民主。

第四节　瑞士族群政治的未来

　　瑞士特有的合作主义联邦制与弱化的政党力量造就了瑞士融洽的族群政治，成就了瑞士在多样族群、多元文化、多种语言下和谐共生的局面。值得注意的是，瑞士的这一套弥合型制度与弱化的族群政党能力并不是晚近的政治产物，而是在瑞士民族国家诞生之初就已经基本成形，在随后的政治发展中日趋完善。虽然可以肯定的是，在可以预见的未来，瑞士的族群政治仍然会沿着既定轨道前行，保持着融洽的族群关系。然而，需要指出的是，瑞士的族群政治在国内族群关系发展、欧盟等地缘政治格局、社会阶级分裂等影响下，呈现出了一定的变化，对瑞士的族群关系造成了一定的挑战。

一　瑞士人（瑞士民族）：瑞士族群政治的发展

　　是否存在瑞士人？是否存在瑞士民族？诸多的学者和政治家对此有截然不同的判断。诚然，如果说世界上每个国家都存在着以国名命名的国族的话，那么，作为民族国家的瑞士显然是存在着瑞士人和瑞士民族的。然而，瑞士族群的高度分裂又使得作为一个集体存在的瑞士人和作为一个国家民族存在的瑞士民族显得不够"理直气壮"。事实上，瑞士人和瑞士民族的认同是在民族国家建立之后才出现的，是瑞士弥合型政治制度与低度的政党力量、分裂的政党精英的共同作用。正是瑞士合作型的联邦制、横切的社会分裂结构，使得瑞士的权利分配合理、利益分享有序、权力机会均等，是一种弥合型的政治制度安排；正是瑞士合作主义的政党制度、委员会的政体安排、强大的利益集团以及发达的全民公决使得瑞士政党在政治中的作用弱化，尤其是"神奇公式"的安排导致了瑞士四大政党只能以合作主义的态度来共同执掌政权,这就限制了瑞士政党的力量。

瑞士人和瑞士民族的认同建立在两个维度上。一方面,瑞士人的民族国家认同建立在瑞士特有的文化理念上。"瑞士人民的集体记忆建构在哪种基础上?其国家认同不是建基在血统、语言、宗教上,而是构筑在传统的独立自主、自由及中立理念上。"[1] 这是基于一种共同文化的瑞士人。同时,瑞士人是一种多层次、多元的公民联合体,瑞士民族提供了多层次、多元的认同选择,瑞士人既将全国性的忠诚置于公民的身份之中,又将区域性的族群忠诚置于族群成员的身份之中。在这种二元认同之下,区域性的族群认同是通过自治提供的,是一种"有差别的公民身份"[2];全国性的公民认同是通过联邦制提供的,是一种整体性的公民身份。因而,"作为瑞士人,不是从族群的角度来解释的,而是在于接受国家的特色制度和过程"[3]。可以说,这是一种公民民族主义。

从历史发展而来的瑞士人和瑞士民族面对的是外部地缘政治的威胁与内部多元文化的冲突。瑞士人在建国过程中面临着初始条件、外部威胁、地缘政治和战争冲突,正是这一切造就了瑞士人的团结和意志。[4] 中立政策是为了解决地缘政治的矛盾,赋予瑞士人和瑞士民族发展空间,并且,这一政策的实施是一劳永逸的,甚至不曾卷入两次世界大战。多元文化对瑞士人和瑞士民族的形成和发展的影响更为深远。在处理多元文化的问题上,瑞士人反其道而行之,"他们将多元文化视为改进的机遇和资源,而不是一个问题。他们在分裂的群体中建构了一种历史游戏,排斥了冲突和暴力的罪恶的过去,

---

[1] 张维邦:《瑞士史:民主与族群政治的典范》,三民书局 2006 年版,第 11 页。

[2] [加拿大] 威尔·金里卡:《多元文化公民权——一种有关少数族群权利的自由主义理论》,杨立峰译,上海世纪出版集团 2009 年版,第 222 页。

[3] Clive H. Church, *The Politics and Government of Switzerland*, Hampshire, New York: Palgrave Macmillan, 2003, p. 182.

[4] 赵柯:《"小国家"整合"大民族"——瑞士国家与民族建构的历史进程》,《欧洲研究》2012 年第 2 期。

代之以强调相互理解、妥协和调解的美好过去"①。

瑞士的族际关系保持了长期的融洽，开创了一种瑞士式的族群治理制度与技术，在高度分裂背景下塑造了瑞士人和瑞士民族。在1848年瑞士联邦建立之后的历史上，瑞士的国家危机仅仅出现过一次，即1979年的汝拉危机。汝拉危机是讲法语的汝拉州在1815年起归属于讲德语的伯尔尼州后两地之间族群、语言、宗教等的矛盾激化的产物，在瑞士政治制度的韧性下，汝拉危机得以化解，并于1979年成为瑞士第26个联邦成员。这一宪政危机的化解在宪法制度上缓解了族群、宗教、地区等的矛盾，给联邦内其他可能出现的矛盾的解决提供了思路，表明了瑞士弥合型政治制度的韧性和族群精英、政党领袖等行动者的政治智慧。对于瑞士人和瑞士民族而言，危机是一次很好的命运共同体教育，使得瑞士人更加尊崇瑞士的政治制度和文化。

二 瑞士族群政治未来的挑战

瑞士在族群高度分裂的背景下，将一个语言、宗教、城乡等高度分裂的社会融合成一个瑞士人和瑞士民族的国家，且保持了长时间的稳定与繁荣，未有族群分离的政治运动，这不得不说是一个政治奇迹。瑞士的族群治理堪称典范，从目前的政治发展来看，瑞士的族群冲突仍然呈现低度的水平，即使可能存在汝拉那样的危机，也会在酿成分离运动之前在现有政治制度中得到解决。

然而，瑞士的政治制度并非完美无缺的。随着瑞士的发展，瑞士族群政治发展中出现了一些可能影响族群融洽的问题。尤其是随着第二次世界大战后瑞士"社会性国家"的建立和环境保护、妇女运动、德语区保守主义等势力的崛起，瑞士能否解决这些可能影响

---

① André Bächtiger, Jürg Steiner, "Switzerland: Territorial Cleavage Management as Paragon and Paradox", in Ugo M. Amoretti, Nancy Bermeo (eds.), *Federalism and Territorial Cleavages*, Baltimore: The Johns Hopkins University Press, 2000, p. 43.

族群治理的问题仍然是一个问号。①

一是，合作主义联邦制的效率问题、代表权问题等日益突出。"瑞士联邦制是实用主义的产物，是在程度尽可能高的自我治理与为达成共同决策所必需的中央集权之间进行平衡的结果。"② 然而，瑞士联邦制中的协和式民主效率却比较低下，付诸全民公决的制度安排更是降低了制度的效率。不仅如此，合作主义的联邦制将每个州置于平等的地位，导致了大州的代表权被稀释和削弱，引起了一些大州的不满。瑞士的合作主义联邦制发展到今天逐渐呈现出更多的权力制衡、更少的共识的特征。③

二是，社会分裂的变迁导致认同的变迁。让·埃尔克（Jan Erk）认为，瑞士的语言分裂正逐渐取代区域、阶级和宗教分裂，成为集体认同的主要来源。④ 瑞士最为基本的认同来源是族群，多元文化的政策使得瑞士各个族群在统一的瑞士联邦制下呈现出相对独立发展的态势，这就使得瑞士的语言矛盾始终是存在的。埃尔克的这一判断虽然只是表象，但却说明了作为一个集体的瑞士人和作为一个民族的瑞士民族是存在的，已经日渐融合，然而，在文化身份的瑞士人和公民身份的瑞士民族之外，语言仍然是判断族群最为基本的特征，这也成为瑞士集体认同的重要来源。

三是，在地缘格局中，瑞士被德国、法国、意大利这三个欧洲大陆最强盛的国家夹在中间，虽然瑞士一直没有加入欧盟，但是欧

---

① ［瑞士］迪特尔·法尔尼：《瑞士简史》，刘立文译，毕来德校，华中师范大学出版社1987年版，第90—99页。

② ［瑞士］托马斯·弗莱纳：《瑞士的联邦制》，王全兴等译，赵保庆校，中国方正出版社2009年版，第38页。

③ Pascal Sciarini, "More Power Balance, Less Consensus: Changes in Decision-Making Structures over Time", in Pascal Sciarini, Manuel Fischer, Denise Traber (eds.), *Political Decision-Making in Switzerland: The Consensus Model under Pressure*, Hampshire, New York: Palgrave Macmillan, 2015, pp. 51 – 77.

④ Jan Erk, *Explaining Federalism: State, Society and Congruence in Austria, Belgium, Canada, Germany and Switzerland*, London, New York: Routledge, 2008, p. 85.

盟对瑞士的介入却是显而易见的，使得瑞士越来越欧洲化（Europeanization）。[①] 虽然欧洲化一词的准确含义不甚明确，但是，作为一种趋势的欧洲化却是不容忽视的，尤其是对于瑞士而言，在与作为整体的欧盟打交道的过程中难免会趋向于接受欧盟的标准，尤其是在国家认同、政治体制等方面。欧洲化的特征挑战的是作为瑞士立国之基的中立政策，而永久中立政策不仅是一个对外政策，也是一个对内政策，是瑞士人民实现凝聚力的关键，形成了瑞士人自治的传统。[②] 欧洲化会对瑞士的自治文化与中立政策产生较大的影响。

四是，瑞士族群融洽关键的是以协和民主和合作主义联邦制为代表的弥合型制度与弱化的政党能力，然而，二者之间的不相称可能会对瑞士的族群发展产生一定的影响。表 6—9 展示了瑞士 1945—2007 年间政党与联邦制的发展变迁情况。

表 6—9　　瑞士民主的变迁：依据利普哈特的分类（1945—2007 年）

特征	共识形式	1945—1996	1971—1996	1997—2007	结论
政党体制	多党制	5.24（个）	5.57（个）	5.17（个）	略偏多数制
政府组成	多党联合，权力分享	4.10（%）	0（%）	0（%）	没有变化
行政—立法关系	制衡	1.00（%）	1.00（%）	2.06（%）	略偏多数制
选举制度	比例代表制	2.53（%）	2.98（%）	3.51（%）	略偏多数制
利益集团体系	合作主义	1.00（%）	1.00（%）	1.63（%）	略偏多数制
第一方面	行政—政党（权力分立）	1.77（%）	1.87（%）	1.39（%）	略偏多数制
央地关系	联邦制与权力下放	5.00（%）	5.00（%）	5.00（%）	没有变化

---

① Manuel Fischer, Pascal Sciarini, Denise Traber, "Europeanization, Institutional Changes and Differential Empowerment", in Pascal Sciarini, Manuel Fischer, Denise Traber (eds.), *Political Decision-Making in Switzerland: The Consensus Model under Pressure*, Hampshire, New York: Palgrave Macmillan, 2015, pp. 139 – 157; Hanspeter Kriesi, Alexander H. Trechsel, *The Politics of Switzerland: Continuity and Change in a Consensus Democracy*, Cambridge: Cambridge University Press, 2010, p. 83.

② 马丁：《"一个多民族的非民族国家"——近现代瑞士国家的生存、建立与发展》，《世界历史》2014 年第 2 期。

续表

特征	共识形式	1945—1996	1971—1996	1997—2007	结论
立法院	下议院平权	4.00（%）	4.00（%）	4.00（%）	没有变化
宪法修正案	有资格的多数要求宪法修改（刚性宪法）	4.00（%）	4.00（%）	4.00（%）	没有变化
司法审查	宪法司法审查	1.00（%）	1.00（%）	2.00（%）	略偏多数制
中央银行	独立的央行	0.60（%）	0.63（%）	0.63（%）	没有变化
第二方面	联邦制—单一制（权力联合）	1.52（%）	1.61（%）	1.81（%）	几乎没有变化

注：Adrian Vatter 计算了1997—2007年的数值，并与利普哈特1945—1996年及1977—1996年的数据进行了比较。

资料来源：Adrian Vatter, "Swiss Consensus Democracy in Transition: A Re-analysis of Lijphart's Concept of Democracy for Switzerland from 1997 to 2007", *World Political Science Review*, Vol. 4, No. 2, 2008, pp. 1–38.

显而易见的是，瑞士的政党体制越来越趋近多数制，比例代表制正在被松动，而作为合作主义的联邦制仍然保持着协和式的特征，"未来还有待观察的是，瑞士的政治将如何应对两种日益不同路径的挑战——一方面，是随以冲突为目标和更多元化的利益集团结构而来的政党之间的两极竞争；另一方面，传统上是为了达成共识和合作的协和民主和联邦制。这两种路径显然是不一致的"[1]。

尽管瑞士的族群发展出现了上述问题和矛盾，然而，作为一个自建国以来就保持了族群融洽的国家，瑞士的族群政治始终是他国的楷模和典范。沿着既有的发展道路前进，并在实践中予以调整，未来的瑞士族群政治会保持良好发展态势。

---

[1] Adrian Vatter, "Swiss Consensus Democracy in Transition: A Re-analysis of Lijphart's Concept of Democracy for Switzerland from 1997 to 2007", *World Political Science Review*, Vol. 4, No. 2, 2008, pp. 1–38.

第七章

民族工程学：走向更好的民族国家建构

族群分离运动作为次民族（sub-nation）运动，是一种典型的族群冲突，是"民族国家构建与族体发展之间的矛盾运动"[①]，"是国家构建民族主义和族裔民族主义之间的张力，是族群认同与民族认同之间的张力，是构建民族国家认同的政治和族群认同的承认政治之间的张力，是强化民族建构和实现少数族群的权益之间的张力"[②]。一方面，在地理空间之外，族体自身发展需要一定的政治空间，涵盖了从族群自治到国家主权的一系列可能；另一方面，民族国家建构首要的是各族群在政治上服膺共同的领导，从完全被压制到族群自治只是统治方式、统治手段的差异，并不能影响民族国家共同体的建构。然而，族群分离运动挑战的是民族国家建构的底线。在现代民族国家建构中，作为国家重要象征的人口、领土不仅具有地理学意义，更具有政治意义，而由此建构起来的民族国家主权更是一国能否取得国际法地位的关键。在这一背景下，除了极个别国家在极个别时期之外，绝大部分

[①] 宁骚：《民族与国家——民族关系与民族政策的国际比较》，北京大学出版社1995年版，第201页。

[②] 左宏愿：《现代国家构建中的族群冲突与制度调控研究》，博士学位论文，南开大学，2013年，第85页。

国家都不曾规定族群的退出权利。因而，在消极的意义上可以认为，"族群分裂说明国家建设或国家建构的过程尚未充分完成"[①]。反观目前世界上的民族国家，绝大部分是多族群国家，而分离运动又成为影响当今世界政治局势的重要问题，几乎涉及每一个多族群国家，因此，民族国家建构仍然任重而道远。

具体到本书，自民族国家以来，分离主义成为一种政治思潮，分离运动成为一种政治运动。除了极少数国家之外，都无一例外地经受着分离运动的困扰。理论研究总是试图在实践意义上展现它的生命力和价值，在分离主义的学理分析上能够对现实政治有所观照是本书想要达到的实践目标。

第一节　分离权与分离的价值定位

讨论分离运动存在一个前提，那就是民族国家产生之后的分离运动。民族国家的出现是一个相当晚近的事情，主权概念的产生也并非遥远，对于不同的国家而言，历史的纵深感、政治发展程度、社会经济发展水平等都是存在一定的差异的。在这一背景下，讨论分离运动才是有价值的。在处理分离运动的实践中，加拿大、英国等民主政治成熟的国家采取了公投这一和平的方式，赋予分离族群以公投的权利；而西班牙这样的民主政治成熟的国家则坚决反对赋予分离族群以公投的权利，甚至在局部地区引发了暴力冲突；苏丹、安哥拉、印度尼西亚、俄罗斯等民主政治不够成熟的国家都基本上采取了暴力内战的方式；苏联、民主化以前的缅甸等极少数国家赋予了国内少数族群以宪法上的分离权。也就是说，对于不同的国家而言，关于分离与分离权的价值定位是存在一定的区别的。价值定位的区别导致不同国家处理分离运动的方式也不尽相同。

[①] 包刚升：《民主崩溃的政治学》，商务印书馆2014年版，第86页。

一 分离权本身能否成为避免或解决分离运动的方案呢？

那么，让分离成为一种权利以解决潜在的或现实的分离运动是不是一种可能的策略呢？这种策略是否真的可能或有效，其成败取决于诸多因素的排列组合。然而，值得注意的是，即使是赋予少数族群以宪法上的分离权的国家也并未能严格地执行，同时，学界从理论上否定了看似是解决问题良策的分离权利主张。

霍洛维茨和丹尼尔·温斯托克（Daniel Weinstock）分别从赋予少数族群分离权的学理逻辑和可能后果两个维度阐释了分离并不是避免或解决分离运动的答案。霍洛维茨的学理逻辑认为，承认分离的权利不是古老的苦难的终结，而是新的苦难的开始。分离几乎从来不是解决问题的答案，而且很有可能使情况更加糟糕。简而言之，这种提议从来没有被告知是对族群冲突或族群—群体政治行为模式的真正理解。因为改善少数民族状况的努力应该面向机制设计以提高他们在现有国家内的满意度，而不是鼓励他们考虑退出的选项。[①] 相较于霍洛维茨的学理逻辑，温斯托克则站在合法性的高度审视了政治化的族群在国家政治生活中的原则价值与工具可能，"首先，分离可能会使大型社会中的双方都不能提升成员的物质条件……另一点是，分离使得国家责任转变成了国际责任，虽然国际责任在道德层面上基础比国家责任更加的弱，可以清楚的是，国家内部的分配责任比国家间要简单点。其次，分离可能会改变政治平衡，寻求创造对于所有关心的人的分配正义"[②]。除此之外，如果分离族群分离出去了的话，在高度融合的今天，已经基本不存在占据某一地区的唯一族群了，那么，是否可能会赋予分离区域境内的少数族群以分离权就成为新的问题。在霍洛维茨看来，悲观的是，"在分离政权中

[①] Donald L. Horowitz, "The Cracked Foundations of the Right to Secede", *Journal of Democracy*, Vol. 14, No. 2, 2003, pp. 5 – 17.

[②] Daniel M. Weinstock, "Toward a Proceduralist Theory of Secession", *Canadian Journal of Law and Jurisprudence*, Vol. 13, No. 2, 2000, pp. 251 – 262.

保障少数民族的利益的说法是不可靠的，事实上许多分离主义运动都在分离地区将排斥和压制少数作为目标之一"①。

基本学理逻辑和可能政治后果的分析界定了分离权本身基本不会成为避免或解决分离运动的方案。然而，有必要了解的是，对于分离权这一问题而言，简单地从基本学理逻辑和可能政治后果两个方面去阐释显得较为单薄，至少，我们还是很难了解为何不同的国家对待这一问题的看法和态度是迥异的。可以认为，这里的关键在于国家如何看待分离及分离运动，这就有必要考察分离运动的价值定位。

二 历史承继、政治发展与经济水平

对于分离运动的价值定位这样一个问题，有必要从历史的纵深感、政治发展程度与社会经济水平三个方面去看待。

一是历史的纵深感。作为民族载体的民族国家的出现是相当晚近的事情，分离运动也是随着民族国家的出现而产生的。然而，这并不是说类似的问题在历史上就不存在，事实上，历史上类似的问题很多也很复杂。从边远省份离开帝国到因各种原因导致的行政区划调整，从被他国侵略导致领土割让到国家解体，这些无不与族群政治有关。所不同的是，它们不一定能够被称为分离运动，但是，类似的行为却一直贯穿着人类历史。因而，对待这一历史的态度对民族国家的分离运动就有很大的参考意义。正是因为不同的国家历史上对待类似事件的看法不一，导致了民族国家产生后的政策不一。

二是政治发展程度。一国政治发展程度如何在很大程度上决定了对待分离运动的态度。政治民主化的程度与地方自治的程度是考察政治发展程度的两大要素。政治民主化的程度涉及公民权利的保障、政治体制的完备、中央地方关系等多个方面，地方自治的程度涉及地方如何看待中央的政策，如何看待自身与他者的关系等多个

---

① Donald L. Horowitz, "The Cracked Foundations of the Right to Secede", *Journal of Democracy*, Vol. 14, No. 2, 2003, pp. 5–17.

方面。诚然,政治发展程度并非各国治理分离运动方式不同的直接决定因素,只是政治发展程度越高越趋向于采用和平的方式解决分离运动,甚至是允许公投。

三是社会经济水平。少数族群地区社会经济发展水平的情况直观地反映了少数族群地区受中央重视的程度。社会经济发展的平衡程度决定了少数族群地区的分离运动是否能够成为群众性事件。从马克思主义的角度来看,政治是经济的集中表现,经济利益是一切政治现象的本质,因而考察政治现象必须从考察经济现象开始。强调社会经济发展水平事实上就是强调族群关系、央地关系等,这也就是分离运动的发生地多是经济发展水平不佳的地区的原因。这一判断也在事实上制约了不同国家的人们对待分离的态度。如果社会经济发展水平较高,分离地区的分离运动不一定很有必要,而如果经济发展水平较低,那么,分离运动就会此起彼伏。当然,这并不一定是必然的判断,只是说,相对而言存在这样一个趋势。

概而论之,分离的价值定位不是某一个因素所能解释的。不同的国家有着不同的历史情境、政治发展和经济水平,自然也有着不同的历史观和价值观。即使是对待同一事件,不同语境下的处理方式也是不同的。因此,"问题不是是否要承认分离的权利,而是如何驯化它"[1]。即使是宪法赋予分离权的国家,或者是在实践中被赋予分离权的国家,都在面临分离冲突时致力于解决它,而不是鼓励它。就本书而言,在解释分离运动的学理逻辑的基础上,致力于避免或解决分离运动。

第二节 分离运动治理:缘起、结构与议题

分离运动的兴起以其国际化的态势前所未有地挑战了民族国家

---

[1] Allen Buchanan, "Toward a Theory of Secession", *Ethics*, Vol. 101, No. 2, 1991, pp. 322 – 342.

的主权与安全，分离运动的全球治理不仅意味着分离运动在全球范围的普遍性，也意味着在这一问题上全球合作的必要性、可能性。目前，民族国家的分散治理、区域的协同治理、全球的共同治理、非政府组织的辅助治理架构构成了已有的族群分离运动治理的基本结构。在此之下，推动族群分离运动治理的本国化、防止族群联合走向合作抗争、避免族群政治组织化、阻止族群借助国际法上的自决权、用"呼吁"替代"退出"、防止分离运动走向暴力恐怖主义运动是族群分离运动全球治理的核心议题。不过，由于族群分离运动本身的特性，族群分离运动全球治理仍然面临着难以调和的结构难题，也不得不面对议题的分散性，仍然步履维艰。

一　分离运动治理的缘起

作为与民族相对应出现的政治词语，不同于民族的政治意涵，族群最初表征的是文化意义，也就是在政治性民族概念之下为数众多的具有自身特殊文化的国民联合体。在族群的发展中，族群习得了民族的政治化属性，致力于从政治主权的角度去审视族群问题，因而，族群分离主义运动是次民族主义运动。一方面，他们是现代民族国家的公民，从属于同一个民族；另一方面，他们确实在文化上具有独特性。"现代性的出现，总的来说取决于许多约束力强的小型地方组织的衰败，取决于它们被流动的、无个性特征的、识字的、给人以认同感的文化所取代。正是这种普遍化的状况，使民族主义规范化，并具有普遍性。"① 所谓现代性的过程，对于绝大多数国家而言，就是民族国家建构的过程。民族国家的建构是民族政治化与政治民族化相结合的过程，在这一过程中，正是族群特殊的文化使得他们开始挖掘本族群的历史，试图表达自身的特殊性和例外性，寻求自身的政治化，这就是族群问题的出现。在这里，比较极端的

---

① [英] 厄内斯特·盖尔纳：《民族与民族主义》，韩红译，中央编译出版社2002年版，第114页。

族群问题就表现为族群分离主义运动,试图合法化族群主义(ethnicism)[①]与族群复兴[②]。

族群问题应该被理解为民族国家建构中的问题,这一问题受国家内部与外部全球化双重作用的影响。原本,民族国家的建构对于民族而言,意味着民族有了国家的实体依靠,对于国家而言,意味着国家有了民族的向心力作为支撑。"讽刺的是,当人们越来越依赖他人来满足其最基本的需求时,他们却逐渐发展出一个自我导向的世界。"[③]这种以分离主义为核心的自我导向要求"去国家化"(denationalization)、"去中心化"(decentralization),族群问题正是民族国家去国家化和去中心化的后果。[④]在国家内部,少数族群普通人日益被边缘化,公民权不足,转而诉诸民族族群的认同。原先建构的"民族认同的纯洁性和同质性正在解体,这种民族认同曾出于教育与政治的目的而被描绘成一个整体。在这种并不陌生的'说教式叙述'中,人们不断感到移民、前殖民地居民以及边缘化的人,可能还有杂居的'边缘'族裔,破坏了民族的结构,因为他们要求区别而平等地对待,要求保持文化差异,希望实现多样化和自治"[⑤]。全球化重构了民族,带来了民族分化。一些地方产生了自治的要求,特别是那些有国家而没有民族的地区,或者那些有民族而没有国家的地区。[⑥]某种意义

[①] [日]三好将夫:《没有边界的世界?从殖民主义到跨国主义及民族国家的衰落》,陈燕谷译,载汪晖、陈燕谷主编《文化与公共性》,生活·读书·新知三联书店1998年版,第501页。

[②] [英]安东尼·史密斯:《民族主义:理论,意识形态,历史》,叶江译,上海人民出版社2006年版,第127页。

[③] [美]利昂·巴拉达特:《意识形态:起源和影响》,张慧芝、张露璐译,世界图书出版公司2010年版,第5页。

[④] 纳日碧力戈、于春洋:《现代民族国家遭遇"去中心化"挑战评析》,《云南大学学报》(社会科学版)2016年第5期。

[⑤] [英]安东尼·史密斯:《全球化时代的民族与民族主义》,龚维斌、良警宇译,中央编译出版社2002年版,第113页。

[⑥] [英]安东尼·吉登斯:《全球时代的民族国家》,郭忠华、何莉君译,《中山大学学报》(社会科学版)2008年第1期。

上，可以认为，分离运动既是全球化的产物，也是反全球化的积极推动者。

分离运动的国际化应该是地理意义与政治意义的结合，地理空间范围上的拓展与政治意义上的日益严峻性，使得分离运动的国际化趋势越来越明显，全球分离运动的蜂拥迭起似乎印证了布坎南（Buchanan）所称的"分离的时代"①的到来。分离运动的愈演愈烈使其突破了民族国家的界限，越来越成为全球问题。分离运动之间的相互支援、援引他国案例合理化自己的诉求、他国介入和支持、寻求跨界民族支持等，分离运动的国际化趋势越来越明显。分离运动成为全球问题的原因应该在类型上被归结为两类：一是某一分离运动本身的国际化，这可能是分离运动寻求亲缘族群支持、他国势力介入等造成的。按照杨恕等的分析，分离运动的国际化进程是横向扩展的溢出效应与扩散效应的结合，旨在寻求外部支持、跨国动员、他国干涉等，"由分裂势力推动、国际势力介入、影响层次逐步深化的多主体、多维度、动态演进的过程"②。这就是说，分离运动的国际化使得分离运动在横向与纵向两个维度上都发生了质变，强度与裂度远超以往。二是分离运动本身成为一个全球性问题。随着分离运动的愈演愈烈，分离运动已经成为一个全球性问题，多民族国家几乎都存在这样的难题。更值得注意的是，除了分离运动本身之外，分离运动与恐怖主义、宗教激进主义、地区霸权、内战等勾连在一起，变得更加错综复杂。随着网络技术的发展，网络成为分离主义势力宣传鼓动的舞台、信息沟通空间、人员招募培训的平台、资金来源的渠道、行动谋划实施的载体，造成了网络分离主义运动的崛起，催生了分离运动的国际化。

---

① Allen Buchanan, "Self-Determination, Secession and the Rule of Law", in R. Mckim, J. Mcmahan (eds.), *The Morality of Nationalism*, New York: Oxford University Press, 1997, p. 301.

② 杨恕、李捷：《分裂主义国际化进程研究》，《世界经济与政治》2009年第12期。

二 分离运动治理的结构

基于不同的理论前提、治理维度、核心行动者、核心诉求和关系属性等方面，可以归纳出四种不同的治理结构，本书分别命名为民族国家的分散治理、区域的协同治理、全球的共同治理、非政府组织的辅助治理，呈现出分散治理、协同治理、共同治理、辅助治理的特征（详见表7—1）。需要说明的是，对分离运动全球治理结构的讨论并不是认同这一结构或者是其实际作用，而是就目前国际上分离运动治理的经验而言的。事实上，不同的国家对待分离运动的态度是不一样的，对待他国的调解与干涉的回应能力是不一样的，对待国际组织的所谓"援助"的制约能力是不一样的，这就导致了上述四种结构在不同国家存在着完全不同的形态，也存在着完全不同的效果，自然也就存在着完全不同的议题。

表7—1　　　　　　　　　分离运动治理的结构

	分离运动治理结构			
	民族国家的分散治理	区域的协同治理	全球的共同治理	非政府组织的辅助治理
理论前提	民族国家	区域主义	全球主义/世界主义	知识、功能与技术导向
治理维度	分散治理	协同治理	共同治理	辅助治理
核心行动者	民族国家、分离势力	民族国家、分离势力、区域大国、区域组织（区域间政府组织）	民族国家、分离势力、世界性大国、全球组织（国际政府间组织）	民族国家、分离势力、非政府组织
核心诉求	分离运动治理的本国化	域内国家间唇齿相依的事实与认知	全球问题需要全球治理观	充当民族国家与分离势力之间"沟通"的桥梁
关系属性	央地关系、主体族群与少数族群关系	央地关系、主体族群与少数族群关系、国别关系	央地关系、主体族群与少数族群关系、国际关系	央地关系、主体族群与少数族群关系、组织与国家

资料来源：笔者自制。

(一) 民族国家的分散治理

"到目前为止,民族国家仍然是唯一得到国际承认的政治组织结构。"[①] 虽然从区域或者全球的视角来看,以民族国家为中心的治理存在着碎片化的弊端,但是以民族国家为中心仍然是分离运动治理的首要选项,这就意味着民族国家时代的主权观念仍然是最为重要的国家理念之一。在民族国家看来,族群分裂是民族国家地理—文化维度的分裂,是民族国家建设过程中中心与边缘关系紧张的产物,[②] 因而,民族国家内部分离运动的治理首先应该以民族国家本身为中心开展。"'分离'对任何国家而言都是一个十分敏感的概念。在编纂有关国家继承的规定时,那些国家的代表甚至会特意避开使用'分离'一词……这种回避并不只是基于简单的用词方面的考虑。显然,国家不愿意让国际法干预分离的问题,哪怕只是作为一种潜在的可能性。"[③] 这就是说,即使在国家内部,作为一种语言表达的分离和作为一种政治行动的分离都是难以接受的,更何况是让他国干涉。民族国家总是试图怀疑多边机制治理的可能性与有效性,尤其是多边机制并没有带来相应的治理有效性,反而陷入了治理困境。

"政治权力在本质上是地域性的"[④],主权更是不容干涉的,因而,分离运动治理的本国化事关该国的核心利益,国家主权、国家安全、领土完整和国家统一等都是不容侵犯的国家核心利益。毋庸讳言,他国借助各种各样的名义介入分离运动已经屡见不鲜了,以民族国家为核心的治理这一思路不失为民族国家维护主权与安全的

[①] [英]安东尼·史密斯:《全球化时代的民族与民族主义》,龚维斌、良警宇译,中央编译出版社2002年版,第122页。

[②] Seymour Martin Lipset, Stein Rokkan, "Cleavages, Structures, Party System and Voter Alignments: An Introduction", in Lauri Karvonen and Stein Rokkan, *Party Systems and Voter Alignments: Cross-National Perspectives*, New York: The Free Press, 1967.

[③] Marcelo G. Kohen, *Secession: International Law Perspectives*, New York: Cambridge University Press, 2006, p.4.

[④] [英]迈克尔·曼:《社会权力的来源(第二卷)——阶级和民族国家的兴起(1760—1914)上》,陈海宏等译,上海世纪出版集团2015年版,第63页。

重要选择。"民族国家首要的和基本的特征，在于它必须是独立的和统一的，亦即完全自主和领土统一。"①

（二）区域的协同治理

区域治理的概念来源于地方主义（区域主义），意味着次国家区域与超国家区域地区包容性的形成。② 区域（region）"在客观条件上，拥有'地理概念'的意涵；在主观条件上，包含了'彼此拥有的共同利益或威胁的认知，分享类似的价值观、文化或历史经验。'在同时符合上述主客观条件之后，进而产生相关国家间唇齿相依的事实与认知"③。在以区域为中心的治理中，一个突出的问题就是要改变以往边疆的概念，将边疆从边陲视为边境，重新审视原有的国家中心主义色彩，尤其是边疆本身所包含的封闭性特征。原有的边疆意味着国家的管辖范围到此为止，是一种典型的"自动屏蔽机制"。边境意味着国家的治理要突破原有的国内范围，应该在相互的交往中逐渐解决出现的问题，应该成为一种交流合作的场所。在这个意义上，边境相较于边疆有了一份主观构建的意味，④ 摒弃了原有的中心—边缘的思维，逐渐接受边境成为本国中心与他国中心中间地位、中间交流场所的意义，成为一种中介。如是，那么，"边疆的非边疆化，也就是边疆的中心化"⑤。正是在这个意义上，民族国家愿意打破区域内的边疆观念，接受以区域为核心的治理机制。不过，以区域为中心的治理仍然是以尊重国家主权和领土完整为前提的，并不意味着可以借由打击分离主义势力而强行干涉他国内政。同时，

---

① 宁骚：《民族与国家——民族关系与民族政策的国际比较》，北京大学出版社1995年版，第271页。

② Richard Higgot, "The Theory and Practice of Global and Regional Governance: Accommodating American Exceptionalism and European Pluralism", *European Foreign Affairs Review*, Vol. 10, 2005, pp. 575–594.

③ 杨永明：《国际关系》，前程文化事业有限公司2010年版，第402—403页。

④ 周平：《全球化时代的疆域与边疆》，《中国边疆史地研究》2014年第3期。

⑤ 汪晖：《环球时报："一带一路"走出历史终结论阴影》，http://opinion.people.com.cn/n/2015/0408/c1003-26813167.html，访问日期：2019年1月11日。

以区域为中心表明了域内国家都面临着同样的问题，问题导向的关切使得域内国家愿意接受区域治理的安排。在当今世界，作为全球化前奏的区域化已经得到了越来越多的认同，无论是何种国家，都毫无例外地加入了多个区域组织中，无论是临时性的组织还是固定性的组织，倡导共同打击危害共同安全的分离主义运动。比如，西非国家经济共同体对马里北部图阿雷武装主要力量"阿扎瓦德民族解放运动"（National Movement for the Liberation of Azawad）宣布阿扎瓦德独立的行为表示谴责，宣布暂停马里的非盟成员国资格，坚定地支持和维护马里地区的领土和主权完整。①

（三）全球的共同治理

以全球为中心的族群分离运动的治理以全球主义、世界主义为意识形态，致力于用全球视野解决全球问题。以全球为中心的族群分离运动的治理是国际社会发展的客观结果，也是族群分离运动治理的客观需要。"目前世界仍然只是一个'非世界'（non-world），它只是一个地理存在，而不是一个政治存在。"② 要想使世界成为一个政治存在，就必须有相应的体制机制，通过建立全球性组织加强对全球问题的治理。全球为中心的治理有赖于民族国家的合作，这种合作形式可以是国际条约（国际法）、国际组织的规定，如联合国安理会；也可以是基于某一问题组成的国际治理机构，如基于塞浦路斯土耳其族分离运动（北塞浦路斯土耳其共和国）而产生的塞浦路斯问题国际委员会，包括联合国、希腊、土耳其、英国、塞浦路斯、塞浦路斯希腊族及塞浦路斯土耳其族等参与者，旨在推进塞浦路斯和平统一。③

---

① AU Peace and Security Souncil 2012, "Communiqué", 3 April 2012, Document PSC/PR/COMM（CCCXVI）.

② 赵汀阳：《天下体系：世界制度哲学导论》，江苏高等教育出版社2005年版，第21页。

③ 张章：《联合国说本月将召开新一轮塞浦路斯问题国际会议》，http://www.xinhuanet.com//world/2017-06/05/c_1121090996.htm，访问日期：2019年2月21日。

民族国家有效合作建构的全球治理确实对分离运动的治理起到了重要的推动作用,以联合国为代表的政府间组织在解决埃塔中的作用、以亨利·杜南中心为代表的非政府组织在解决自由亚齐运动中的作用等,都一再表明,全球为中心的治理对于分离主义运动的解决有着重大的帮助。不过,并不是所有的参与者都是问题解决的促进者,也存在着搅乱当地局势以获取自身利益的破坏者,甚至会直接导致分离运动事态扩大、局势难解。

(四) 非政府组织的辅助治理

区域的协同治理与全球的共同治理在很大程度上是依靠民族国家组成的政府间组织来展开的。考虑到非政府组织的角色日益成熟、地位日益重要、作用日益强化,有必要单独对非政府组织在分离运动治理中的角色、地位与作用进行分析。

在分离运动的治理中,组织发挥作用的前提仍然是国家的认可与支持,因此其更多的是辅助性角色。分离运动涉及国家主权与领土完整问题,非政府组织的局限性、从属性、边缘性趋势明显,因而非政府组织发挥作用在很大程度上是依附于民族国家的,是在民族国家允许的框架内开展活动。因此,一般而言,组织作用的发挥主要在技术层面和功能层面,具有典型的知识性和专业性,[1] 问题导向明确,但却难以成为分离运动治理的核心行动者。自有国际非政府组织以来,国际非政府组织就成为一个世界性的意识形态。[2] 不过,国际非政府组织的发展呈现出两个极端:一是搭建桥梁;二是构筑围墙。[3] 如果非政府组织介入族群分离主义运动是搭建双方沟通

---

[1] 曾向红:《恐怖主义的全球治理:机制及其评估》,《中国社会科学》2017年第12期。

[2] John Boli, "International Nongovernment Organization", in Walter W. Powell and Richard Steinberg, *The Non-Profit Sector: A Research Handbook*, New Haven: Yale University Press, 2006, pp. 333 – 354.

[3] Jackie Smith, "Bridging Global Divides? Strategic Framing and Solidarity in Transnational Social Movement Organizations", *International Sociology*, Vol. 17, No. 4, 2002, pp. 505 – 528.

对话的桥梁的话，那么，它对于分离运动的治理是有益的，甚至是有效的。然而，在非政府组织发展机制不够明晰的背景下，越来越多的非政府组织拥有了官方背景，甚至成为国家不便介入时的替代选项。不仅如此，无论是土耳其库尔德工人党分离势力还是自由亚齐运动，都存在着大国借助非政府组织的旗号幕后操纵，因而，在非政府组织介入分离运动之时，民族国家都会予以特别的关注。"问题的关键在于它所要销蚀的是国家权力中最核心、最坚固的部分，因此同其他领域的非政府组织相比，和平与安全领域的非政府组织在参与国际关系中所遇到的困难与限制也最多。"①

三　分离运动治理的议题

不同的学者对分离运动的治理提出了多样化的解决路径。整体而言，分离运动的治理可以分为积极的方式和消极的方式，积极的方式是开展跨族群工程（trans-ethnic projects），确保各个族群平等地进入公共管理，获得平等的政治角色和领导角色，增加参与和代表性，鼓励跨团体合作。消极的方式是避免地方民族主义的发展，迁居、镇压、武力介入等。② 也就是说，积极方式的前提是采取一定的方式去促进平等化，减少不平等引发的不安；消极方式的前提是控制。然而，所谓积极的方式或消极的方式的区别可能只是宽容度的问题，而这种宽容度体现的正是现代文明社会的成熟程度。表7—2列举了应对国内少数族群的策略选项。丹尼尔·希罗（Daniel Chirot）和克拉克·麦考利（Clark McCauley）从宽容与不宽容两个维度考察了纳入、区别和排除三种应对策略，衍生出六种方式，而不宽容所导致的都是消极的策略。

---

① 王杰、张海滨、张志洲主编：《全球治理中的国际非政府组织》，北京大学出版社2004年版，第210页。

② Stefano Casertano, *Our Land, Our Oil！Natural Resources, Local Nationalism, and Violent Secession*, Wiesbaden: Springer, 2013, pp. 271–272, 278.

表7—2　　　　　　　　　　　应对国内少数族群的策略

	纳入	区别	排除
宽容	温和的同化	多元文化	自动隔离或移出
不宽容	强力同化	种族隔离	族裔净化或灭族屠杀

资料来源：[美] 丹尼尔·希罗、克拉克·麦考利《为什么不杀光？种族大屠杀的反思》，薛绚译，生活·读书·新知三联书店2012年版，第151页。

控制或者隔离（partition）是避免或解决分离运动的消极方式。然而，无论是从政治、经济、文化等方面对少数族群进行控制①，还是在人口地理学意义上进行隔离，抑或是更加暴力的族群清洗，甚至是极端的同化等消极方式并非现代文明所提倡。要明确的是，分离运动的治理不是要控制少数族群，也不是要进行族群隔离，更不是要消除或磨灭族群差异，而是旨在通过治理去弥合冲突以避免或解决分离运动。

在分离运动产生之后，镇压或者是值得考虑的选项，尤其是在面对掌握武装的少数族群时更是备选项。正如前文提到的那样，以内战的形式解决分离运动的基本上是民主政治不够成熟的国家，镇压只能是暂时的，一旦分离族群获得机会，内战就会不可避免。尤其是在现代社会，寄希望于一劳永逸的镇压方式解决分离冲突是很难实现的。因此，本书在提出避免或解决分离运动的对策时是从积极的意义上考虑的。

族群分离运动治理结构在很大程度上决定了治理的议题，结构的确立意味着会围绕着一定的结构开展相应的治理议题。自民族国家产生以来，作为其副产品的族群分离运动就随之而至。从那时起，

---

① 宁骚曾经列举了控制的相关手段，如"直接立法排拒"（规定非我族类不得担任某些特定职务）、"间接立法排拒"（法律无明文，但实际生活却是如此）、"文化心理排拒"（文化心理上排斥他族担任某些职位）、"实力排拒"（主体族群绝对的实力强大以至于无须考虑极少数群体的要求）等。参见宁骚《民族与国家——民族关系与民族政策的国际比较》，北京大学出版社1995年版，第220—242页。

族群分离运动的治理就成为民族国家建设中不得不面对的重要问题。纵观百年来的族群分离运动治理的经验，尤其是"冷战"以来的实践，族群分离运动治理主要集中在推动族群分离运动治理的本国化、防止族群联合走向合作抗争、避免族群政治组织化、阻止族群借助国际法上的自决权、用"呼吁"替代"退出"、防止分离运动走向暴力恐怖主义运动六个核心议题上。

(一) 推动族群分离运动治理的本国化

分离运动治理的本国化并不意味着这是与分离运动全球治理相违背的。相反，这正是在全球治理背景下，民族国家的重要选择之一。这里面的逻辑在于，面对分离运动的全球化趋势，分离主义运动治理的本国化是民族国家逻辑发展的要求。分离主义运动是民族国家建设的副产品，如果不是跨界分离运动的话，那么，就自然会被以内政的名义置于本国的治理议程之下。"比较妥当的办法，是将分离主义运动的问题留待有关国家自己去处理，也即视为有关主权国家的内政。"[①] 如果某国族群分离主义运动国际化，那么，就很可能成为他国干涉本国内政的机会，也同时无疑会助长分离主义族群的士气，甚至会被误认为赋予其一定的合法性。族群分离主义运动很容易获得外部势力的干涉，这可能源于族群亲缘关系、他国利益需要（地缘政治、自然资源等），将分离主义势力作为筹码。对于民族国家而言，一个再明显不过的道理是，"只有在那些有一个地区性强国或超级大国支持分离主义事业的地方，族裔运动才能成功对现存国家进行挑战，并在分离出的族裔基础上建立新的民族国家"[②]。

不过，值得关注的是，以分离运动为代表的全球性问题日益凸显，全球治理显得刻不容缓。现如今，"全球化正在重新塑造着领土国家的权力、功能及其权威，虽然国家仍然享有对内最高的统治权

---

① 万鄂湘、郭克强：《国际人权法》，武汉大学出版社1994年版，第89页。
② [英] 安东尼·史密斯：《全球化时代的民族与民族主义》，龚维斌等译，中央编译出版社2002年版，第124页。

和治理权，对外独立自主的权利，但是民族国家已经不能完全控制发生在自己国家领土范围之内之事件"[①]。在这一背景下，分离主义运动治理的本国化已经显得越来越困难，然而，追求族群分离运动治理本国化的努力仍然是各个民族国家的首要任务，这不仅关涉主权与安全，更是一种行为导向上的警告，明确告知可能的分离主义势力，寻求他国的干涉和支持是不可行的。

（二）防止族群联合走向合作抗争

在分离运动的发展进程中，联合跨界族群、其他分离族群、亲缘族群等开展合作抗争已经成为重要的选项。这一趋势不仅反映了分离运动扩散化趋势已经越来越严重，更重要的是，随着分离运动治理的日益推进，分离运动联合抗争的意愿与趋势已经越发明显。在分离运动的治理中，对这一议题的关注尤为值得重视，这不仅关涉本国族群分离运动的发展态势，也关系到分离运动是否会引发区域性、国际性的连锁反应。

在族群联合走向合作抗争的议题中，有三种类型是值得关注的。一是跨界族群的分离运动的联合。纵观整个世界冲突聚集地，跨界族群区域是冲突高发区域，分离运动层出不穷。比较典型的案例是，作为中东地区的第四大族群的库尔德人以聚居的形式散居在土耳其、叙利亚、伊拉克、伊朗，是中东地区唯一没有自己的民族国家的最大族群，在每个国家都处于弱小族群的库尔德人始终没有放弃建国的梦想，库尔德分离主义问题已经成为中东地区仅次于巴以冲突的第二大热点问题。伊拉克的库尔德民主党（KDP）、土耳其的库尔德工人党（PKK）、叙利亚的库尔德民主联盟党（PYD）等相互支援又相互制衡。二是本国多个分离族群之间的联合抗争。对于为数众多的多民族国家而言，族群分离运动往往不只发生在某个特定族群，甚至有可能存在多个分离运动。在这样的情况下，族群联合开展分

[①] 张克成：《全球化时代地缘政治安全观念的转变》，《太平洋学报》2012年第4期。

离运动，相互支持和协作已经成为不可忽视的现象。三是寻求亲缘族群、跨界族群的支持，造成民族问题国际化最有效的手段就是通过流亡境外的民族分裂势力制造舆论以获取某些国际势力的支持。①泰米尔猛虎组织寻求泰米尔人的独立建国，一直得到印度境内泰米尔人的支持和援助，印度政府也正是以此作为契机干涉斯里兰卡的内政。

（三）避免族群政治组织化

族群政党被定义为一个组织，它声称代表一个特定的族群群体，并寻求政治权力来影响民族群体的相对权力或地位。② 虽然政党并非民族斗争或族际政治的产物，但政党被运用于族际政治后就成为民族斗争或民族间政治互动、博弈的工具。③ 分离主义族群政党多源于中心边缘的分裂，因而多在政党名称中包含了自己的族群名称或地区名称。④ 族群是政党的社会基础，政党是族群的政治代言人，呈现出族群政党化和政党族群化的趋势，并导致了政党制度的族群化（ethnification），⑤ 推动了族群分离主义运动的发生、发展与变迁。因而，族群政党是特殊主义的，排他主义者，通常通过极化政治诉求造成社会分裂甚至崩溃。⑥

对于分离运动而言，组织建设的意义在于提供平台、筹募资源、建构认同、协调行动等。政治组织化的族群政党是分离运动的组织

---

① 郝时远：《民族分裂主义与恐怖主义》，《民族研究》2002 年第 1 期。

② John Ishiyama, Marijke Breuning, *Ethnopolitics in the New Europe*, Boulder, Colo.: Lynne Rienner Publishers, 1998.

③ 周平：《民族政治学二十三讲》，中央编译出版社 2014 年版，第 105—121 页。

④ Andreas Fagerholm, "Ethnic and Regionalist Parties in Western Europe: A Party Family？", *Studies in Ethnicity and Nationalism*, Vol. 16, No. 2, 2016, pp. 304 – 339.

⑤ A. Rabushka, K. Shepsle, *Politics in Plural Societies: A Theory of Democratic Instability*, Columbus, O. H.: Merrill, 1972.

⑥ Richard Gunther, Larry Diamond, "Types and Functions of Parties", in Larry Diamond, Richard Gunther (eds.), *Political Parties and Democracy*, Baltimore, London: Johns Hopkins University Press, 2001, pp. 16 – 22.

者和发动者,依靠这一组织平台,政治活动家可以组织起共识动员和行动动员,建构一种基于命运共同体意识的族群认同,强化族群的政治意识和政治能力,以此界定分离运动的议程。① 有了族群政党,分离活动家就能够依赖群体认同的建构,利用精英团体的叙事能力,保持族群政党强有力的、深度的和广度的穿透力,在关键节点开展公投、武装斗争等政治活动。正是因为作为族群政治组织化的主要形式的族群政党有如此强大的政治吸引力和政治活动力,避免族群政治组织化、分散族群的政治组织能力,以此达到族群内部难以凝聚的目的,就成为分离运动治理的重要手段。

(四)阻止族群借助国际法上的自决权

阻止族群借助国际法上的自决权,主要应该在理论上阐明和在实践上阻止,理论上应该将自决权与分离运动分开;实践上应该警惕他国以国际法为依据干涉内政,更要防止基于自决权的公投的扩散效应。国际法上的自决权与分离权是极容易混淆的,也正是因为如此,分离族群试图以自决权代替分离权,寄希望于借助国际法和自决权,寻求公投的合法性和可能性,甚至将自决权视为集体人权。不过,越来越明晰的理论阐释已经将自决权与分离权相区分了。第二次世界大战以后,以《联合国宪章》《公民权利和政治权利国际公约》《经济、社会及文化权利国际公约》为代表的相关国际法将民族自决权进行了法律上的规定,但只是针对殖民地国家的去殖民地化运动。国际法层面从未将自决权或分离权视为一项权利,只是在实践中,有救济性分离权,但它的行使是极其严苛的,已有的分离运动常会援引这一权利,但都是被滥用的。② 因此,自决权是独立权而非分离权,自决权是从殖民地从宗主国的脱离,分离权是民族

---

① 周光俊:《族群分离运动为什么会发生?——基于过程论的分析视角》,《国际政治研究》2019 年第 5 期。

② 王英津:《有关"分离权"问题的法理分析》,《世界经济与政治》2011 年第 12 期。

国家内部的族群地方从民族国家的脱离。列宁就曾指出,"民族自决权只是一种政治意义上的独立权,即在政治上从压迫民族自由分离的权利"①。"如果民族原则……是用来分裂既存的国家,就会被视为非法。"② 在自决权与分离权的区分中,有学者甚至编织了所谓内部自决与外部自决的词汇,以殖民地摆脱殖民统治的自决作为外部自决(external self-determination),以国家内部的人民主张的自决作为内部自决(internal self-determination)。③ 在这里,为了证成分离权就是自决权,采取了偷换概念和解剖概念的方式,试图将本源意义上的自决权区分为外部自决和内部自决,以内部自决权的概念证成分离权。然而,需要注意的是,真正的自决应该是属于全体国民的,毕竟,某个地区或者族群要想分离出去,影响的不只是其本身的利益福祉,而是关系到全体国民。也就是说,自决权的行使主体应该是全体国民,行使的目标并非挑战国家的主权和领土完整,而应该是挑战殖民主义,摆脱宗主国的统治,建立民族国家的主权。对于已经基本完成非殖民化运动的现代国际政治格局而言,公投更多地运用应该是类似于瑞士那样的治理自决。

(五)用"呼吁"替代"退出"

在定义分离运动的概念时,排除性条件就是分离运动是"退出"而不是"呼吁"④。这一条件说明,分离运动不是在民族国家内部呼吁,以提升政治权力、经济利益和族群发展机会,而是直接选择了从民族国家退出。不过,这一定义提醒我们,分离运动的治理首先应该倡导族群的"呼吁",而不是让他们选择"退出","退出"意

---

① 《列宁选集》(第二卷),人民出版社 1995 年版,第 564 页。

② [英] 艾埃里克·霍布斯鲍姆:《民族与民族主义》,韩红译,中央编译出版社 2002 年版,第 35 页。

③ Antonio Cassese, *Self-Determination of Peoples: A Legal Reappraisal*, Cambridge: Cambridge University Press, 1995, p. 67, p. 101.

④ 周光俊:《何种分离?谁之命运?——一项关于分离运动概念的梳理》,《世界经济与政治》2017 年第 10 期。

味着双方的关系已然破裂、事态不可控制、局势难以挽回。增加"呼吁"的可能性，意味着双方妥协、让步的可能性增加，增加了分离运动治理的可能性。

"呼吁是一个颇为'散乱'的概念：从喃喃不平的嘀咕一直到狂暴的抗议活动，都是呼吁的表现形式。"① 不过，相较于直接宣布独立，任何形式的"呼吁"都是可以接受的。在分离运动的治理中，用"呼吁"替代"退出"，有三个维度上的考虑。一是，艾伯特·赫希曼（Albert Hirschman）认为："退出如快刀斩乱麻，简捷明快；而呼吁则是一门艺术，它永远朝着新的方向发展、攀援。这个特点使得人们在权衡退出与呼吁时，往往倾向于采用前者：尽管有可能寻到更低的成本和更高的效益，而且，呼吁的要义皆在于此。"② 二是，"呼吁"本身具有较好的积极导向，给予了分离族群和中央政府一定的空间，"呼吁"包含着一定意义上的"忠诚"，一般的规律是，忠诚可使"退出""进退维谷"，从而起到激活"呼吁"的作用。在避免成员直接选择"退出"之前，忠诚概念似乎可以锁定成员，在"退出"之前选择"呼吁"，也就是说，忠诚有延缓"退出"的功效。③ 三是，相较于"退出"是在组织外公开指责和斗争，"呼吁"是一个对组织内部寻求变革的诉求。④ 呼吁民族国家变革，从而为族群带来权力分配、利益共享和权利机会等方面的分配优先，这是典型的"呼吁"逻辑。

（六）防止分离运动走向暴力恐怖主义运动

分离主义与暴力恐怖主义之间有着天然的联系，在分离主义中，有一种类型的分离主义就是暴力恐怖型的。⑤ 从分离运动走向暴力恐

---

① [美]艾伯特·赫希曼：《退出、呼吁与忠诚：对企业、组织和国家衰退的回应》，卢昌崇译，上海世纪出版集团2015年版，第12页。
② 同上书，第35页。
③ 同上。
④ 同上书，第83页。
⑤ 郝时远：《民族分裂主义与恐怖主义》，《民族研究》2002年第1期。

怖主义运动不仅意味着分离运动本身的发展突破了道理、法律的束缚，走向了人类公敌的境地，而且，意味着对它的治理越来越困难，甚至是引发外界干涉的重要时间点。值得注意的是，虽然与族群分离主义有关的暴力恐怖主义大多指向了某个特定宗教，① 但是，这绝不是说某些宗教是分离主义的源泉，也并不意味着某些宗教与暴力恐怖主义有直接联系。无论是民族还是宗教，它们都不是分离主义或者暴力恐怖主义的依托，不存在任何民族或宗教是以分离主义或暴力恐怖主义作为信仰的。

在分离主义运动中，暴力恐怖主义活动更多的是一种手段，而非目的。埃塔的案例表明，恐怖主义更多的是一种强有力的沟通工具、宣传手段。② 一是，原有的分离主义势力在遭到中央政府打击之后，无力继续进行常规规模的分离主义活动，转而寻求暴力恐怖主义活动，寻求自身的继续存在。如，发展初期的自由亚齐运动遭到印尼中央政府的强力打击，一度开展游击战争和远走利比亚、菲律宾等国家避难，但也制造了绑架伤害教师和普通爪哇人等暴力恐怖主义活动，表明继续与雅加达斗争的决心和信心。甚至有研究认为，自由亚齐运动的三个主要收入来源中，犯罪和绑架就属于其中之一。③ 二是，以暴力恐怖主义活动的形式博得外界的关注，寻求他国的同情与支持。如，魁北克解放阵线（Quebec Liberation Front）于1970 年绑架了英国驻蒙特利尔的商务代表詹姆斯·克罗斯和魁北克省劳工部部长皮埃尔·拉波特，并于几日后杀害了后者，制造了加拿大历史上第一起恐怖主义活动，以此寻求英国等国际社会关注魁

---

① 如托夫特统计发现，从 1940 年到 2000 年的 42 场宗教内战中，现任政府和叛乱认同伊斯兰教的占到 34 场（81%），远超其他宗教。参见 Monica Duffy Toft, "Getting Religion? The Puzzling Case of Islam and Civil War", *International Security*, Vol. 31, No. 4, 2007, pp. 97 – 131。

② César García, "The Strategic Communication Power of Terrorism: The Case of ETA", *Perspectives on Terrorism*, Vol. 12, No. 5, 2018, pp. 27 – 35。

③ Kirsten E. Schulze, "The Free Aceh Movement (GAM): Anatomy of a Separatist Organization", *Policy Studies 2*, Washington: East-West Center, 2004, pp. 24 – 29.

北克正在进行的独立运动。三是，分离主义势力运用恐怖主义的手段施压，造成政治安全困境，迫使中央政府与之谈判，增加对话筹码。如1995年，车臣非法武装制造了布琼诺夫斯克人质事件，导致100多人死亡，迫使俄罗斯政府做出让步并停止车臣军事行动。

第三节 分离运动的治理：构建民族工程学的治理框架

现代民族国家是依据一套完整的宪法制度而治理的。如果从宪法秩序的角度考察分离运动的话，可以认为分离危机是已有的宪法制度安排难以满足族群需求的结果。"分离危机是宪法失序的典型的情势。在通常的情况下，当政体旨在拒绝确定的宪法秩序，以及将自身作为唯一的政治和法律权威凌驾于确定的领土之上时，分离危机就会发生。"[1] 在这个意义上说，建构一套稳定而有效的民族国家族群关系的宪法秩序是治理分离冲突，更好地推进民族国家建构的可行选择，这就是民族工程学（national engineering）。[2]

民族工程学的基本任务在于追求民族国家建构，其内在意义与族群分离运动的治理是一致的。作为宪法工程学（constitutional engineering）的分支，民族工程学致力于解决在因族群问题而分裂的社会中如何建构跨族群关系，促进不同族群精英之间的政治竞争而非政治冲突、政治合作而非政治对抗，更好地促进民族国家建构。从我们前述的分析中可以看出，民族工程学要解决的问题包括两大类：一是如何构建弥合型制度，解决权力获取（代表性）、利益共享（分配性）、权利机会平等（发展权）问题；二是如何为少数族群领

---

[1] David Haljan, *Constitutionalisng Secession*, Oxford, Portland: Hart Publishing, 2014, p. 9.

[2] Wayne Normann, *Negotiating*, *Nationalism*: *Nation-Building*, *Federalism*, *and Secession in the Multinational State*, New York: Oxford University Press, 2006.

导人提供政治激励,在宪法框架下构建政治竞争与政治合作的可能与机会。

作为一项政治制度设计,民族工程学是共识基础上的宪法设计。政治关系的制度化与法律化是制度成熟、定型的表现。一套成熟的、定型的制度应该能够在制度设计与经验教训的基础上被提炼出来,因而是能够获得广泛的社会认同和社会支持、具有足够的弹性空间、具有平衡处置各种社会矛盾和社会冲突的能力,以及具有自我调适和自我修复的功能的。① 因而,在这个意义上说,民族工程学是理性制度设计与实践经验积累相结合的产物,首先应该要有一套成熟、定型的族群关系制度,让所有人在宪法安排中各得其所,承认不同文化背景的人的正当要求。②

那么,如何在宪法设计上建构民族工程学的相关制度呢?"我们还缺乏一个清晰的理论的共识,不论这些是否涉及选举制度、总统制或议会制结构、集权或分权的成本收益。缺乏共识是第一个障碍。"③ 因而,首要的是建构民族工程学的共识。这个共识应该分成两个部分。一是,民族工程学的时机。多族群国家应该先进行国家层次的选举,建构国家性(stateness),然后再考虑分权。如果首先进行区域性的选举很有可能会主张区域民族主义。④ 这一共识对于非洲国家而言尤为重要。二是,作为族群政策的制度设计是不完善的,因而,作为宪法设计的民族工程学的建构需要宪法的改革。"为了理解宪法改革是如何被采纳为解决一个国家政治

---

① 桑玉成、周光俊:《论制度成熟:价值、品相、路径》,《上海行政学院学报》2017年第3期。

② [加拿大]詹姆斯·塔利:《陌生的多样性:歧异时代的宪政主义》,黄俊龙译,上海世纪出版集团2005年版,第6页。

③ Donald Horowitz, "Constitutional Design: Proposals Versus Processes", in Andrew Reynolds (eds.), The Architecture of Democracy: Constitutional Design, Conflict Management, and Democracy, New York: Oxford University Press, 2002, p. 19.

④ [美]胡安·林茨、阿尔弗莱德·斯蒂潘:《民主转型与巩固的问题:南欧、南美和后共产主义欧洲》,孙龙等译,浙江人民出版社2008年版,第35页。

分歧的最佳方式，有必要问几个问题。首先，是什么导致了人们将宪法的改变视为必要的以满足他们的愿望？考虑到这些建制派精英有一定的（对改革的）抵抗能力，这些人，或者他们组成的群体，如何在政治议程上发掘宪法修订的问题？在什么情况下，就宪法问题达成协议是可能的还是不可能的？最后，按照什么标准，一个特定的宪法工程学的实例可以被称为成功的，在这个领域成功的条件是什么？"①

一 弥合型制度及其制度建构

按照对弥合型制度的描述，从民族工程学的视角出发，建构一套弥合型制度需要从权力获取、利益共享、权利机会三个方面出发，建构一种共享型的权力代表体制——共享权力的联邦主义，建构一种共识型的政治，塑造分配政策与权利机会政策的灵活性，要针对不同的国家建构不同的利益分配政策和少数族群发展政策。

（一）寻找一种更为有效的联邦主义

联邦制是一种国家结构形式安排，而作为联邦制所依托的联邦主义则是单一制与联邦制都可以共享的原则。丹尼尔·艾勒扎（Daniel Elazar）的研究表明，当今世界 70% 的国家具有联邦制的因素。② 如果说联邦制是共享权力，单一制是分享权力，那么，作为中央与地方权力划分原则的联邦主义就没有其固有的标签，而仅仅是一个国家结构的自然构造，它追求的是联合，而不是一致。③ 在这一

---

① Maureen Covell, "Political Conflict and Constitutional Engineering in Belgium", *International Journal of the Sociology of Language*, Vol. 104, No. 1, 1993, pp. 65 – 86.

② 转引自［瑞士］托马斯·弗莱纳《瑞士的联邦制》，王全兴等译，赵保庆校，中国方正出版社 2009 年版，第 8 页。

③ Albert V. Dicey, *Introduction to the Study of the Law of the Constitution*, London: Macmillan, 1914. 转引自 Wayne Norman, *Negotiating Nationalism: Nation-Building, Federalism, and Secession in the Multinational State*, New York: Oxford University Press, 2006, p. 139.

背景下,多数学者认为联邦主义是解决分离主义的某种替代选择。[1]

作为一种权力划分原则的联邦主义所要处理的问题最基本的方面是多元,提供的问题解决方式最基本的趋势是协调,其调节原则是团结。[2] 按照这一原则,几乎所有的国家都可以被认为是联邦主义的联邦制,或者是带有联邦主义因素的单一制。对于单一制而言,(1) 以英国为代表的分散的联盟(decentralized unions),是一种地方分权型的联邦主义,地方高度自治;(2) 即使是对于中央集权的国家而言,如印尼,其地方自治的中央权力安排与亚齐、日惹等地特区制度的安排构成了一种带有联邦主义因素的单一制。对于联邦制而言,联邦制本身意味着联邦成员与联邦政府的分权型安排,依据本国族群或地理等因素可以分为:(1) 族群联邦制(multinational federation),如波斯尼亚和黑塞哥维那,其是由波斯尼亚人组成的波斯尼亚与由塞尔维亚人组成的黑塞哥维那两个政治实体所组成的族群联邦制国家;(2) 地域联邦制(territorial federation),如美国,其联邦制建立在各个州的基础之上;(3) 族群联邦制与地域联邦制因素共同存在,如加拿大,地域联邦制是基本制度安排,在此之外,族群联邦制是为了满足法裔少数族群自治的意愿。因而,并不存在单一制与联邦制谁优谁劣的问题,问题的关键在于如何在制度的框架下进行中央与地方的分权。制度只是一种文本上的设计,在具体的实践中如何运作才是决定制度能力的关键。

除了单一制与联邦制的国家结构形式划分方式,另一种联邦主义因素的权力划分方式是宪法上的非对称主义(constitutionally asymmetrical)。美国是一种严格意义上的宪法上的对称主义(constitu-

---

[1] Will Kymlicka, "Federalism and Secession: At Home and Abroad", *Canadian Journal of Law and Jurisprudence*, Vol. 13, No. 2, 2000, pp. 207 – 224; Allen Buchanan, "Federalism, Secession and the Morality of Inclusion", *Arizona Law Review*, Vol. 37, No. 1, 1995, pp. 53 – 63.

[2] Pitamber Kaur, *Federalism and Political Separatism: A Case Study of Quebec in Canada*, New Delhi: South Asian Publishers, 2000, p. 18.

tionally symmetrical),所有在宪法上都对称的国家——奥地利、德国、澳大利亚、美国、阿根廷和巴西——都是单一民族国家（这里所谓的单一民族国家是指并不存在地域集中的以分离为诉求的民族团体——笔者注）。除此之外，所有的多民族民主国家（无论是单一制还是联邦制，无论是单一民族还是多族群）在宪法上都是不对称的，瑞士就是最为典型的案例：为了将多民族团结在一起，他们将不同的语言、文化和法律能力分配给不同的民族主体，构建了一种非对称的联邦主义。[1] 塔利（Tully）将此称为分殊联邦主义（diverse federalism），意在相互承认，在宪政结合体中以组织或拼凑接合等各种方式共存，同时，保留各民族所希望保留的法律与政治差异。[2]

联邦主义提供了一种权力划分的原则，利普哈特与霍洛维茨围绕投票制度与权力划分的争论在于，利普哈特主张比例代表制（proportional representation），因而主张权力分享（power-sharing），[3] 霍洛维茨则强调排序复选制（alternative vote），将政治偏好进行排序以整合政治意志，因而主张政治整合（political integration）和权力集中。[4] 然而，这样的争论如果不在特定的语境下是没有多大含义的，对于有着单一制传统的中央集权国家与联邦制传统的分权型国家而言，权力分享还是政治整合在很大程度上是内生的。因而，"对高度分裂的社会来说，宪法设计与政治制度安排的重点是要为政治

---

[1] Alfred Stepan, "Federalism and Democracy: Beyond the U. S. Model", *Journal of Democracy*, Vol. 10, No. 4, 1999, pp. 19 – 34.

[2] ［加拿大］詹姆斯·塔利：《陌生的多样性：歧异时代的宪政主义》，黄俊龙译，上海世纪出版集团 2005 年版，第 145—146 页。

[3] Arend Lijphart, "The Wave of Power-Sharing Democracy", in Andrew Reynolds (eds.), *The Architecture of Democracy: Constitutional Design, Conflict Management, and Democracy*, New York: Oxford University Press, 2002, pp. 37 – 54.

[4] Donald H. Horowitz, "Constitutional Design: Proposals versus Processes", in Andrew Reynolds (eds.), *The Architecture of Democracy: Constitutional Design, Conflict Management, and Democracy*, New York: Oxford University Press, 2002, pp. 15 – 36.

精英提供跨族群的激励,以及为不同族群集团的政治精英提供政治合作的激励"①。因而,如何进行合理的权力划分则是要视具体国家的族群环境而定。权力下放保障的是地区的自治权益,同时,对于中央政府而言,权力下放意味着地方组织活动能力的增强,增加少数族群分离的可能性。因而,合理的权力下放的制度设计要给予族群和地区足够的自主权以保护他们的自身利益,同时,要限制地区政党活动能力以维持地区政治体系之间的平衡。② 对于地区少数族群权益的保护而言,一是要求少数族群有其一定的代表性。作为国家领土范围内的公民,以及具有自身族群身份的少数族群来说,其自治的前提是国家的承认与授权,提倡国家与地方、主体族群与少数族群的权力分配,在此基础上,要倡导少数族群青年在中央政府的代表性,从自治(autonomy)走向共治(jointnomy),③ 从单向的自治走向联合的共治。二是要求提供多重认同的可能性。分离主义是民族主义衰落的结果,多样性本身不会造成冲突,而是多样性认同的激变导致了单一认同的兴起,因此,分离主义的产生是多重认同向单一认同发展的结果。联邦主义为次国家的族群提供了多重认同的可能,在基于公民认同这一国家认同的基础上,少数族群可以享有地区或族群认同。利普哈特所主张的共识民主就是针对族群、地区、宗教等高度分裂社会的因素,这一体制下的联邦制与地方分权显然更加有利于包容多样性,提高制度的适应性。④ 至于如何限制地区政党的活动能力,将在后文予以阐释。

---

① 包刚升:《民主转型中的宪法工程学:一个理论框架》,《开放时代》2014年第5期。

② Dawn Brancati, *Design over Conflict*: *Managing Ethnic Conflict and Secessionism through Decentralization*, Ph. D. Dissertation, Columbia University, 2003, p. 7.

③ 参见朱伦《民族共治论——对当代多民族国家族际政治事实的认识》,《中国社会科学》2001年第4期;朱伦《自治与共治:民族政治理论新思考》,《民族研究》2003年第2期。

④ [美]阿伦·利普哈特:《民主的模式:36个国家的政府形式和政府绩效》,陈崎译,北京大学出版社2006年版,第135—145页。

(二) 建构一种新的共识政治：塑造政策的灵活性

当今世界多族群国家是主流，两个或三个及以上聚居的族群组成的民族国家有 145 个，占比达到 76%。[①] 那么，是否族群越是多样，就越容易出现族群分离呢？并非如此，并不是多样化的族群就一定会导致族群冲突（分离）。詹姆斯·费伦（James Fearon）和大卫·莱廷（David Laitin）用 1945—1999 年 161 个（1990 年时）人口 50 万以上国家的内战数据定量检验认为，族群或宗教高度的多样化导致一个国家更倾向于内战的观点是站不住脚的。[②] 那么，对于族群多样性程度较高的国家而言，何种制度安排能够最大限度地满足族群需求呢？

族群的相对规模（族群分裂程度）是决定制度设计的重要参考，按照蒙塔尔沃（Montalvo）和雷纳尔—凯瓦洛尔（Reynal-Querol）的研究，族群极化程度（族群极化程度能够反映出族群冲突的可能性，或潜在冲突的强度）与分裂程度之间的关系是并不是线性的。族群分裂程度处于中间状态时，族群冲突可能性最高。当族群分裂程度在中间状态之下时，随着族群分裂程度的提高，族群冲突的程度逐渐提高；当族群分裂程度在中间状态之上时，随着族群分裂程度的下降，族群冲突的程度逐渐提高。[③] 因而，政治制度的设计要视族群分裂程度而定。族群相对规模可以分为以下几类：（1）族群分裂程度中等，具有较强的文化多样性的国家，存在地域上集中的和政治上以民族主义和自决的名义推动的要求独立的族群，如加拿大、西班牙、比利时；（2）族群分裂程度较高，文化上差异很大的国家，但其多样性却不存在由民族主义者独立的诉求所推动的地域集中的

[①] Monica Duffy Toft, *The Geography of Ethnic Violence: Identity, Interests, and the Indivisibility of Territory*, Princeton: Princeton University Press, 2003, pp. 149 – 152.

[②] James D. Fearon, David D. Laitin, "Ethnicity, Insurgency, and Civil War", *American Political Science Review*, Vol. 97, No. 1, 2003, pp. 75 – 90.

[③] José G. Montalvo, Marta Reynal-Querol, "Ethnic Polarization, Potential Conflict, and Civil Wars", *The American Economic Review*, Vol. 95, No. 3, 2005, pp. 796 – 816.

族群，如瑞士、美国；（3）族群分裂程度较低，在文化上具有同质性，足以把自己视为一个民族占据着某个国家，没有其他重要的群体阐述类似的主张，如日本、葡萄牙。①

按照学术界的主流观点，族群关系的互动模式包括三种：同化，平等主义的多元主义，不平等主义的多元主义。② 同化作为一种"熔炉"式的政策在现代社会已经不太受到青睐，就目前世界而言，美国甚至是唯一成功的特例。对于族群多样性程度高而又缺乏主体族群的国家而言，同化政策并不是理想的政策。现代社会并不主张抹去族群差异，甚至认为"'深度的多样性'是建立一个团结的民族国家的唯一公式"③。那么，在这一背景下，对于多族群国家而言，平等主义的多元主义与不平等主义的多元主义或许是更为值得关注的族群关系模式。多元主义是"在承认价值、规范和目标方面的差异的情况下，相互间在生存过程中建立起平等的、共存共荣的关系"④。事实上，多元主义是将本国内部族群的关系类比为当今世界国与国之间的关系，既然国与国之间大小不一、力量不同都能够在和平共处的基础上和谐共存，那么，国内的族群之间为何不能呢？然而，需要明确的是，多样性虽然被视为是有价值的，但只能在确定的共同规范和制度的语境中才可以运转良好。⑤ 也就是说，平等主义多元主义与不平等主义多元主义要视不同国家的族群多样性程度

---

① Alfred Stepan, Juan J. Linz, Yogendra Yadav, "The Rise of 'State-Nations'", *Journal of Democracy*, Vol. 21, No. 3, 2010, pp. 50 – 68.

② ［美］马丁·N. 麦格：《族群社会学：美国及全球视角下的族群关系》，祖力亚提·司马义译，华夏出版社2007年版，第91—119页。

③ Charles Taylor, "Shared and Divergent Values", in Ronald L. Watts, Douglas M. Brown (eds.), *Options for A New Canada*, Toronto: University of Toronto Press, 1991, p. 76.

④ 陈衍德：《多民族共存于民族分离运动——东南亚民族关系的两个侧面》，厦门大学出版社2009年版，第265页。

⑤ Will Kymlicka, *Finding Our Way: Rethinking Ethnocultural Relations in Canada*, Toronto, New York: Oxford University Press, 2004, p. 16.

而定。当然,类似于强势国家在世界上的当然地位,我们承认主体民族在本国内部的支配地位,尊重和认同中央政府的国家建设,但是这样的支配地位不是其强制推广其民族文化、信仰、语言等的理由,尊重和保护少数族群的利益仍然是他们应该要完成的课题,而这需要灵活性的政策。

以平等主义多元主义与不平等主义多元主义为代表的族群关系所建构的政治模式可以被称为共识模式,也就是多样化的族群基于共同的政治价值目标和政治认同所建构起来的族群关系模式。共识模式正如利普哈特所认为的共识民主模式那样,是让尽可能多的人参与政治,多数原则只是最低要求,如何使得多数的规模最大化才是共识模式所要追求的。①

对于共识模式而言,其背后隐含的价值除了共同的政治目标和政治认同之外,充分尊重各个族群的利益需求,甚至制定特殊的族群政策是政策选项。"如果存在可行的办法在多民族国家中促进一种团结感和共同目的感,那么,这种办法将包含对民族认同的包容而不是压制……才将共享对这个政治组织的一种忠诚。"②

正如利普哈特所认为的那样,"实质问题是,共识民主的基本特征在本质上是可延展的(stretchable):它们可以假设有大量不同的制度形式"③。然而,不幸的是,在大部分分离主义扎根的国家,灵活性的缺席都是显著的。④ 在共识政治的模式下如何塑造政策的灵

---

① [美]阿伦·利普哈特:《民主的模式:36个国家的政府形式和政府绩效》,陈崎译,北京大学出版社2006年版,第1页。

② [加拿大]威尔·金里卡:《多元文化公民权——一种有关少数族群权利的自由主义理论》,杨立峰译,上海世纪出版集团2009年版,第241页。

③ Arend Lijphart, "The Wave of Power-Sharing Democracy", in Andrew Reynolds (eds.), *The Architecture of Democracy: Constitutional Design, Conflict Management, and Democracy*, New York: Oxford University Press, 2002, p. 46.

④ James Mayall, Mark Simpson, "Ethnicity is Not Enough: Reflections on Protracted Secession in the Third Word", *International Journal of Comparative Sociology*, Vol. 33, No. 1, 1992, pp. 5 – 25.

性是处理分离运动的一大课题,或许在多元文化的背景下强调开放和包容以及异质化和协商性的非均质化民族自治的方案①是共识民主的内在之意。

一是,对于类似于印度尼西亚那样的单一主体多族群国家而言,赋予较大的或政治地位重要的几个少数族群以特殊地位以换取它们的政治认同或许是值得考虑的。对于单一主体多族群国家而言,存在两种可能:一种是主体族群占据了人口的绝大多数,比如俄罗斯族占据了俄罗斯总人口的81%,那么,对于其他少数族群而言,中央政府可以在其聚居地实施区域自治或者实行联邦制,保证它们的自治权益。另一种是主体族群并未达到总人口的一半,比如爪哇族只是占据了印尼总人口的45%,那么,对于其他少数族群而言,中央政府要允许特定族群的高度自治(如亚齐),也要允许各个族群能够在中央政府有一定的代表权(地方代表理事会)。

二是,对于类似于加拿大、比利时那样的二元主体多族群国家而言,二元性非对称的联邦主义或许是值得考虑的。当某个多族群国家存在两个占据主导地位的族群时,以两个主导族群为基础的多元主义是可行的选择。一方面,以两个主导族群建构起二元性的联邦主义;另一方面,以主导族群的二元性与其他少数族群建立起非对称的联邦主义。如此一来,在确保主导族群的主导地位的同时,也能够保证其他少数族群的利益诉求。

三是,对于类似于南苏丹那样不存在任何一个族群占多数的多族群国家而言,平等主义的多元主义或许是值得考虑的。族群分裂程度较高,意味着不存在任何一个人口占多数的族群,比如南苏丹,人口最多的族群丁卡族也仅占总人口的15%,而第二大族群努尔族与其大致相当。在这样的背景下,有必要实施一种平等主义的多元主义模式,确保所有的族群都有参与政权的可能性。如果类似于南

---

① 周少青:《"非均质化民族自治"——多民族国家处理民族自治问题的一种新范式》,《当代世界与社会主义》2013年第5期。

苏丹那样仅有丁卡族掌控政权，则意味着正如所报道的那样，南苏丹族群的冲突不可避免。

二 弱化的政治组织能力：集体行动成本的增加与公民国家

以族群政党为代表的政治组织是族群分离运动的发起者、实施者，降低族群政党的政治组织能力就需要从族群政党的产生、活动能力和认同政治着手，要提供政治激励，赋予分离活动家和族群政党参与政权的机会，以公民身份而不是族群身份建构民族国家，以宪法爱国主义引领政治认同，以此增加族群政党的集体行动成本，降低族群认同的可能性，弱化族群的政治组织能力。

（一）增加集体行动的成本

分离运动的发生意味着族群选择了"退出"的选项，从成本—收益的视角来看，这是一种高风险、高回报的选择。高风险是从中央政府的回应来看的，对于中央政府而言，是绝不会允许破坏领土完整的行为出现的，因而在面临族群退出时必然选择从严的政策；高回报是从族群分离的可能来看的，对于分离族群而言，一旦成功就能够建立主权国家，而作为一个国家在国际上享有它作为一个国际成员的一切权利。然而，值得注意的是，高风险并不是高成本的，尤其是对于分离族群而言，组织族群政党（类政党、准政党）并不是难事；对于分离运动的组织而言，组织政党参与议会竞争，在获得地方执政权后，即可组织公投，或者组织准政党、类政党发动军事叛乱。

如是，分离运动作为族群的集体行动虽然在一定程度上可以解决集体行动的问题，但是，中央政府在面对分离时可以有选择地采取措施增加集体行动的成本，弱化族群认同，以使得族群对国家主权要求降低。[①] 从前述四个案例来看，增加族群集体行动成本应该在

---

① ［美］迈克尔·赫克特：《遏制民族主义》，韩召颖等译，欧阳景根校，中国人民大学出版社 2012 年版，第 166 页。

从族群政党产生到分离运动发生这个时间段内。

一是限制族群政党的产生。无论是在民主制度成熟的国家还是民主制度尚不成熟的国家,结社都是公民的政治权利与自由。然而,对于何种组织可以被允许、组织活动形式、组织活动范围等都有着严格的规定。一般而言,作为国家根本大法的宪法和议会制定的政党法都会予以规范。宪法和政党法一方面确认公民结社和参与政党的权利、自由,但另一方面,某些国家也会限制有族群、地区、宗教、职业等特定基础的政党的产生,尤其是限制以分裂国家为目的的政党产生。[①]

二是弱化族群政党的族群影响力。无论是以族群为基础的政党组织还是以叛乱形式出现的军事组织或恐怖组织,弱化其族群影响力以弱化其集体行动能力是增加其集体行动成本的必要举措。一方面,要创造条件鼓励族群精英参与全国性的政治竞争,培养其对于国家的政治认同,增强其代表属性中的公民意识而非族群意识、国家意识而非地方意识。如此一来,可以限制地区性政党在政府中的存在,同时,最小化地区性政党在政府能力中的负面效果。[②] 另一方面,要扩大全国性政党的影响力。全国性政党和全国性政党体制的缺失或无效可能会预示和增加分离的可能性。[③] 这里隐含的逻辑就是族群政党取代全国性政党成为族群动员的主体。一个全国性的有影响力的政党会限制族群政党的生长与发展,如果权力共享是可能的话,族群精英可以在全国性政党的框架下进行政治竞争。地区性政党是否会导致国家经历族群冲突或分离主义取决于一系列的因素,这些因素决定了地区性团体感知到的来自政府和其他团体的威胁的

[①] 董卫华、曾长秋:《国外政党立法情况研究》,《当代世界与社会主义》2013年第3期。

[②] Dawn Brancati, *Design over Conflict: Managing Ethnic Conflict and Secessionism through Decentralization*, Ph. D. Dissertation, Columbia University, 2003, p. 395.

[③] John R. Wood, "Secession: A Comparative Analytical Framework", *Canadian Journal of Political Science*, Vol. 14, No. 1, 1981, pp. 107–134.

程度，以及它们使用多少力量去作用于这些威胁。如果全国性的政党与地区性政党合作，将地区利益考虑到它们的日程安排中，那么，就会变得更加温和，从而平衡各地区的利益，以缓解族群冲突和分离主义。①

三是切断分离族群获得国外援助的可能性。分离族群在分离运动发生之后努力获得外部的同情和支持已经是屡见不鲜的了，外部的同情与支持对于分离族群而言是它们得以继续抗争的重要动力，也是其成本比较小的集体行动成本。如果要解决分离运动，中央政府就要努力切断分离族群的外部同情与支持的可能性，将分离运动界定为国内事务，防止其扩大为地区甚至是全球事件。这一可能性的切断会显著增加分离运动的成本，迫使它们关注与本国中央政府的和谈。从亚齐、魁北克、南苏丹的案例中，可以发现，中央政府正是在外国政府不再支持分离族群和确保国家领土完整的基础上才着手解决分离运动的。

综上所述，增加集体行动成本的主要目的在于限制族群政党的影响力，限制族群政党选择"退出"的可能性，尽可能地增加其选择"呼吁"的可能性。理性的个人可能关注分离可能的潜在损失，而不是组成新的共同体所得到的潜在收获。最后，实际上现有政府准备部署政策和权力安排是为了影响分离团体未来的成本计算，呼吁他们回归现实。②

（二）以公民身份建构民族国家

前文提到了提供多重认同以满足不同族群政治认同的可能性，而且，多样化的族群与多重的认同并非族群冲突的关键因素。这一观点背后所暗含的是，要以公民身份建构多重认同的民族国家，将

---

① Dawn Brancati, *Design over Conflict: Managing Ethnic Conflict and Secessionism through Decentralization*, Ph. D. Dissertation, Columbia University, 2003, p. 71, p. 390.

② Robert A. Young, "The Political Economy of Secession: The Case of Quebec", *Constitutional Political Economy*, Vol. 5, No. 2, 1994, pp. 221 – 245.

公民身份视为共同的族群身份，在此之下，允许多重认同的存在。

现代民族国家建构的突出特点就是将国家的所有族群纳入统一的国家公民身份体系之内，是一种所谓的公民国家（citizenship state）。现代国家的建构需要建基于一定程度的政治共识之上，因而在多族群的历史基础之上需要形成超越族群认同的一体化认同。[①] 然而，族群意识与公民身份之间存在着张力，作为族群成员，他要获得相应的族群身份才能表明自己的族群归属，"是以共同拥有被认为是独特的文化特征为基础的"[②]，而作为民族国家的一员，他要获得超越族群身份以获得公民身份，进而参与国家政治。正是因为族群身份与公民身份之间的差异，才导致了族群运动。表7—3 显示了多族群国家中公民与民族是否一致从而导致国家采取的不同的少数族群战略。

表7—3　多民族政治体中的国家、民族和民主建设的战略的类型

民族建设战略：关于人民/民族关系的观念	国家建设战略：对非本民族的少数人或少数族群的政策	
	排除策略	包容策略
人民与民族应该是相同的	类型 I 驱逐，或至少是有系统地选择"退出"	类型 III 努力以民族文化同化少数民族，不特别承认少数群体的政治或文化权利
人民和民族可以不同	类型 II 给予公民自由而非政治权利，使其孤立于政治进程之外，因此没有"发言"的选择	类型 IV 设计一系列承认少数群体政治权利和公民权利的安排，努力包容少数族群

资料来源：[美] 胡安·林茨、阿尔弗莱德·斯蒂潘《民主转型与巩固的问题：南欧、南美和后共产主义欧洲》，孙龙等译，浙江人民出版社2008年版，第448页。

---

① 王宗礼：《多族群社会的国家建构：诉求与挑战》，《马克思主义与现实》2012年第4期。

② [澳] 斯蒂芬·卡斯尔斯：《全球化与移民：若干紧迫的矛盾》，载中国社会科学杂志社编《社会转型：多文化多民族社会》，社会科学文献出版社2000年版，第253页。

显而易见的是，当承认人民（公民）和民族是可以不同的，采取包容策略，在设计一系列承认少数群体政治权利和公民权利的安排以努力包容少数族群的同时建构所有族群共同地位与认同的公民身份时，多族群国家能将民族建设与国家建设相结合，从而建构现代民族国家。

　　对于多族群国家而言，防止族群冲突的有效办法之一就是以公民身份建构民族国家，从而减少族群政党集体行动的可能，使其失去集体行动的理由。公民身份既是权利和义务界定的法律地位，也是一种认同和政治社群身份的表达。① 一方面，以公民身份建构民族国家并非要把"'少数民族'塑造成'主体民族'的一部分，而是要把'少数民族'和'主体民族'一起塑造成具有强烈公民意识的"② 公民。在这一点上，瑞士是较为典型的，瑞士的成功更在于其基于宪法爱国主义的公民联邦制，而不是族群联邦制，在于去族群化的政治文化，更加强调公民身份。③ 因而，以公民身份建构民族国家更像是一种"族群—中立制度"，该制度"不是基于族群共生而是个体的公民权利和责任的公民民族主义的基础"④。在这一制度下，国家内部的族群应该不分族群、以均质化的公民身份和公民权为参与政治生活的底线。族群的身份断层是存在的事实，但公民的身份标识应该成为各族群政治参与的有效话语。⑤ 阿马蒂亚·森倡导了一种多元单一文化。⑥ 这种单一文化或许不是主体族群的主导文

---

① ［加拿大］威尔·金里卡：《多元文化公民权——一种有关少数族群权利的自由主义理论》，杨立峰译，上海世纪出版集团2009年版，第245页。

② 关凯：《族群政治》，中央民族大学出版社2007年版，第287页。

③ 田飞龙：《瑞士族群治理模式评说——基于"宪法爱国主义"的公民联邦制》，《法学》2010年第10期。

④ ［美］杰克·斯奈德：《从投票到暴力：民主化和民族主义冲突》，吴强译，中央编译出版社2017年版，第343页。

⑤ 刘春：《民主化中的民族整合问题——基于苏联、土耳其、西班牙的比较研究》，博士学位论文，中共中央党校，2015年，第218—219页。

⑥ ［印］阿马蒂亚·森：《身份与暴力——命运的幻象》，李风华等译，中国人民大学出版社2009年版。

化，而是一种公民文化，以公民身份为基础的意识形态。形形色色的身份认同使得社会的文化多元化，简单地以宗教、族群、阶级等传统观点去认识多元的文化显然是不恰当的。随着职业、阶层、区域等诸多因素建构出族群新的认同，这个多元化的世界又在变得更加多元化。个人可能在不同的情境下享有不同的文化，个体如何选择是他的自由，然而，某些全社会共享的价值观却是他必须遵循的。按照这一思路，事实上建构了一种哈贝马斯所谓的宪法爱国主义（constitutional patriotism），这种理念是以宪法为共识基础、以公民身份为共识底线的政治文化和政治认同。按照哈贝马斯的说法，宪法表达的是一种联合体的理念，在这里，每个人都有三重承认，即每个人作为不可替代的个人、作为族群的一员，以及作为公民在国家共同体中应该获得的身份和尊重。[1]

另外，以公民身份建构民族国家不是要消除族群差异，而是在尊重各族群族群身份（文化身份）的基础上建构一种政治一体的公民身份。[2] 威尔·金里卡强调的是，要想在多民族国家进行公民建设的话，有必要促进一种多民族的公民观念，强化多元文化的多民族主义。[3] 由于"族群身份是不能被改变的，只能变得更加宽容和开放。族群冲突涉及每个群体身份的核心要素，并引发实际和潜在对手的恐惧和怀疑。因此，族群冲突不仅是政治事件，而且也是通过质疑其身份从而挑战群体生存的戏剧性事件"[4]。因而，公民身份的建构要适当地照顾少数族群的特征，要在国家的政治与法律层面对

---

[1] ［德］哈贝马斯：《在事实与规范之间：关于法律和民主法治国的商谈理论》，童世骏译，生活·读书·新知三联书店2003年版，第660页。

[2] 马戎：《理解民族关系的新思路：少数族群问题的"去政治化"》，载吴天泰主编《族群社会学》，五南图书出版公司2005年版，第79—102页。

[3] ［加拿大］威尔·金里卡：《多民族国家的多元文化公民》，周少青译，《世界民族》2014年第6期。

[4] Tina Kempin Reuter, "Ethnic Conflict", in John T. Ishiyama, Marijke Breuning (eds.), *21st Century Political Science: A Reference Handbook*, Thousand Oaks: Sage Publications, 2011, pp. 141–149.

所有公民一视同仁，同时在少数族群的特殊照顾上注意保护。当可以以一个更加平等的方式去对待多数的身份时，政治安排不应该任意挑选一些特殊的身份去辨识。①

概而论之，民族工程学是从案例出发的族群分离治理理论，这一理论将弥合型制度与弱化的政治组织能力相结合，进而降低族群分离运动的可能与概率。通过权力获取、利益共享、权利机会三个方面去解决代表性问题、分配性问题、发展权问题，以此最大限度地降低族群分离活动的政治机会窗口，同时，提供政治激励，增加少数族群建立族群政党并开展政治活动的成本，并通过公民身份建构民族国家以弱化族群认同。通过建立弥合型制度以统合权力、利益和权利，降低政治机会窗口，降低分离运动可能性，通过弱化政治组织能力，提高政治行动成本，降低分离运动可行性。民族工程学建构，应该成为族群分离治理的重要选择和参考。

第四节　理论总结与反思

本书致力于考察多族群国家少数族群的分离运动，探寻分离运动背后的原因，寻找在族群分裂的多族群国家如何避免族群分离，以更好地进行民族国家建构。按照本书的观点，当多族群国家的制度在权力获取、利益共享、权利机会任一维度或两两结合，甚至是在三个维度上呈现出断裂形态时，就给予了少数族群以政治结构上的机会；如果少数族群精英（分离活动家）能够有效地组织起族群政党（政党、准政党、类政党）并能够持续地获取资源和凝聚族群，建构少数族群的政治认同，就会引起族群怨恨、不满，组织起武装叛乱、独立公投等，导致分离运动的发生。这一观点是基于对断裂

---

① Alan Patten, "Democratic Secession from a Multinational State", *Ethics*, Vol. 112, No. 3, 2002, pp. 558–586.

型的制度与高度的组织化两者的考察，当两者结合时，族群分离运动往往难以避免。正是因为这样的追根溯源，本书从分离运动治理的缘起、结构与议题出发，结合本书所选取的案例，从民族工程学的角度对分离运动的治理进行了回答。

亚齐、魁北克、南苏丹和瑞士是本书所选取的用以论证上述观点的正反案例。1962 年，获得自治权成为特别区的亚齐获得了短暂的和平发展，1968 年苏哈托上台后实施"有指导的民主"，将印尼变成了事实上的单一制国家，取消了亚齐的特别区地位。20 世纪 70 年代初亚齐油气资源的发现使得亚齐成为印尼的"提款机"，中央政府从亚齐获得了大量的经济利益却给当地带去了污染、贫穷和失业。再者，"潘查希拉"的原则事实上损害了高度伊斯兰化的亚齐的利益，伊斯兰化的亚齐与世俗化的印尼矛盾凸显。因而，就亚齐的权力获取、利益分享与权利机会而言，亚齐与中央政府所代表的爪哇人的矛盾重重，亚齐获得了分离运动的政治机会。另外，1976 年自由亚齐运动登上历史舞台，哈桑·迪罗优秀的领导和组织才能，明确的意识形态宣传，使得亚齐团结一致对抗来自爪哇的"新殖民主义者"。在哈桑·迪罗的领导下，自由亚齐运动历经三次起伏，根据中央政府的打击力度选择了不同的动员、组织策略。自由亚齐运动将亚齐主权移交给印尼视为不合理，并以亚齐自古以来是独立王国为号召，以爪哇侵蚀亚齐油气资源、阻断亚齐人的发展、侵犯亚齐伊斯兰教传统为由。在此期间，印尼中央政府一系列错误的决策，如设置军事管制区、侵犯亚齐人权等，给予了自由亚齐运动新的借口，激化了亚齐人与爪哇人的矛盾，同时，来自外国政府的援助和同情给予了自由亚齐运动新的动力，自由亚齐运动持续了近 30 年。在外界的干预下（美国、瑞典等外部势力，以及 2004 年的印度洋海啸），在民主化后的印尼的和平战略下，自由亚齐运动获得和平解决。亚齐放弃独立主张，成为印尼的特别自治区域，同时，中央政府改革国会，设置地方代表理事会，亚齐获得在中央政府的代表权。根据新制定的法律，中央政府尊重亚齐的合理诉求，合理分配油气收益，在亚齐实施伊斯兰法，保障了亚齐的利益和发展权益。同时，自由亚齐运动转型成为亚齐省的区域型族群政党，参与选举，并获得执政地位，不再追求暴力独立。此后，亚齐的分离运动趋于销匿。

魁北克分离运动自静默革命以来愈演愈烈。1960 年，魁北克自由党上台执政，开启了政治、社会、文化、教育、经济等一系列改革，产生了所谓新中产阶级，魁北克法裔的族群认同逐渐起势。同时，魁北克法语地位的衰落、法语使用者职位晋升、占据高级职位的比例等方面与英语及其使用者存在着较大的差别，新移民中使用法语的比例极低，造成了魁北克法语地位的岌岌可危，法语使用者与英语使用者权利机会存在着较大的不平等。于是，在静默革命中成长起来的魁北克法裔于 1968 年组建了魁北克人党，致力于通过公投达到魁北克独立建国的目的。在其成立 8 年后，魁北克人党于 1976 年上台执政，着手谋划公投事宜，并最终在 1980 年发起了独立公投。1995 年的独立公投与 1980 年的独立公投在原因上并不尽相同。如果说 1980 年的独立公投是权利机会不平等导致的断裂型制度与作为族群政党的魁北克人党相结合的结果的话，那么，1995 年的独立公投则是权力获取上的不平等导致的断裂型制度与魁北克人党、魁北克集团相结合的结果。1980 年的独立公投失败后，特鲁多总理致力于从宪法上解决魁北克问题，着手从英国收回宪法制定与修改权，在魁北克不知情的情况下，特鲁多与其他省份签署了 1982 年宪法，将魁北克宪法否决权废除。此后，《米奇湖协定》意在弥补 1982 年宪法的程序性缺陷，承认魁北克的宪法否决权与特殊社会的主张，然而，这一协定在 1990 年 6 月 23 日最终截止日来临之前未能获得其他省份一致同意，魁北克民族主义再次高涨，以布沙尔为代表的保守党议员另组魁北克集团。其后，挽救《米奇湖协定》的《夏洛特敦协议》也未能获得一致同意，魁北克权力获取的可能性最终覆灭。1994 年，魁北克人党再次上台执政，着手在一年内再次公投，并获得了魁北克集团的支持。在此情况下，1995 年 10 月 30 日，魁北克再次就独立问题进行公投，但最终以极其微弱的差距宣告失败。魁北克两次独立公投震撼了整个加拿大，1995 年公投之后，联邦司法部、最高法院等机构先后就独立公投事宜表态，至 1999 年提出了《明晰法案》，就魁北克公投的相关规则进行了限制，并在 2000 年获得议会通过，成为魁北克公投法律上的障碍。2006 年，加拿大国会通过了"魁北克人是统一的加拿大中的一个民族（nation）"的动议，承认魁北克的独特社会诉求，确立了所谓的"非对称联邦主义"（Asymmetric Federalism），成为一种弥合型的制度安排。与此同时，魁北克人党也逐渐转型为致力于魁北克地方改革和地方福祉的地方性议会政党，虽然仍然没有放弃独立诉求，但已经基本上不是主流。

南苏丹是本书所选案例中唯一通过分离运动获得独立的。1972 年《亚的斯亚贝巴协议》签署以后，南苏丹获得了地方自治，英语和基督教获得了相应的地位，南北苏丹实现了和解。然而，尼迈里政府倒行逆施，逐渐废弃了《亚的斯亚贝巴协议》，取消了南苏丹的自治权，《九月法令》更是严重侵犯了南苏丹基督教和原始宗教的宗教信仰自由。在南苏丹发现石油之后，尼迈里政府更是不顾南苏丹的反对，强行改变南苏丹的行政区划，将石油资源运往北方，石油资源的发现并未成为南苏丹发展的契机，反而成为北方"殖民"南方的又一罪证。也就是说，南方在权力获取、利益共享、权利机会平等三个方面完全被压制，南方的代表性、分配性、发展权问题都未能得到解决，反而呈现出越发严重的态势，中央政府在南苏丹问题上的制度呈现出断裂性。在内战期间，约翰·加朗领导的苏丹人民解放运动与苏丹人民解放军以苏丹主义为口号，主张建设民主、世俗与统一的苏丹。在战争过程中，加朗同时主张与北方和谈，谈判因各种原因断断续续。与此同时，加朗充分利用国外的支持，博得国际同情。内战一直持续到了 2005 年《全面和平协议》的签署。《全面和平协议》与随后制定的苏丹临时宪法就南北苏丹权力划分（南苏丹自治与南苏丹在中央政府的代表权问题）、石油资源利益分配、南方宗教语言问题等达成一致，同时，苏丹人民解放运动转型成为南方的执政党，苏丹人民解放军成为南方军事部队。南北双方权力获取合理、利益分配恰当、权利机会平等的弥合型制度就此建立，苏丹人民解放运动实现了向地区执政党的转变、苏丹人民解放军实现了向国家军事部队的转型，南北双方再次实现和解。此后的南北苏丹逐渐呈现出和平发展态势，即使在面临着加朗不幸遇难与阿卜耶伊问题时都不曾改变南北双方的和平意志。应该说，这是弥合型制度的制度化能力所致，在精英和解与精英吸纳两个维度上实现了体制性吸纳，[①] 也是南苏丹政党转型的结果。根据2005年的和平协议，2011年南苏丹举行了全民公投，南苏丹正式独立，成立了南苏丹共和国。然而，独立后的南苏丹面临着新的族群冲突问题，能否建构起南苏丹的弥合型制度以及限制南苏丹少数族群政党的政治活动或许是这个年轻国家的考验。

　　瑞士是本书中的负面案例，即瑞士是没有发生族群分离的国家。作为一个族群、语言、宗教、地区等高度分裂的国家，瑞士反而通过制度安排成为体制最为稳定的民主国家和关系融洽的多族群国家。不同于以往学术界所认为的瑞士的共识民主、联邦制、直接民主等解释范式，本书着眼于政治制度安排与政党政治能力，考察瑞士各族群在现有政治制度安排下权力获取、利益分享与权利机会的分配与均等的差异问题，考察瑞士各政党组织分离运动的集体行动可能问题。作为共识民主的典型代表，瑞士是弥合型政治制度的典范，联邦与州、州际之间、族群之间、语区之间、宗教之间呈现出权力分配合理、利益分享有序、权利机会均等的特征，呈现出一种合作主义的态势，在一个异质性社会培育出了多元的妥协与包容的文化；同时，瑞士的政党呈现出合作主义的态势，委员会制的联邦行政体制、虚弱的议会政体、强大的利益集团与发达的全民公决使得瑞士

[①] 唐睿：《体制性吸纳与东亚国家政治转型》，中央编译出版社2014年版，第83—99页。

的政党不得不采取合作主义，由四大政党分享"神奇公式"所赋予的权力，极大地限制了各政党各自为政的可能性，再加上瑞士独特的横切分裂的社会结构弱化了族群与宗教、地域的联系，因而也就提升了政党组织分离运动的集体行动成本。作为弥合型制度与碎片化的政党行动能力的结合，瑞士的政治体制保持了长时间的稳定，并在政治实践中不断地调整完善，建立了一种实用主义的瑞士政治体制，建构了一种多层次多元的公民联合体，形成了一种妥协、包容的多元文化。作为地理与人口上的小国，瑞士实现了在高度分裂的族群、地域、宗教的环境中生存并且发展为共识民主典范的国家，这不仅是当今世界多元文化共存的典型代表，也为解决高度分裂的政治体的分离运动矛盾提供了参考。虽然瑞士不可避免地面临着对联邦制、直接民主等核心政治制度的挑战，然而，坚韧而富有弹性的瑞士政治制度可以统合多元的矛盾并顺利予以解决，同时，在诉诸全民公决的过程中弱化政党的存在，使得瑞士可以保持稳定，得以繁荣。

应该说，上述四个案例符合比较政治学中最大相异求相同的原则。不仅如此，本书还力图在个案内部寻找从族群融洽走向族群冲突（内战、公投）再到族群融洽的逻辑，以此展示本书所提出的解释在个案内部的解释力。如此一来，四个案例的空间性与不同时段的时间性，以及个案内部的时间性共同塑造了最大相异案例，空间上的对比与时间上的对比共同说明了理论的解释力。

当然，一项研究不可能是完美的，本书所提出的解释框架也不例外。本书立足于结构与能动相结合，考察了因权力获取、利益共享与权利机会维度上的不平等导致的政治机会与族群政党政治活动与组织穿透力所带来的政治可能是如何有机地结合，从而产生族群分离运动的。就这一解释机制而言，作为行动者的族群政党不仅面临着中央政府的竞争（压制）压力，而且还面临着其他族群行动者的竞争压力，也就是说，族群政党的博弈方有多个。虽然本书在具体的案例中提到了这一点，比如，南苏丹的案例考察了苏丹人民解放运动与中央政府、国际社会、其他组织的互动关系,甚至是苏丹人民解放运动内部的分合所导致的关系变迁。然而,这一点却很难在理论中得以体现:一是具体案例中的行动者关系复杂程度不一,难以理论化;二是不同行动者是在案例发展过程中次序出现的,或许采取过程追踪(process tracing)更能反映案例的整体面貌。

在解释机制之外,由于分离运动的案例较多,本书所选取的四个案例是否能够代表全部是值得注意的。一般而言,比较政治学都存在着这样的批评,尤其是在全球跨时空地选择案例是否会遗漏个别极其特殊的案例?或许有这种可能。为此,本书对分离运动有较为严格的定义,并非所有的案例都会被纳入考查范围,只有符合本书定义的案例才会进入候选范围。

在这里,有必要说明的是,并非说具备上述两个因素就一定会存在分离运动,也就是说,本书的结论不是一个必然性的判断,而是一个或然性的判断。正如恩格斯所分析的那样,"最终的结果总是从许多单个的意志的相互冲突中产生出来……有无数互相交错的力量,有无数个力的平行四边形,而由此就产生出一个总的结果"[1]。所以,任何事件的产生和发展都不是某一两个因素导致的,而是由多种因素汇聚组成的合力导致的,只是说,在这其中不同因素的作用是不同的。

---

[1] 《马克思恩格斯全集》(第三十七卷),人民出版社1971年版,第461—462页。

附　　录

主要族群—地区分离主义运动目录表

洲际	国家	地区	主要族群	主要族群政党（准政党、类政党）	主要活动/诉求方式
欧洲	北马其顿	泰托沃等地	阿尔巴尼亚人	民主繁荣党（Party of Democratic Prosperity, PDP）	恐怖暴力、谈判
	比利时	弗拉芒大区	弗拉芒人	新弗拉芒联盟党（Nieuw-Vlaamse Alliantie, NVA）	公投
	法国	科西嘉	科西嘉人	科西嘉民族解放阵线（Fronte di Liberazione Naziunale di a Corsica, FLNC）	武装暴力
	西班牙	巴斯克	巴斯克人	巴斯克民族主义党（Partido Nacionalista Vasco, PNV）	武装斗争
				埃塔（Euskadi Ta Askatasuna, ETA）	恐怖暴力
		加泰罗尼亚	加泰罗尼亚人	汇合与团结联盟（Convergencia y Unión, CIU）、加泰罗尼亚共和派左翼（Esquerra Républicana de Catalunya, ERC）等	公投
	英国	苏格兰	凯尔特人	苏格兰民族党（Scottish National Party, SNP）	公投
	丹麦	法罗群岛	法罗人（斯堪的纳维亚人后裔）	社会民主党（Javnaðarflokkurin, JF）等	公投
		格陵兰岛	因纽特人（爱斯基摩人）	工人党（Inuit Ataqatigiit, IA）	公投
	俄罗斯	车臣	车臣人	车臣全民族代表大会（ОКЧН）	恐怖暴力
		鞑靼斯坦	鞑靼人	"扎吉德"运动	公投
	塞尔维亚	科索沃	阿尔巴尼亚人	科索沃解放军（Ushtria Ç lirimtare e Kosovë s, 简称为 UÇ K 或 KLA）	武装暴力
	意大利	北意大利地区	意大利人	北方联盟党（Northern League）	公投

续表

洲际	国家	地区	主要族群	主要族群政党（准政党、类政党）	主要活动/诉求方式
非洲	苏丹	南苏丹	丁卡人等	苏丹人民解放运动（Sudan People's Liberation Movement，SPLM）	暴力冲突、公投
	安哥拉	卡宾达	卡宾达人	卡宾达飞地解放阵线（The Front for the Liberation of the Enclave of Cabinda，FLEC）	低烈度暴力
	塞内加尔	卡萨芒斯	朱拉人	卡萨芒斯民主力量运动（Mouvement des forces démocratiques de Casamance，MFDC）	游行示威—武装冲突
	索马里	索马里兰	达罗德族人	索马里救国民主阵线（Somali Salvation Democratic Front，SSDF）	武装斗争
	尼日利亚	比夫拉	伊博族人（自称比夫拉人）	实现比夫拉主权国运动（Movement for Actualisation of the Sovereign State of Biafra，MAS-SOB）	武装斗争
	埃塞俄比亚	厄立特里亚	提格里尼亚族人等	厄人民解放阵线（厄人阵，后更名为厄人民民主和正义阵线，People's Front for Democracy & Justice，PFDJ）	武装斗争
	摩洛哥	西撒哈拉	阿拉伯人、柏柏尔人	玻利萨里奥阵线（Polisario Front）	武装斗争
	赤道几内亚	比奥科岛	布比族人	比奥科岛自决运动（Movimiento para la Autodeterminación de la Isla de Bioko，MAIB）	公投
亚洲	塞浦路斯	北塞浦路斯土耳其共和国	土耳其人	国民统一党［National Unity Party（Northern Cyprus），NUP］	武装冲突
	摩尔多瓦	德涅斯特河沿岸	俄罗斯人	德涅斯特河拉夫族民兵组织（Slavic Militia of Dniester，SMD）	公投
	印度尼西亚	亚齐	亚齐人	自由亚齐运动（Gerakan Aceh Merdeka，GAM）	武装斗争
		巴布亚地区	美拉尼西亚人	自由巴布亚运动组织（Organisasi Papua Merdeka，OPM）	武装斗争
	印度	那加兰邦	那加人	那加民族社会主义委员会（National Socialist Council of Nagaland，NSCN）等	武装暴力
		阿萨姆邦	阿萨姆人	阿萨姆联合解放阵线（United Liberation Front of Asom，ULFA）	武装暴力
		旁遮普邦	锡克人	国际锡克青年联盟（International Sikh Youth Federation，ISYF）、卡利斯坦独立运动	暴乱、武装暴力

续表

洲际	国家	地区	主要族群	主要族群政党（准政党、类政党）	主要活动/诉求方式
亚洲	斯里兰卡	斯里兰卡北部	泰米尔人	泰米尔伊拉姆猛虎解放组织（Liberation Tigers of Tamil Eelam, LTTE）	暴力恐怖
	缅甸	缅甸东南部的缅泰边境地区	克伦人	克伦民族联盟（Karen National Union, KNU）	武装冲突
	泰国	泰国南部	马来人	北大年民族解放阵线（Barisan National Pembebasan Pattani, BNPP）等	武装斗争
	菲律宾	苏禄群岛等	摩洛人	摩洛民族解放阵线（Moro National Liberation Front, MNLF）、摩洛伊斯兰解放阵线（Moro Islamic Liberation Front, MILF）	武装斗争
	伊朗	东阿塞拜疆省、西阿塞拜疆省等伊朗西北地区	阿塞拜疆人	阿塞拜疆民主党（Azerbaijan Democratic Party, ADP）	武装暴力
		锡斯坦—俾路支斯坦省	俾路支人	真主旅［Jundullah，又称伊朗人民抵抗运动（Iranian People's Resistance Movement, PRMI）］、俾路支斯坦解放阵线（Baluchistan Liberation Front, BLF）等	暴力恐怖
	伊拉克	库尔德自治区	库尔德人	库尔德民主党（KDP）	政治和谈、武装斗争
	土耳其	库尔德人聚居区	库尔德人	库尔德工人党（Partiya Karkerên Kurdistan, PKK）	武装暴力、政治和谈
	叙利亚	库尔德人聚居区	库尔德人	库尔德民主联盟党（Partiya Democratic Union Party, PYD）	武装暴力
	巴基斯坦	俾路支	俾路支人	俾路支民族解放委员会（Baloch National Liberation Committee, BNLC）、俾路支人民解放阵线（Balochistan People's Liberation Front, BPLF）、俾路支民族党（Balochistan National Party, BNP）、俾路支解放军（Balochistan Liberation Army, BLA）	武装暴力

续表

洲际	国家	地区	主要族群	主要族群政党（准政党、类政党）	主要活动/诉求方式
美洲	加拿大	魁北克	法裔	魁北克人党（Parti Québécois）	公投
	美国	波多黎各自治邦	波多黎各人	波多黎各独立党（Partido Independentista Puertorriqueño，PIP）	公投
		夏威夷	夏威夷土著居民	夏威夷独立运动（Hawaiian Independence Movement，HIP）	公投
		阿拉斯加	阿拉斯加白人和土著居民	阿拉斯加独立党（Alaskan Independence Party，AIP）	公投
		德克萨斯	墨西哥裔	德克萨斯民族主义运动（The Texas Nationalist Movement，TNM）等	公投

资料来源：笔者自制。

参考文献

一 中文文献
（一）中文著作

［加拿大］阿兰·甘咏、拉斐尔·雅可维诺：《联邦主义、公民权与魁北克：论多元民族主义》，林挺生译，翰庐图书出版有限公司2014年版。

［美］阿伦·利普哈特：《多元社会中的民主：一项比较研究》，刘伟译，上海人民出版社2013年版。

［美］阿伦·利普哈特：《民主的模式——36个国家的政府形式和政府绩效》，陈崎译，北京大学出版社2006年版。

［印］阿马蒂亚·森：《身份与暴力——命运的幻象》，李风华等译，中国人民大学出版社2009年版。

［美］艾伯特·赫希曼：《退出、呼吁与忠诚：对企业、组织和国家衰退的回应》，卢昌崇译，上海世纪出版集团2015年版。

［英］安东尼·史密斯：《全球化时代的民族与民族主义》，龚维斌、良警宇译，中央编译出版社2002年版。

［英］安东尼·吉登斯：《民族—国家与暴力》，胡宗泽、赵力涛译，三联书店1998年版。

［英］安东尼·史密斯：《民族主义：理论、意识形态、历史》，叶江译，上海世纪出版集团2006年版。

［瑞士］奥斯瓦尔德·西格：《瑞士的政治制度》，刘立文译，毕来

德校，华中师范大学出版社1987年版。

包刚升：《民主崩溃的政治学》，商务印书馆2014年版。

北京大学加拿大研究中心编：《加拿大研究·2》，民族出版社2006年版。

[美]本尼迪克特·安德森：《想象的共同体：民族主义的起源与散布》，吴叡人译，上海人民出版社2011年版。

[埃及]布特罗斯·加利：《非洲边界争端》，仓友衡译，商务印书馆1979年版。

陈鸿瑜：《印度尼西亚史》，"国立"编译馆1998年版。

陈书笋：《加拿大选举制度研究》，中国政法大学出版社2013年版。

陈衍德：《多民族共存于民族分离运动——东南亚民族关系的两个侧面》，厦门大学出版社2009年版。

储建国：《当代各种政治体制——加拿大》，兰州大学出版社1998年版。

[美]丹尼尔·希罗、克拉克·麦考利：《为什么不杀光？种族大屠杀的反思》，薛绚译，生活·读书·新知三联书店2012年版。

[瑞士]迪特尔·法尔尼：《瑞士简史》，刘立文译，毕来德校，华中师范大学出版社1987年版。

[英]厄内斯特·盖尔纳：《民族与民族主义》，韩红译，中央编译出版社2002年版。

[美]菲利克斯·格罗斯：《公民与国家——民族、部族和族属身份》，王建娥、魏强译，新华出版社2003年版。

高奇琦主编：《比较政治》，高等教育出版社2016年版。

关凯：《族群政治》，中央民族大学出版社2007年版。

[德]哈贝马斯：《在事实与规范之间：关于法律和民主法治国的商谈理论》，童世骏译，生活·读书·新知三联书店2003年版。

洪邮生：《加拿大——追寻主权和民族特性》，四川人民出版社2003年版。

[美] 胡安·林茨、阿尔弗莱德·斯蒂潘：《民主转型与巩固的问题：南欧、南美和后共产主义欧洲》，孙龙等译，浙江人民出版社2008年版。

[西班牙] 胡安·诺格：《民族主义与领土》，徐鹤林、朱伦译，中央民族大学出版社2009年版。

[美] 加布里埃尔·阿尔蒙德、小 G. 宾厄姆·鲍威尔：《比较政治学：体系、过程和政策》，曹沛霖等译，上海译文出版社1987年版。

[美] 加布里埃尔·阿尔蒙德等：《当代比较政治学：世界视野》，杨红伟等译，上海人民出版社2010年版。

姜凡：《加拿大民主与政制》，社会科学文献出版社1993年版。

姜芃主编：《加拿大：社会与进步》，中国社会科学出版社1996年版。

[美] 杰克·戈德斯通主编：《国家、政党与社会运动》，章延杰译，上海世纪出版集团2014年版。

[美] 杰克·斯奈德：《从投票到暴力：民主化和民族主义冲突》，吴强译，中央编译出版社2017年版。

[英] 凯特·纳什、阿兰·斯科特：《布莱克维尔政治社会学指南》，李雪等译，浙江人民出版社2007年版。

[美] 克利福德·格尔茨：《文化的解释》，纳日碧力戈等译，王铭铭校，上海人民出版社1999年版。

[美] 拉塞尔·哈丁：《群体冲突的逻辑》，刘春荣、汤艳文译，上海世纪出版集团2013年版。

蓝仁哲：《加拿大文化论》，重庆出版社2008年版。

[德] 李骏石：《何故为敌：族群与宗教冲突论纲》，吴秀杰译，社会科学文献出版社2017年版。

李美贤：《印尼简史》，"国立"暨南国际大学东南亚研究中心，2003年。

李念陪:《瑞士》,当代世界出版社1998年版。

[美]利昂·巴拉达特:《意识形态:起源和影响》,张慧芝、张露璐译,世界图书出版公司2010年版。

《列宁选集》(第二卷),人民出版社1995年版。

《列宁全集》(第二十卷),人民出版社1958年版。

《列宁全集》(第二十四卷),人民出版社1957年版。

刘海年、李林、[瑞士]托马斯·弗莱纳主编:《人权与宪政:中国—瑞士宪法国际研讨会文集》,中国法制出版社1999年版。

刘鸿武、姜恒昆编著:《苏丹》,社会科学文献出版社2008年版。

刘辉:《民族国家构建视角下的苏丹内战研究》,中国社会科学出版社2011年版。

刘军:《加拿大》,社会科学文献出版社2010年版。

[美]罗伯特·戈定:《牛津比较政治学手册》,唐士其等译,人民出版社2016年版。

[加拿大]罗伯特·博斯维尔:《加拿大史》,裴乃循等译,中国大百科全书出版社2012年版。

[美]罗伯特·柯林斯:《苏丹史》,徐宏峰译,中国大百科全书出版社2009年版。

[美]马丁·麦格:《族群社会学:美国及全球视角下的族群关系》,祖力亚提·司马义译,华夏出版社2007年版。

《马克思恩格斯全集》(第一卷),人民出版社1956年版。

《马克思恩格斯全集》(第三十七卷),人民出版社1971年版。

[美]迈克尔·赫克特:《遏制民族主义》,韩召颖等译,欧阳景根校,中国人民大学出版社2012年版。

[英]迈克尔·曼:《民主的阴暗面:解释种族清洗》,严春松译,中央编译出版社2015年版。

[英]迈克尔·曼:《社会权力的来源(第二卷)——阶级和民族国家的兴起(1760—1914)上》,陈海宏等译,上海世纪出版集团

2015 年版。

［美］曼库尔·奥尔森：《国家兴衰探源：经济增长、滞胀与社会僵化》，吕应中等译，吕应中校，商务印书馆 1999 年版。

［美］曼瑟尔·奥尔森：《集体行动的逻辑》，陈郁等译，上海世纪出版集团 2011 年版。

［澳］梅·加·李克来弗斯：《印度尼西亚历史》，周南京译，商务印书馆 1993 年版。

宁骚：《民族与国家——民族关系与民族政策的国际比较》，北京大学出版社 1995 年版。

Pency B. Lehning 编著：《分离主义的理论》，韦伯文化事业出版公司 2002 年版。

任军锋：《地域本位与国族认同：美国政治发展中的区域结构分析》，天津人民出版社 2004 年版。

任长秋、杨解朴等编著：《瑞士》，社会科学文献出版社 2016 年版。

阮西湖：《加拿大民族志》，民族出版社 2004 年版。

［英］塞缪尔·芬纳：《统治史（卷三）：早期现代政府和西方的突破——从民族国家到工业革命》，马百亮译，华东师范大学出版社 2014 年版。

［英］塞缪尔·芬纳：《统治史（卷一）：古代的王权和帝国——从苏美尔到罗马》，王震、马百亮译，华东师范大学出版社 2014 年版。

施正锋主编：《各国语言政策：多元文化与族群平等》，前卫出版社 2002 年版。

［澳］史蒂文·德拉克雷：《印度尼西亚史》，郭子林译，商务印书馆 2009 年版。

《世界各国宪法》编辑委员会编译：《世界各国宪法·美洲卷》，中国检察出版社 2012 年版。

《世界各国宪法》编辑委员会编译：《世界各国宪法·亚洲卷》，中国检察出版社 2012 年版。

宋家珩：《枫叶国度：加拿大的过去与现在》，山东大学出版社 1989 年版。

谭融：《比较政治与比较公共行政》，南开大学出版社 2008 年版。

唐睿：《体制性吸纳与东亚国家政治转型》，中央编译出版社 2014 年版。

[瑞士] 托马斯·弗莱纳：《瑞士的联邦制》，王全兴等译，赵保庆校，中国方正出版社 2009 年版。

万鄂湘、郭克强：《国际人权法》，武汉大学出版社 1994 年版。

汪晖、陈燕谷主编：《文化与公共性》，生活·读书·新知三联书店 1998 年版。

王昺主编：《文化马赛克：加拿大移民史》，民族出版社 2003 年版。

王家瑞主编：《当代国外政党概览》，当代世界出版社 2009 年版。

王杰、张海滨、张志洲主编：《全球治理中的国际非政府组织》，北京大学出版社 2004 年版。

王建娥、陈建樾等：《族际政治与现代民族国家》，社会科学文献出版社 2004 年版。

王铁崖、田如萱：《国际法资料选编》，法律出版社 1982 年版。

王云弟、刘广臻：《枫林之国的复兴：加拿大百年强国历程》，黑龙江人民出版社 1998 年版。

[加拿大] 威尔·金里卡：《多元文化公民权——一种有关少数族群权利的自由主义理论》，杨立峰译，上海世纪出版集团 2009 年版。

韦红主编：《印度尼西亚国情报告（2015）》，社会科学文献出版社 2015 年版。

吴天泰主编：《族群社会学》，五南图书出版公司 2005 年版。

[美] 西达·斯考切波：《国家与社会革命：对法国、俄国和中国的比较分析》，何俊志、王学东译，上海世纪出版集团 2007 年版。

[美] 西摩·马丁·李普塞特：《政治人——政治的社会基础》，张

绍宗译，沈澄如、张华青校，上海世纪出版集团 2011 年版。

肖新煌、邱炫元主编：《印尼的政治、族群、宗教与艺术》，"中央研究院"人文社会科学研究中心，2014 年。

许小娟：《瑞士公众参与立法制度研究》，法律出版社 2013 年版。

杨灏成、朱克柔主编：《民族冲突与宗教争端——当代中东热点问题的历史探索》，人民出版社 1996 年版。

杨恕：《世界分裂主义论》，时事出版社 2008 年版。

杨永明：《国际关系》，前程文化事业有限公司 2010 年版。

［英］约翰·伊特韦尔、［美］默里·米尔盖特、彼得·纽曼：《新帕尔格雷夫经济学大辞典》，经济科学出版社 1996 年版。

［美］詹姆斯·米特尔曼：《全球化综合征》，刘得手译，新华出版社 2002 年版。

［加拿大］詹姆斯·塔利：《陌生的多样性：歧异时代的宪政主义》，黄俊龙译，上海世纪出版集团 2005 年版。

张维邦：《瑞士史：民主与族群政治的典范》，三民书局 2006 年版。

张小劲、景跃进：《比较政治学导论》，中国人民大学出版社 2008 年版。

赵汀阳：《天下体系：世界制度哲学导论》，江苏高等教育出版社 2005 年版。

中国社会科学杂志社编：《社会转型：多文化多民族社会》，社会科学文献出版社 2000 年版。

周平：《多民族国家的族际政治整合》，中央编译出版社 2012 年版。

朱福惠、王建学主编：《世界各国宪法文本汇编·亚洲卷》，厦门大学出版社 2012 年版。

（二）中文论文

［英］安东尼·吉登斯：《全球时代的民族国家》，郭忠华、何莉君译，《中山大学学报》（社会科学版）2008 年第 1 期。

包刚升：《民主转型中的宪法工程学：一个理论框架》，《开放时代》

2014 年第 5 期。

常晶:《瑞士多民族国家治理的制度机制研究》,《世界民族》2014 年第 5 期。

陈峰、康怡:《比较政治学如何研究——范例和启示》,载李路曲主编《比较政治学研究》第 10 辑,中央编译出版社 2016 年版。

陈慧荣:《民主研究的科学精神——评〈民主崩溃的政治学〉》,载钟杨主编《实证社会科学》第 1 卷,上海交通大学出版社 2016 年版。

陈明明:《政治发展视角中的民族与民族主义》,《战略与管理》1996 年第 2 期。

陈明明主编:《治理与制度创新》(复旦政治学评论第十二辑),上海人民出版社 2014 年版。

陈翁平:《加拿大联邦体制与宪政争议(一九六四——一九九二):其困境与挑战之研究》,《大汉学报》2011 年第 25 期。

陈翁平:《一九九五年魁北克主权公投与加拿大联邦政府的对策:其政治与法律上对应之研究》,《大汉学报》2009 年第 25 期。

陈衔德:《再论东南亚的民族文化与民族主义》,《东南亚研究》2004 年第 5 期。

戴万平:《印尼族群政治研究:东教、地域与种族》,博士学位论文,中山大学(高雄),2003 年。

董卫华、曾长秋:《国外政党立法情况研究》,《当代世界与社会主义》2013 年第 3 期。

高春芽:《规范、网络与集体行动的社会逻辑——方法论视野中的集体行动理论发展探析》,《武汉大学学报》(哲学社会科学版)2012 年第 5 期。

高鉴国:《加拿大多元文化政策评析》,《世界民族》1999 年第 4 期。

关凯:《历史书写中的民族主义与国家建构》,《新疆师范大学学报》(哲学社会科学版)2016 年第 3 期。

郭忠华：《全球化背景下多元公民身份体系的建构》，《武汉大学学报》（哲学社会科学版）2010年第1期。

郝诗楠、高奇琦：《分离主义的成与败：基于质性比较分析的研究》，《世界经济与政治》2016年第6期。

郝时远：《民族分裂主义与恐怖主义》，《民族研究》2002年第1期。

黄杰：《把人民带回来：一项对瑞士全民公决制度的分析》，硕士学位论文，复旦大学，2014年。

姜恒昆、周军：《苏丹南北关系中的阿卜耶伊问题》，《西亚非洲》2011年第7期。

姜恒昆：《苏丹内战中的宗教因素》，《西亚非洲》2004年第4期。

金安平：《简论政党政治中的"类政党"与"准政党"现象》，《北京行政学院学报》2016年第2期。

雷勇：《"分离权"和民主权利关系辨析——简评西方学界的"分离权"讨论》，《上海行政学院学报》2015年第5期。

李捷：《南苏丹现状研究：现代民族国家构建的视角》，《亚非纵横》2013年第4期。

李景铭：《民族国家的类型分析》，《民族研究》2004年第2期。

梁敏和：《印尼亚齐问题发展趋势》，《当代亚太》2001年第7期。

刘春：《民主化中的民族整合问题——基于苏联、土耳其、西班牙的比较研究》，博士学位论文，中共中央党校，2015年。

刘春荣、陈周旺主编：《集体行动的中国逻辑》（复旦政治学评论第十辑），上海人民出版社2012年版。

刘辉：《国家认同危机下的苏丹南北内战》，《学术论坛》2008年第1期。

刘辉：《南苏丹共和国部族冲突探析》，《世界民族》2015年第3期。

马丁：《"一个多民族的非民族国家"——近现代瑞士国家的生存、建立与发展》，《世界历史》2014年第2期。

马俊毅：《论现代多民族国家建构中民族身份的形成》，《民族研究》

2014 年第 4 期。

马燕冰：《印尼亚齐问题的由来及其发展前景》，《国际资料信息》 2000 年第 4 期。

纳日碧力戈、于春洋：《现代民族国家遭遇"去中心化"挑战评析》，《云南大学学报》（社会科学版）2016 年第 5 期。

桑玉成、周光俊：《论制度成熟：价值、品相、路径》，《上海行政学院学报》2017 年第 3 期。

[加拿大] 塔尼亚·李沐蕾：《民族净化、循环知识和原地主义的困境》，李存娜译，《国际社会科学杂志》2003 年第 3 期。

谭融、郝丽芳：《论瑞士共识民主模型》，《天津师范大学学报》（社会科学版）2006 年第 6 期。

唐虹、丹尼尔·奎伯勒：《瑞士财政平衡体制改革及其启示》，《经济社会体制比较》2014 年第 1 期。

唐世平、张卫华、王凯：《中国海外投资与南苏丹族群政治》，《文化纵横》2014 年第 5 期。

唐亚林：《中国式民主的内涵重构、话语叙事与发展方略》，《探索与争鸣》2014 年第 6 期。

田飞龙：《瑞士族群治理模式评说——基于"宪法爱国主义"的公民联邦制》，《法学》2010 年第 10 期。

王昺：《加拿大民族政策与双语教育》，《辽宁师范大学学报》1996 年第 3 期。

王建娥：《民族分离主义的解读与治理——多民族国家化解民族矛盾、解决分离困窘的一个思路》，《民族研究》2010 年第 2 期。

王建波：《改革与分离：瑞内·莱维斯克与魁北克人党（1968—1985）》，博士学位论文，山东大学，2010 年。

王猛：《苏丹民族国家建构失败的原因解析》，《西亚非洲》2012 年第 1 期。

王英津：《有关"分离权"问题的法理分析》，《世界经济与政治》

2011 年第 12 期。

王宗礼：《多族群社会的国家建构：诉求与挑战》，《马克思主义与现实》2012 年第 4 期。

伍慧萍、姜域：《西方小规模政党的生存现状与成功条件：以德国为例》，《当代世界与社会主义》2015 年第 1 期。

熊易寒、唐世平：《石油的族群地理分布与族群冲突升级》，《世界经济与政治》2015 年第 10 期。

徐锋：《独特的瑞士政党政治：生态、过程及变迁》，《国外理论动态》2016 年第 10 期。

杨勉：《南苏丹独立的背景与前景》，《学术探索》2011 年第 10 期。

曾向红：《恐怖主义的全球治理：机制及其评估》，《中国社会科学》2017 年第 12 期。

张建军：《民族分离主义理论解析》，博士学位论文，西南民族大学，2011 年。

张克成：《全球化时代地缘政治安全观念的转变》，《太平洋学报》2012 年第 4 期。

张千帆：《从权利保障视角看族群自治与国家统一》（上），《国家检察官学院学报》2005 年第 5 期。

赵柯：《"小国家"整合"大民族"——瑞士国家与民族建构的历史进程》，《欧洲研究》2012 年第 2 期。

周光辉、李虎：《领土认同：国家认同的基础——构建一种更完备的国家认同理论》，《中国社会科学》2016 年第 7 期。

周光辉、刘向东：《全球化时代发展中国家的国家认同危机及治理》，《中国社会科学》2013 年第 9 期。

周光俊：《何种分离？谁之命运？——一项关于分离运动概念的梳理》，《世界经济与政治》2017 年第 10 期。

周光俊：《族群分离运动为什么会发生？——基于过程论的分析视角》，《国际政治研究》2019 年第 5 期。

周平：《全球化时代的疆域与边疆》，《中国边疆史地研究》2014 年第 3 期。

周少青：《"非均质化民族自治"——多民族国家处理民族自治问题的一种新范式》，《当代世界与社会主义》2013 年第 5 期。

周少青：《加拿大民族国家构建中的国家认同问题》，《民族研究》2017 年第 2 期。

周少青：《论加拿大处理民族问题的基本原则与理念》，《学术界》2016 年第 8 期。

朱刚琴：《潘查希拉的提出及其文化根源》，《东南亚研究》2008 年第 2 期。

朱伦：《民族共治论——对当代多民族国家族际政治事实的认识》，《中国社会科学》2001 年第 4 期。

朱伦：《自治与共治：民族政治理论新思考》，《民族研究》2003 年第 2 期。

朱毓朝：《国际法和国际政治中的分离主义》，《国际政治科学》2005 年第 2 期。

左宏愿：《现代国家构建中的族群冲突与制度调控研究》，博士学位论文，南开大学，2013 年。

二　英文文献

（一）英文著作

Albert Breton, Gianluigi Galeotti, Pierre Salmon, Ronald Wintrobe, *Nationalism and Rationality*, New York: Cambridge University Press, 1995.

Aleksandar Pavković, Peter Radan, *Creating New States: Theory and Practice of Secession*, Aldershot: Ashgate Publishing Limited, 2007.

Allen Buchanan, *Justice, Legitimacy, and Self-Determination: Moral Principles for International Law*, New York: Oxford University Press,

2004.

Allen Buchanan, *Secession: The Morality of Political Divorce from Fort, Sumter to Lithuania and Quebec*, Boulder, Oxford: Westview Press, 1991.

Amir Idris, *Conflict and Politics in Sudan*, New York: Palgrave Macmillan, 2005.

Amir Idris, *Identity, Citizenship, and Violence in Two Sudans: Reimagining a Common Future*, New York: Palgrave Macmillan, 2013.

Andreas Wimmer, *Waves of War: Nationalism, State Formation, and Ethnic Exclusion in the Modern World*, New York: Cambridge University Press, 2013.

Andrew Reynolds (eds.), *The Architecture of Democracy: Constitutional Design, Conflict Management, and Democracy*, New York: Oxford University Press, 2002.

Angel Rabasa, John Haseman, *The Military and Democracy in Indonesia: Challenges, Politics, and Power*, RAND Corporation, 2002.

Ann Mosely Lesch, *The Sudan Contested National Identities*, Bloomington: Indiana University Press, 1988.

Anthony Oberschall, *Conflict and Peace Building in Divided Societies: Responses to Ethnic Violence*, New York: Routledge, 2007.

Antonio Cassese, *Self-Determination of Peoples: A Legal Reappraisal*, Cambridge: Cambridge University Press, 1995.

Berch Berberoglu, *The National Question: Nationalism, Ethnic Conflict, and Self-determination in the 20th Century*, Philadelphia: Temple University Press, 1995.

Bert Klandermans, Hanspeter Kriesie, Sidney Tarrow (eds.), *From Structure to Action: Comparing Social Movement Research Across Cultures*, International Social Movements Research (Vol. 1), Greenwich:

Jai Press, 1988.

Bona Malwal, *Sudan and South Sudan: From One to Two*, Basingstoke, New York: Palgrave Macmillan, 2014.

Charles Taylor, *Reconciling the Solitudes: Essays on Canadian Federalism and Nationalism*, Montreal & Kington: McGill-Queen's University Press, 1993.

Christopher Edward Taucar, *Canada Federalism and Quebec Sovereignty*, New York: Peter Lang Publishing Inc., 2000.

Christopher Heath Wellman, *A Theory of Secession: The Case for Political Self-Determination*, New York: Cambridge University Press, 2005.

Clive H. Church (eds.), *Switzerland and the European Union: A Close, Contradictory and Misunderstood Relationship*, New York: Routledge, 2007.

Clive H. Church, *The Politics and Government of Switzerland*, Hampshire, New York: Palgrave Macmillan, 2003.

Dale M. Brown (eds.), *African's Glorious Legacy*, New York: Time Life Books, 2002.

David Brown, *The State and Ethnic Politics in Southeast Asia*, London: Routledge, 1994.

David Gordon, *Secession, State and Liberty*, New Brunswick: Transaction Publishers, 1998.

David Haljan, *Constitutionalisng Secession*, Oxford, Portland: Hart Publishing, 2014.

Donald L. Horowitz, *Ethnic Groups in Conflict*, Berkeley, Los Angeles, London: University of California Press, 2000.

Douglas H. Johnson, *The Root Cause of Sudanese Civil Wars*, Bloomington: Indiana University Press, 2003.

Elie Kedourie, *Nationalism*, Oxford, Cambridge: Blackwell Publishers,

1993.

Eric Hobsbawm, Terence Ranger, *The Invention of Tradition*, New York: Cambridge University Press, 1983.

Erika Harris, *Nationalism and Democratization: Politics of Slovakia and Slovenia*, Aldershot: Ashgate Publishing Limited, 2002.

Ernest Gellner, *Muslim Society*, Cambridge: Cambridge University Press, 1981.

Ernest Gellner, *Nations and Nationalism*, Ithaca: Cornell University Press, 1983.

Francis Deng, *War of Visions: Conflict of Identities in the Sudan*, Washington: Brookings Institution Press, 1989.

Gabriel Warburg, *Islam, Sectarianism, and Politics in Sudan since the Mahdiyya*, Madison: University of Wisconsin Press, 2003.

Gunnar M. Sørbø, Abdel Ghaffar M. Ahmed (eds.), *Sudan Divided: Continuing Conflict in a Contested State*, New York: Palgrave Macmillan, 2013.

Gustavo Benavides, Martin W. Daly (eds.), *Religion and Political Power*, Albany: State University of New York Press, 1989.

Hal Hill (ed.), *Unity and Diversity: Regional Economic Development in Indonesia Since 1970*, Singapore: Oxford University Press, 1989.

Hans Kohn, *The Age of Nationalism: The First Era of Global History*, Harper & Brothers, 1962.

Hanspeter Kriesi, Alexander H. Trechsel, *The Politics of Switzerland: Continuity and Change in a Consensus Democracy*, Cambridge: Cambridge University Press, 2010.

Harry Beran, *The Consent of Political Obligation*, London: Croom Helm, 1987.

Hasan di Tiro, *The Legal Status of Acheh-Sumatra under International*

Law, National Liberation Front of Acheh-Sumatra, 1980.

Hasan M. di Tiro, *The Price of Freedom: The Unfinished Diary of Tengku Hasan di Tiro*, National Liberation Front Acheh Sumatra, 1981.

Helena Catt, Michael Murphy, *Sub-State Nationalism: A Comparative Analysis of Institutional Design*, New York: Routledge, 2002.

Henry Milner, Sheilagh Hodgins, *The Decolonizaition of Quebec*, Toronto: McClelland and Stewart Inc., 1973.

Howard Palmer, *Ethnicity and Politics in Canada since Confederation*, Ottawa: The Canadian Historical Association, 1991.

Hugh Seton-Waston, *Nations and States: An Enquiry into the Origins of Nations and the Politics of Nationalism*, London: Methuen Co. Ltd., 1977.

Jack L. Granatstein, *Canada, 1957 – 1967: The Years of Uncertainty and Innovation*, Toronto: McClelland & Stewart, 1986.

Jacques Bertrand, *Nationalism and Ethnic Conflict in Indonesia*, New York: Cambridge University Press, 2004.

James Mahoney, Dietrich Rueschemeyer, *Comparative Historical Analysis in the Social Sciences*, New York: Cambridge University Press, 2003.

Jan Erk, *Explaining Federalism: State, Society and Congruence in Austria, Belgium, Canada, Germany and Switzerland*, London, New York: Routledge, 2008.

Jason Sorens, *Secessionism: Identity, Interest, and Strategy*, Moutreal: McGill-Queen's University Press, 2012.

John English, *Just Watch Me: The Life of Pierre Elliott Trudeau Volume Two: 1968 – 2000*, Toronto: Knopf Canada, 2009.

John Ishiyama, Marijke Breuning, *Ethnopolitics in the New Europe*, Boulder, Colo: Iynne Rienner Publishers, 1998.

John Poter, *The Vertical Mosaic: An Analysis of Social Class and Power in*

Canada, Buffalo: University of Toronto Press, 1965.

John T. Ishiyama, Marijke Breuning (eds.), *21st Century Political Science: A Reference Handbook*, SAGE Publications, 2011.

Jonathan Steinberg, *Why Switzerland?* New York: Cambridge University Press, 1996.

Joseph Oduho, William Deng, *The Problem of Southern Sudan*, London: Oxford University Press, 1963.

Joseph Rothschild, *Ethnopolitics: A Conceptual Framework*, New York: Columbia University Press, 1981.

Jürg Steiner, *Amicable Agreement Versus Majority Rule: Conflict Resolutions in Switzerland*, Chapel Hill: The University of North Carolina Press, 1974.

Kenneth McRoberts, *Quebec: Social Change and Political Crisis*, Toronto: McClelland and Stewart Inc., 1988.

Kirsten E. Schulze, "The Free Aceh Movement (GAM): Anatomy of a Separatist Organization", *Policy Studies 2*, The East-West Center Washington, 2004.

L. Ian MacDonald, *From Bourassa to Bourassa: Wilderness to Restoration*, Montreal, Ithaca: McGill-Queen's University Press, 2002.

Larry Diamond, Richard Gunther (eds.), *Political Parties and Democracy*, Baltimore, London: Johns Hopkins University Press, 2001.

Lauri Karvonen, Stein Kuhnle (eds.), *Party Systems and Voter Alignments Revisited*, London, New York: Routledge, 2001.

Lawrence LeDuc, *The Politics of Direct Democracy: Referendum in Global Perspective*, New York: Broadview Press, 2003.

Leslie Seidle (eds.), *Seeking a New Canadian Partnership: Asymmetrical and Confederal Options*, Montreal: Institute for Research on Public Policy, 1994.

Lidijia R. Basta Fleiner, Tomas Fleiner (eds.), *Federalism and Multiethnic States: The Case of Switzerland*, Munich: Helbing et Lichtenhahn, 2002.

Lim Joo-Jock, S. Vani (eds.), *Armed Separatism in Southeast Asia*, Singapore: Institute of Southeast Asian Studies, 1984.

Marcelo G. Kohen, *Secession: International Law Perspectives*, New York: Cambridge University Press, 2006.

Margaret Moore, *National Self-Determination and Secession*, New York: Oxford University Press, 1998.

Michael Butler, Malcolm Pender, Joy Charnley (eds.), *The Making of Modern Switzerland, 1848 – 1998*, Macmillan Press Ltd., 2000.

Michael Keating, *Nations against the State: The New Politics of Nationalism in Quebec*, Catalonia and Scotland, New York: ST. Martin's Press, 1996.

Michael Hechter, *Internal Colonialism: The Celtic Fringe in British National Development, 1536 – 1966*, Berkeley, Los Angeles: University of California Press, 1975.

Michelle Ann Miller, *Rebellion and Reform in Indonesia: Jakarta's Security and Autonomy Policies in Aceh*, London, New York: Routledge, 2009.

Milena Sterio, *The Right to Self-Determination under International Law: "Selfistans", Secession, and the Rule of the Great Powers*, Abingdon: Routledge, 2013.

Mohamed Ibrahim Nugud, *Slavery in the Sudan: History, Documents, and Commentary*, translated by Asma Mohamed Abdel Halim, edited by Sharon Barnes, New York: Palgrave Macmillan, 2013.

Mohamed Omer Beshir, *The Southern Sudan: Background to Conflict*, London: C. Hurst & Co., 1968.

Monica Duffy Toft, *The Geography of Ethnic Violence: Identity, Interests, and the Indivisibility of Territory*, Princeton: Princeton University Press, 2003.

Pascal Sciarini, Manuel Fischer, Denise Traber (eds.), *Political Decision-Making in Switzerland: The Consensus Model under Pressure*, Hampshire, New York: Palgrave Macmillan, 2015.

Paul Collier, Nicholas Sambanis (eds.), *Understanding Civil War: Evidence and Analysis, Volume 2: Europe, Central Asia, and Other Regions*, Washington: The World Bank, 2005.

Paul Groarke, *Dividing the State: Legitimacy, Secession and the Doctrine of Oppression*, Aldershot, Burlington: Ashgate Publishing Company, 2004.

Peter Alter, *Nationalism*, London: Edward Arnold, 1989.

Peter Katzenstein, *Small States in World Markets: Industrial Policy in Europe*, Ithaca: Cornell University Press, 1985.

Pierre Desrochers, Eric Duhaime, *A Secessionist's View of Quebec's Options*, in edited with an introduction by David Gordon, *Secession State and Liberty*, New Brunswick: Transaction Publishers, 1998.

Pierre Elliott Trudeau, *Federalism and the French Canadians*, Toronto: MacMillan of Canada, 1968.

Pierre Larrivée (eds.), *Linguistic Conflict and Language Laws*, New York: Palgrave Macmillan, 2003.

Pippa Norris, *Electoral Engineering: Voting Rules and Political Behavior*, Cambridge: Cambridge University Press, 2004.

Pitamber Kaur, *Federalism and Political Separatism: A Case Study of Quebec in Canada*, New Delhi: South Asian Publishers, 2000.

R. G. Frey, Christopher Heath Wellman (eds.), *A Companion to Applied Ethics*, Melbourne: Wiley-Blackwell, 2003.

R. Mckim, J. Mcmahan (eds.), *The Morality of Nationalism*, New York: Oxford University Press, 1997.

Rabushka, A. and K. Shepsle, *Politics in Plural Societies: A Theory of Democratic Instability*, Columbus, OH: Merrill, 1972.

Reid Anthony (eds.), *Verandah of Violence: The Background to the Aceh Problem*, Singapore: Singapore University Press, 2006.

Rene Levesque, *An Option for Quebec*, Toronto: McClelland and Stewart Limited, 1968.

Rene Levesque, *My Quebec*, Toronto: Methuen Publications, 1979.

Richard Y. Bourhis (eds.), *Conflict and Language Planning in Quebec*, Avon: Multilingual Matters, 1984.

Roger Gibbins, *Regionalism: Territorial Politics in Canada and the United States*, Toronto: Butterworth Group of Companies, 1982.

Ronald Hinch, *Debates in Canadian Society*, Nelson Canada: A Division of Thomson Canada Ltd., 1992.

Ronald L. Watts, Douglas M. Brown (eds.), *Options for a New Canada*, Toronto: University of Toronto Press, 1991.

Sidney Tarrow, *Democracy and Disorder: Protest and Politics in Italy, 1965–1975*, Oxford: Clarndon Press, 1989.

Stefano Casertano, *Our Land, Our Oil! Natural Resources, Local Nationalism, and Violent Secession*, Wiesbaden: Springer, 2013.

Stephen M. Saidenman, *The Ties that Divide: Ethnic Politics, Foreign Policy, and International Conflict*, New York: Columbia University Press, 2001.

Steve Muhlberger, *A History of the Vote in Canada*, Ottawa: The Chief Electoral Officer of Canada, 2007.

Tim Kell, *The Roots of Acehnese Rebellion, 1989–1992*, Ithaca: Cornell Modern Indonesia Project, Southeast Asia Program, Cornell University,

1995.

Ugo M. Amoretti, Nancy Bermeo (eds.), *Federalism and Territorial Cleavages*, Baltimore: The Johns Hopkins University Press, 2000.

Walter W. Powell, Richard Steinberg, *The Non-Profit Sector: A Research Handbook*, New Haven: Yale University Press, 2006.

Wayne Normann, *Negotiating Nationalism: Nation-Building, Federalism, and Secession in the Multinational State*, New York: Oxford University Press, 2006.

Will. Kymlicka, *Finding Our Way: Rethinking Ethnocultural Relations in Canada*, Toronto, New York: Oxford University Press, 2004.

William D. Coleman, *The Independence Movement in Quebec (1945 – 1980)*, Toronto: University of Toronto Press, 1984.

Wolf Linder, *Swiss Democracy: Possible Solution to Conflict in Multicultural Societies*, New York: Palgrave Macmillan, 2010.

（二）英文论文

Abderrahman Zouhir, "Language Policy and Identity Conflict in Sudan", *Digest of Middle East Studies*, Vol. 24, No. 2, 2015.

Adrian Vatter, "Swiss Consensus Democracy in Transition: A Re-analysis of Lijphart's Concept of Democracy for Switzerland from 1997 to 2007", *World Political Science Review*, Vol. 4, No. 2, 2008.

Alan Patten, "Democratic Secession from a Multinational State", *Ethics*, Vol. 112, No. 3, 2002.

Alberto Alesina, Enrico Spolaore, "On the Number and Size of Nations", *Quarterly Journal of Economics*, Vol. 112, No. 4, 1995.

Alexis Heraclides, "Janus or Sisyphus? The Southern Problem of the Sudan", *The Journal of Modern African Studies*, Vol. 25, No. 2, 1987.

Alfred Stepan, Juan J. Linz, Yogendra Yadav, "The Rise of 'State-Nations'", *Journal of Democracy*, Vol. 21, No. 3, 2010.

Alfred Stepan, "Federalism and Democracy: Beyond the U. S. Model", *Journal of Democracy*, Vol. 10, No. 4, 1999.

Allen Buchanan, "Federalism, Secession and the Morality of Inclusion", *Arizona Law Review*, Vol. 37, No. 1, 1995.

Allen Buchanan, "Toward a Theory of Secession", *Ethics*, Vol. 101, No. 2, 1991.

Amal Ibrahim Madibbo, "Conflict and the Conceptions of Identities in the Sudan", *Current Sociology*, Vol. 60, No. 3, 2012.

Anders Breidlid, "The Role of Education in Sudan's Civil War", *Prospects: Quarterly Review of Comparative Education*, Vol. 43, No. 1, 2013.

Andreas Fagerholm, "Ethnic and Regionalist Parties in Western Europe: A Party Family?", *Studies in Ethnicity and Nationalism*, Vol. 16, No. 2, 2016.

Andreas Ladner, Michael Brändle, "Does Direct Democracy Matter for Political Parties? An Empirical Test in the Swiss Cantons", *Party Politics*, Vol. 5, No. 3, 1999.

Andreas Wimmer, Lars-Erik Cederman, Brian Min, "Ethnic Politics and Armed Conflict: A Configurational Analysis of a New Global Data Set", *American Sociological Review*, Vol. 74, No. 2, 2009.

Andreas Wimmer, "Who Owns the State? Understanding Ethnic Conflict in Post-Colonial Societies", *Nations and Nationalism*, Vol. 3, No. 4, 1997.

Ann Elizabeth Robertson, "Should We Stay or Should We Go? State-Building via Political Divorce", Ph. D. dissertation, Transylvania University, 1988.

Anna Stilz, "Why do States Have Territorial Rights?", *International Theory*, Vol. 1, No. 2, 2009.

Anoop K. Sarbahi, "Insurgent-Population: Ties and the Variation in the Trajectory of Peripheral Civil Wars", *Comparative Political Studies*, Vol. 47, No. 10, 2014.

Anthony H. Birch, "Another Liberal Theory of Secession", *Political Studies*, Vol. 32, No. 4, 1984.

Anthony J. Christopher, "Secession and South Sudan: An African Precedent for the Future?", *South African Geographical Journal*, Vol. 93, No. 2, 2011.

Arend Lijphart, "Comparative Politics and the Comparative Method", *The American Political Science Review*, Vol. 65, No. 3, 1971.

Arend Lijphart, "The Comparable-Cases Strategy in Comparative Research", *Comparative Political Studies*, Vol. 8, No. 2, 1975.

Barbara F. Walter, "Building Reputation: Why Governments Fight Some Separatists but Not Others", *American Journal of Political Science*, Vol. 50, No. 2, 2006.

Bert Klandermans, "Grievance Interpretation and Success Expectations: The Social Construction of Protest", *Social Behavior*, Vol. 4, No. 2, 1989.

Bert Klandermans, "Mobilization and Participation: Social-Psychological Expansions of Resource Mobilization Theory", *American Sociological Review*, Vol. 49, No. 3, 1984.

Bertus de Villiers, "Secession—The Last Resort for Minority Protection", *Journal of Asian and African Studies*, Vol. 48, No. 1, 2012.

BGV Nyombe, "Survival or Extinction: The Fate of the Local Languages of the Southern Sudan", *International Journal of the Sociology of Language*, Vol. 125, No. 1, 1997.

BGV Nyombe, "The Politics of Language, Race, Culture and Religion in the Sudan", *Frankfurter Afrikanistische Blätter*, No. 6, 1994.

Carlisle Ford Runge, "Institutions and the Free Rider: The Assurance Problem in Collective Action", *Journal of Politics*, Vol. 46, No. 1, 1984.

Carolyn Fluehr-Lobban, "Protracted Civil War in the Sudan—Its Future as a Multi-Religious, Multi-Ethnic State", *The Fletcher Forum*, 1992.

César García, "The Strategic Communication Power of Terrorism: The Case of ETA", *Perspectives on Terrorism*, Vol. 12, No. 5, 2018.

Christopher H. Wellman, "A Defense of Secession and Political Self-Determination", *Philosophy & Public Affairs*, Vol. 24, No. 2, 1995.

Cleophas Lado, "Political Economy of the Oil Industry in the Sudan Problem or Resource in Development", *Erdkunde*, Vol. 56, No. 2, 2002.

Colin H. Williams, "Ethnic Separatism", *Cahiers de géographie de Québec*, Vol. 24, No. 61, 1980.

Damien Kingsbury, "The Free Aceh Movement: Islam and Democratisation", *Journal of Contemporary Asia*, Vol. 37. No. 2, 2007.

Daniel Berkowitz, "Regional Income and Secession: Center-periphery Relations in Emerging Market Economies", *Regional Science and Urban Economics*, Vol. 27, No. 1, 1997.

Daniel M. Weinstock, "Toward a Proceduralist Theory of Secession", *Canadian Journal of Law and Jurisprudence*, Vol. 13, No. 2, 2000.

Daniele Conversi, "Central Secession: Towards A New Analytical Concept? The Case of Former Yugoslavia", *Journal of Ethnic and Migration Studies*, Vol. 26, No. 2, 2000.

David E. Apter, "A Comparative Method for the Study of Politics", *American Journal of Sociology*, Vol. 64, No. 3, 1958.

David Gauthier, "Breaking-up: An Essay on Secession", *Canadian Journal of Philosophy*, Vol. 24, No. 3, 1994.

David Siroky, John Cuffe, "Lost Autonomy, Nationalism and Separatism", *Comparative Political Studies*, Vol. 48, No. 1, 2015.

Dawn Brancati, "Decentralization: Fueling the Fire or Dampening the Flames of Ethnicconflict and Secessionism", *International Organization*, Vol. 60, No. 3, 2006.

Dawn Brancati, "Design over Conflict: Managing Ethnic Conflict and Secessionism through Decentralization, *Ph. D. Dissertation*, Columbia University, 2003.

Donald L. Horowitz, "Irredentas and Secessions: Adjacent Phenomena, Neglected Connection", *International Journal of Comparative Sociology*, Vol. 33, No. 1, 1992.

Donald L. Horowitz, "Patterns of Ethnic Separatism", *Comparative Studies in Society and History*, Vol. 23, No. 2, 1981.

Donald L. Horowitz, "The Cracked Foundations of the Right to Secede", *Journal of Democracy*, Vol. 14, No. 2, 2003.

Dunstan M. Wai, "Pax Britannica and the Southern Sudan: The View from the Theatre", *African Affairs*, Vol. 79, No. 316, 1980.

Dunstan M. Wai, "Revolution, Rhetoric, and Reality in the Sudan", *The Journal of Modern African Studies*, Vol. 17, No. 1, 1979.

Dwight Y. King, M. Ryaas Rasjid, "The Golkar Landslide in the 1987 Indonesian Elections: The Case of Aceh", *Asian Survey*, Vol. 28, No. 9, 1988.

Edward Aspinall, "Democratization and Ethnic Politics in Indonesia: Nine Theses", *Journal of East Asian Studies*, Vol. 11, No. 2, 2011.

Evan S. Lieberman, Prerna Singh, "The Institutional Origins of Ethnic Violence", *Comparative Politics*, Vol. 45, No. 1, 2012.

Francis M. Deng, "Identity in Africa's Internal Conflicts", *American Behavioral Scientist*, Vol. 40, No. 1, 1996.

Francis M. Deng, "Sudan: A Nation in Urbulent Search of Itself", *Annals of the American Academy of Political and Social Science, Vol. 603, No. 1, 2006.

Francis M. Deng, "Sudan-Civil War and Genocide: Disappearing Christians of the Middle East", Middle East Quarterly, Vol. 8, No. 1, 2001.

Frank Dietrich, "Secession of the Rich: A Qualified Defence", Politics, Philosophy & Economics, Vol. 13, No. 1, 2014.

Gabriele Ferrazzi, "Using the 'F' Word: Federalism in Indonesia's Decentralization Discourse", Publius, Vol. 30, No. 2, 2000.

Geoffrey Robinson, "Rawan Is as Rawan Does: The Origins of Disorder in New Order Aceh", Indonesia, No. 66, 1998.

Giovanni Sartori, "Comparing and Miscomparing", Journal of Theoretical Politics, Vol. 3, No. 3, 1991.

Girma Kebbede, "Sudan: The North-South Conflict in Historical Perspective", Contributions in Black Studies, Vol. 15, No. 3, 1997.

Halvard Buhaug, Lars-Erik Cederman, Jan Ketil Rød, "Disaggregating Ethno-Nationalist Civil Wars: A Dyadic Test of Exclusion Theory", International Organization, Vol. 62, No. 3, 2008.

Harry Beran, "A Liberal Theory of Secession", Political Studies, Vol. 32, No. 1, 1984.

Henry E. Hale, "Explaining Ethnicity", Comparative Political Studies, Vol. 37, No. 4, 2004.

Henry Teune, "Measurement in Comparative Research", Comparative Political Studies, Vol. 1, No. 1, 1968.

Hilliard Aronovitch, "Why Secession is Unlike Divorce", Public Affairs Quarterly, Vol. 14, No. 1, 2000.

Hudson Meadwell, "The Politics of Nationalism in Quebec", World Politics, Vol. 45, No. 2, 1993.

Hui Li, Shiping Tang, "Location, Location, Location: The Ethno-Geography of Oil and the Onset of Ethnic War", *Chinese Political Science Review*, Vol. 2, No. 2, 2017.

Jackie Smith, "Bridging Global Divides? Strategic Framing and Solidarity in Transnational Social Movement Organizations", *International Sociology*, Vol. 17, No. 4, 2002.

James D. Fearon, David D. Laitin, "Ethnicity, Insurgency, and Civil War", *American Political Science Review*, Vol. 97, No. 1, 2003.

James M. Buchanan, "Direct Democracy, Classical Liberalism, and Constitutional Strategy", *Kyklos*, Vol. 54, No. 2&3, 2010.

James Mayall, Mark Simpson, "Ethnicity is Not Enough: Reflections on Protracted Secession in the Third Word", *International Journal of Comparative Sociology*, Vol. 33, No. 1, 1992.

Jason P. Blahuta, "How Useful Is the Analogy of Divorce in Theorizing about Secession?", *Dialogue*, Vol. 40, No. 2, 2001.

Jason P. Sorens, "Secession Risk and Fiscal Federalism", *The Journal of Federalism*, Vol. 46, No. 1, 2016.

Jeffrey Haynes, "Religion, Ethnicity and Civil War in Africa: The Cases of Uganda and Sudan", *The Round Table*, Vol. 96, No. 390, 2007.

Jenik Radon, Sarah Logan, "South Sudan: Governance Arrangements, War, and Peace", *Journal of International Affairs*, Vol. 68, No. 1, 2014.

Jim Faught, "Breaking up is Hard to Do: Explaining the 2002 San Fernando Valley Secession Vote", *Journal of Urban Affairs*, Vol. 28, No. 4, 2006.

Joel Selway, Kharis Templeman, "The Myth of Consociationalism? Conflict Reduction in Divided Societies", *Comparative Political Studies*, Vol. 45, No. 12, 2012.

John McBeth, "An Army in Retreat", *Far Eastern Economic Review*, No. 19, 1998.

John R. Wood, "Secession: A Comparative Analytical Framework", *Canadian Journal of Political Science*, Vol. 14, No. 1, 1981.

Jonathan Fox, "The Rise of Religious Nationalism and Conflict: Ethnic Conflict and Revolutionary Wars, 1945 – 2001", *Journal of Peace Research*, Vol. 41, No. 6, 2004.

Jonathan Fox, "Towards A Dynamic Theory of Ethno-Religious Conflict", *Nations and Nationalism*, Vol. 5, No. 4, 1999.

Jonathan Lemco, "Canada: The Year of the Volatile Voter", *Current History: A Journal of Contemporary World Affairs*, No. 950, 1995.

José G. Montalvo, Marta Reynal-Querol, "Ethnic Polarization, Potential Conflict, and Civil Wars", *The American Economic Review*, Vol. 95, No. 3, 2005.

Kim Defronzo Haselhoff, "Motivations for the San Fernando Valley Secession Movement: The Political Dynamics of Secession", *Journal of Urban Affairs*, Vol. 24, No. 4, 2002.

Lars-Erik Cederman, Andreas Wimmer, "Why Do Ethnic Groups Rebel? New Data and Analysis", *World Politics*, Vol. 62, No. 1, 2010.

Lars-Erik Cederman, Kristian Skrede Gleditsch, Simon Hug, "Elections and Ethnic Civil War", *Comparative Political Studies*, Vol. 46, No. 3, 2012.

Lawrence LeDuc, "Canadian Attitudes Towards Quebec Independence", *The Public Opinion Quarterly*, Vol. 41, No. 3, 1977.

Lawrence M. Anderson, "Exploring the Paradox of Autonomy: Federalism and Secession in North America", *Regional Federal Studies*, Vol. 14, No. 1, 2004.

Lawrence M. Anderson, "The Institutional Basis of Secessionist Politics:

Federalism and Secession in the United States", *Publius*, Vol. 34, No. 2, 2004.

Lea Brilmayer, "Secession and Self-Determination: A Territorial Interpretation", *Yale Journal of International Law*, Vol. 16, No. 1, 1991.

Louis Bélanger, Érick Duchesne, Johnathan Paquin, "Foreign Interventions and Secessionist Movements: The Democratic Factor", *Canadian Journal of Political Science*, Vol. 38, No. 2, 2005.

M. Rafiqui Islam, "Secessionist Self-Determination: Some Lessons from Katanga, Biafra and Bangladesh", *Journal of Peace Research*, Vol. 22, No. 3, 1985.

Mahadhi Juma Maalim, "The Right of Secession under International Law and National Laws: A Case Study of Zanzibar in the United Republic of Tanzania", *Journal of African and International Law*, Vol. 1, No. 3, 2008.

Manuel Vogt, Nils-Christian Bormann, Seraina Rüegger, Lars-Erik Cederman, Philipp Hunziker, Luc Girardin, "Integrating Data on Ethnicity, Geography, and Conflict: The Ethnic Power Relations Data Set Family", *Journal of Conflict Resolution*, Vol. 59, No. 7, 2015.

Marco Martiniello, "Ethnic Leadership, Ethnic Communities' Political Powerlessness and the State in Belgium", *Ethnic and Racial Studies*, Vol. 16, No. 2, 1993.

Mario Bunge, "How Does It Work? The Search for Explanatory Mechanisms", *Philosophy of the Social Sciences*, Vol. 34, No. 2, 2004.

Massimo Bordignon, Sandro Brusco, "Optimal Secession Rules", *European Economic Review*, Vol. 45, No. 10, 2001.

Massimo Morelli, Dominic Rohner, "Resource Concentration and Civil Wars", *Journal of Development Economics*, Vol. 117, 2015.

Matt Qvortrup, "New Development: Comparative Perspectives on Political

Divorce Settlements—What Happens When a Country Secedes?", *Public Money &Management*, Vol. 33, No. 4, 2013.

Matthew J. Webb, "Is There a Liberal Right to Secede from a Liberal State", *Trames: A Journal of the Humanities & Social Sciences*, Vol. 10, No. 4, 2006.

Maureen Covell, "Political Conflict and Constitutional Engineering in Belgium", *International Journal of the Sociology of Language*, Vol. 104, No. 1, 1993.

Mette Lindorf Nielsen, "Questioning Aceh's Inevitability: A Story of Failed National Integration?", *Global Politics Network*, 2002.

Michael Hechter, "The Dynamics of Secession", *Acta Sociologica*, Vol. 35, No. 4.

Michael L. Ross, "How Do Natural Resources Influence Civil War? Evidence from Thirteen Cases", *International Organization*, Vol. 58, No. 1, 2004.

Monica Duffy Toft, "Getting Religion? The Puzzling Case of Islam and Civil War", *International Security*, Vol. 31, No. 4, 2007.

Nadir M. al-Mahdy, "Explaining the Process Towards Political Separatism: The Two Cases of Southern Sudan's Separatist Conflicts", *Ph. D. Dissertation*, Miami University, 1998.

Neil B. Ridler, "Cultural Identity and Public Policy: An Economic Analysis", *Journal of Cultural Economics*, Vol. 10, No. 2, 1986.

Philip Abbott, "Utopian Problem-Solving: 'The Great Divorce' and the Secession Question", *The Journal of Politics*, Vol. 62, No. 2, 2000.

Richard Briffault, "Voting Rights, Home Rule, and Metropolitan Governance: The Secession of Staten Island as a Case Study in the Dilemmas of Local Self-determination", *Columbia Law Review*, Vol. 92, No. 4, 1992.

Richard Gray, "The Southern Sudan", *Journal of Contemporary History*, Vol. 6, No. 1, 1971.

Richard Higgot, The Theory and Practice of Global and Regional Governance: Accommodating American Exceptionalism and European Pluralism, *European Foreign Affairs Review*, Vol. 10, 2005.

Robert A. Young, "The Political Economy of Secession: The Case of Quebec", *Constitutional Political Economy*, Vol. 5, No. 2, 1994.

Robert W. McGee, "A Third Liberal Theory of Secession", *The Liverpool Law Review*, Vol. 14, No. 1, 1992.

Roger Dean, "Rethinking the Civil War in Sudan", *Civil Wars*, Vol. 3, No. 1, 2000.

Roger Keil, "Governance Restructuring in Los Angeles and Toronto: Amalgamation or Secession?", *International Journal of Urban and Regional Research*, Vol. 24, No. 4, 2000.

Roland Vaubel, "Secession in the European Union", *Economic Affairs*, Vol. 3, No. 3, 2013.

Shiping Tang, Yihan Xiong, Hui Li, "Does Oil Cause Ethnic War? Comparing Evidence from Process-tracing with Quantitative Results", *Security Studies*, Vol. 26, No. 3, 2017.

Shiping Tang, "The Onset of Ethnic War: A General Theory", *Sociological Theory*, Vol. 33, No. 3, 2015.

Shiping Tang, "The Security Dilemma and Ethnic Conflict: Toward a Dynamic and Integrative Theory of Ethnic Conflict", *Review of International Studies*, Vol. 37, No. 2, 2011.

Stange Gunnar, Roman Patock, "From Rebels to Rulers and Legislators: The Political Transformation of the Free Aceh Movement (GAM) in Indonesia", *Journal of Current Southeast Asian Affairs*, Vol. 29, No. 1, 2010.

Stéphane Dion, "The Quebec Challenge to Canadian Unity", *Political Science and Politics*, Vol. 26, No. 1, 1993.

Stéphane Dion, "Why is Secession Difficult in Weil-Established Democracies? Lessons from Quebec", *British Journal of Political Science*, Vol. 26, No. 2, 1996.

Stephen M. Saideman, Beth K. Dougherty, Erin K. Jenne, "Dilemmas of Divorce: How Secessionist Identities Cut Both Ways", *Security Studies*, Vol. 14, No. 4, 2006.

Stephen M. Saideman, R. William Ayres, "Determining the Causes of Irredentism: Logit Analyses of Minorities at Risk Data from the 1980s and 1990s", *The Journal of Politics*, Vol. 62, No. 4, 2000.

Stephen M. Saideman, "Explaining the International Relations of Secessionist Conflicts: Vulnerability Versus Ethnic Ties", *International Organization*, Vol. 51, No. 4, 1997.

Ted Robert Gurr, Will H. Moore, "Ethnopolitical Rebellion: A Cross-sectional Analysis of the 1980s with Risk Assessments for the 1990s", *American Journal of Political Science*, Vol. 41, No. 4, 1997.

Terry Lynn Karl, "Dilemmas of Democratization in Latin America", *Comparative Politics*, Vol. 23, No. 1, 1990.

Theda Skocpol, Margaret Somers, "The Uses of Comparative History in Macrosocial Inquiry", *Comparative Studies in Society and History*, Vol. 22, No. 2, 1980.

Tim Nieguth, "We Are Left with No Other Alternative: Legitimating Internal Secession in Northern Ontario", *Space and Polity*, Vol. 13, No. 2, 2009.

Will Kymlicka, "Federalism and Secession: At Home and Abroad", *Canadian Journal of Law and Jurisprudence*, Vol. 13, No. 2, 2000.

三 网络资源

"*Shock Therapy*" *Restoring Order in Aceh*, *1989－1993*, *Amnesty International*, Aug 02, 1993 (http：//www. angelfire. com/indie/acheh/Shock. htm,访问日期：2018 年 10 月 30 日)。

世界银行, http：//data. worldbank. org. cn/country/canada? view＝chart, 访问日期：2020 年 3 月 14 日。

世界银行, http：//data. worldbank. org. cn/country/indonesia? view＝chart, 2020 年 3 月 14 日。

世界银行, http：//data. worldbank. org. cn/country/south-sudan? view＝chart, 访问日期：2020 年 3 月 14 日。

Scottish Referendum：Scotland Votes "No" to Independence, http：//www. bbc. com/news/uk-scotland－29270441, 2018 年 11 月 18 日。

Scottish Independence：Nicola Sturgeon to Seek Second Referendum, http：//www. bbc. com/news/uk-scotland-scotland-politics－39255 181, 2018 年 12 月 12 日。

苏黎世大学直接民主研究中心, http：//czd. ch/country/CH, 访问日期：2020 年 3 月 16 日。

"Growth in United Nations Membership, 1945－present", 联合国网站, http：//www. un. org/en/sections/member-states/growth-united-nations-membership－1945－present/index. html, 2019 年 1 月 4 日。

世界银行, https：//data. worldbank. org. cn/country/switzerland? view＝chart, 访问日期：2020 年 3 月 14 日。

Miriam Coronel Ferrer, Framework for Autonomy in Southeast Asia's Plural Societies, Institute of Defence and Strategic Studies, Singapore, May 2001. Online：http：//www3. ntu. edu. sg/rsis/publications/Working-Papers/WP13. pdf, 2019 年 4 月 5 日。

Larry Niksch, "Indonesian Separatist Movement in Aceh", CRS Report for Congress, September 25, 2002.

汪晖:《环球时报:"一带一路"走出历史终结论阴影》, http://opinion. people. com. cn/n/2015/0408/c1003 - 26813167. html, 访问日期:2019 年 1 月 11 日。

张章:《联合国说本月将召开新一轮塞浦路斯问题国际会议》, http://www. xinhuanet. com//world/2017 - 06/05/c_ 1121090996. htm, 访问日期:2019 年 2 月 21 日。

索 引

B

比较历史分析　77—82,88
比例原则　210,216,219—221

D

代表性问题　61—64,67,274
地理—安全　37,39,52
断裂型制度　59,61,67,84,96,97,
　126,169,180,276

F

发展权问题　61,66,67,220,274,277
法语　66,126,129—131,133—138,
　141,143,147,148,152,154,155,
　163,164,204,205,211,212,217,
　218,220,221,232,276
分离活动家　56,58,59,71,84,254,
　268,274
分离权　11,25,29,36,47—50,237—
　240,254,255
分离运动　1—6,8,10—15,20—33,
　35—37,39,41—46,50—59,67,71,
　72,75—77,79,81—90,94,96,98,
　103,105,109,110,113,115,119,
　126,131,132,142,143,145,146,
　148,149,151,155,162,165,166,
　168,169,178,180,187,193,197,
　207,220,232,236—241,243—245,
　247—258,265,267—270,274—280
分离主义　2,4,6,7,12,14—16,21,
　22,25,29,33—36,41—46,48—54,
　62,70,74,75,83,88,95,104,113,
　121,125,131,132,142,143,148,
　150,163,164,193,195,237,239,
　241—243,246—248,251—253,
　256—258,261,263,266,269,270,
　281
分配性问题　61,65,67,274
分散治理　241,244
辅助治理　241,244,248

G

公民身份　12,16,18,20,21,66,67,

196,208,231,233,268,270—274
攻击—回应　43,44,46,50,52
共识动员　74,77,254
共识政治　221,263,266
共同治理　241,244,247,248
过程论　52,54,254

H

哈桑·迪罗　4,96,104—106,111,116—118,121,275
合作主义联邦制　210,213,220,221,230,233,234
横切分裂　216,217,219,220,279

J

静默革命　84,126,130—134,136—139,141,142,144,147,151,152,276

K

魁北克　3,4,8,25,51,82—84,86—88,126—167,257,258,270,275—277,284
魁北克集团　151,155,156,159,161,165,276
魁北克人党　72,84,86,126,132,133,137,138,141—152,155—162,164—167,276,277,284

L

勒内·莱维斯克　141,142

利益共享　59,61,62,65,67,85,96,122,123,125,209,219,220,256,258,260,274,277,279

M

弥合型制度　61,216,220,230,234,258,260,274,278,279
民族工程学　88,236,258—260,274,275
民族国家　5—8,11—26,28,30,31,35,63,66,67,72,78,88—90,97,127,128,130,134,136,149,167,169—173,175,178,194,196,202,205,207—209,215,220,224,230,231,234,236,237,239—252,255,256,258,262—268,270—274
明晰法案　51,84,162,165,166,277

N

南苏丹　3,24,25,83—88,168—170,172,173,178—182,185—187,189,190,192—195,197—202,267,268,270,275,277—279,282

Q

歧视性分配　44,59,60,184
权力分配　31,62,63,65,119,132,152,162,199,212,256,263,278
权利—法律　46,50—52
权利机会　56,59,61,62,66,67,85,96,122,123,125,132,164,209,

219,220,256,258,260,274—279

全民公决 146,148,150,156,161,162,216,219,220,223,226—230,233,278,279

R

瑞士 63,82,85,86,88,204—235,255,260,262,265,272,275,278,279

S

沙里亚法 94,97,102,115,184,188,189

神奇公式 224,230,279

苏丹人民解放运动 73,84,86,179,184,188—195,198,199,277,278,280,282

苏丹主义 84,189,193—195,277

W

委员会制 85,206,220,223,225,229,278

X

协同治理 241,244,246,248

新殖民主义 75,76,84,95,96,104,108—110,116,117,189,196,275

行动动员 74,77,254

Y

亚齐 3,25,82—84,86—125,261,267,270,275,276,282

《亚齐自治法》 84,122,123

伊斯兰化 84,102,105,123,169,173,176,177,179,186—188,193,275

约翰·加朗 189,190,277

Z

政党碎片化 220

政治认同 67,69,70,93,96,266—270,273,274

政治组织能力 57,58,67,70,71,76,85,254,268,274

制度—体系 39,43,52

爪哇化 96—98,101,109,114—116,119

自由亚齐运动 4,73,84,86,87,90,91,94—96,98,100,101,103—106,109—116,118—124,248,249,257,275,276,282

族群政党 67,71—77,167,220,229,230,253,254,268—270,272,274,276,278,279,281—284

组织内聚力 74

后 记

摆在读者面前的这本著作是在我的博士学位论文的基础上修改完成的。说是修改，其实改动幅度并不是很大，想来是有两个方面的考虑。一是，想最大限度地保留博士学位论文的原貌；二是，更多的是增加篇幅，并未有太大的结构性和框架性的变动。

本书是我真正意义上出版的第一本书，虽然以前有过和其他老师一起写书的经历，但那只是参与。我想，第一本书应该是我过往学习、生活、人生的一点感悟，记录心路历程、表达致谢之意、自勉努力前程。

有必要先交代下这本书的出版由来。本书是国家社科基金后期资助项目·优秀博士论文出版项目"分离运动的政治学——亚齐、魁北克、南苏丹和瑞士的比较分析"（项目批准号：19FZZY002）的最终成果。据国家哲学社会科学规划办公室的同志介绍，优秀博士论文出版项目是2019年新增的后期资助项目，旨在出版前一年度答辩优秀的博士学位论文。在我知晓这一项目之后，就着手进行了申报，往返松江与杨浦之间，去复旦大学档案馆、国际关系与公共事务学院、科研处和研究生院等单位整理相关材料，华东政法大学科研处的支持和复旦大学的支持让我十分感动。拙作的入选让我十分感恩。更加让我感动的是，国家哲学社会科学规划办公室帮助我们联系国内顶尖的中国社会科学出版社出版，这解决了我们的后顾之忧。人生的第一本著作有幸在中国社会科学出版社出版，是我的荣幸。中国社会科学出版社严谨、高效、务实，从王琪编辑对我的催稿、校稿等可见一斑。感谢中国社会科学出版社的厚爱。从读博士至今，本书的部分内容发表于《世界经济与政治》《国际政治研究》《探索与争鸣》《阿拉伯世界研究》等刊物，是这些刊物让我有机会把自己的研究成果展示给读者，也让我有机会将这些思考更好地汇聚到这本书中。当然，出书总是面临着众多考验，尤其是同行的批评，如果不是获得资助，我可能会晚两年再出版。本书中需要商榷的地方或许不止一处，但是，既然总是要拿出来供大家批评的，那么，我随时欢迎任何意见和建议。

如果说我从一开始就想从事学术研究工作，这可能是不现实的。但至少，我从小就想成为一名教师的梦想是坚定的。我从本科开始就想攻读博士学位，这是很执着的，因为这是我实现大学教师梦想的必经之路。虽然读博士的历程是艰辛的，但也是追梦之旅，更是实现了从农村来到城市的梦想。读书是我唯一能改变人生的道路，我对此坚信不疑。我总是马后炮地和我的兄弟姐妹说，回过头来，你会发现，读书是你所做的事情中最简单的。这绝非站在某种高地上的狂言，而是能有机会读书总是让人欣喜的。小的时候，我做过各种农活，为此，我经历过身体的损伤，至今在我的手上留有印记。我忘不了农村的"双抢"、忘不了水田里的蚂蟥、忘不了菜地里的长蛇、忘不了没有电的夏天……更忘不了我父母亲戚累倒在地的样子。我小时候读过很多描绘农村美好生活的文章，农村确实美好，春夏秋冬各有其美，但却着实贫穷而辛苦。自我离开家去县城读高中开始，我就基本与农活无缘了，这不仅是机械化带来的便利，更是因为我的父母不愿意我再做农活，总是让我多争取点时间读书。从2008年进入大学开始，到2018年博士毕业，整整十年，但我不认为是寒窗苦读，想来无非是做一件自己喜欢的事情而已，只要乐在其中，或将它当作生活的一部分，也就心态释然了。我的父亲小学没有毕业，我的母亲初中没有毕业，但他们始终相信唯有读书才能改变命运，因而想尽一切办法支持我读书，从无怨言。他们至今仍然面朝黄土背朝天，为的只是他们的两个儿子，想来怎么不令人心酸。

他们给了我最奢侈的生活平台、最上进的奋斗机会、最包容的选择可能。

　　我总是满怀感恩地看待这个世界，很多事情总是因缘际会。博士学位论文答辩的日期正好是我的生日，想来是一种巧合。既然本书是我的博士学位论文修改而来，自然首先应该感谢我的导师桑玉成教授。恩师对我写作的包容度非常高，不会轻易否定我的想法和思路，但点睛之笔和高远立意的境界并非我用言语所能表达的，只能是在不断地学习中逐步领悟与体会。恩师宅心仁厚，提携后学。从我去复旦读书到我执教华政，他一直关心我的学业、生活和家庭，总是想尽一切办法帮助我。我给老师带去的是无尽的叨扰和无穷的烦恼，但他却没有任何的不满和厌倦。他在学习上帮助我、在生活上照顾我、在道路上引领我，总是在不经意间教给我人生的智慧，在要我发展与让我发展之间拿捏得非常精准。在我本科、硕士和博士期间，我有幸结交了志同道合的良师益友。中国政治学的泰斗王邦佐教授非常关心我的学习、生活和工作，对我的发展倾注心血。他对我犹如对待自己的学生，对我求学复旦、论文撰写、寻求教职、未来发展、婚姻家庭等帮助很大，经常邀我去谈心，叫我汇报学习生活进展，我与毛光霞的感情就是在他的见证下发展起来的。我的本科母校，安徽师范大学的政治学专业虽然被取消了，但却是我政治学学习的启蒙地。湖南大学龙太江教授是我的硕士生导师，作为复旦的毕业生，他给了我最好的复旦想象，将我领入了研究的大门，帮助了我很多，至今仍然对我的学业、家庭、工作等关心备至，着实让我铭记一生。湖南大学黄大熹教授、袁柏顺教授等，复旦大学陈明明教授、郭定平教授、刘建军教授、臧志军教授、邱柏生教授、陈周旺教授、孙国东教授、刘春荣副教授、包刚升副教授等，上海师范大学商红日教授，国防大学高民政教授，上海交通大学彭勃教授，华东政法大学张明军教授、任勇教授、吴新叶教授、汪仕凯教授、胡志平教授、汪伟全教授、姚尚建教授、张熹珂副教授、严海兵副教授、刘乐明博士、付建军博士等老师们，伊犁哈萨克自治州政法委欧阳果华博士，长安大学杨超博士，南京理工大学宁超博士，山西财经大学郭永园副教授，河南省政府办公厅马彦银博士，复旦发展研究院黄昊老师，我的同门马天航师兄，中国海洋大学弓联兵副教授，浙江省委党校熊觉博士等，都值得我感恩。哥本哈根大学的 Lars-Bo-Kaspersen 教授和斯坦福大学的 Larry Diamond 教授在访问复旦时我曾有幸陪同，他们对我的论文框架提出了很多有益的看法和建议，虽然他们可能忘了不经意间的点拨，但却着实助力颇多。

人生何其有幸，在我读博士期间，我的爱人走进了我的人生。我要特别感谢我的爱人，从我们认识到现在，正好是我的博士学位论文搜集资料、初稿写作、课题申请、结题出版等阶段，她为了家庭放弃了很多，如今又承担起孕育我们第一个孩子的重任，我很感激她，这将会是一生的感恩。我的岳母为人善良、乐观开明，支持她的女儿读博士，支持我一切奋斗的机会，着实让我尊重。

要感谢的人还有很多很多，一路走来，不可能是独行，更多的是与人同行。虽然我不能一一列举他们的名字，但他们却一直值得我铭记。恩情总是让人难忘，我会一直努力，回报更多的人。我始终相信社会是美好的，未来是更好的。

谨以此文纪念过去，憧憬未来，我一直在路上。

周光俊
2018 年 5 月 20 日于复旦大学文科图书馆
2020 年 1 月 16 日于华东政法大学明珠楼